全国普通高等教育"十三五"规划教材

大学生安全教育与突发事件应对

刘廷辉　韩雅楠　盖守双　主编

兵器工业出版社

内容简介

大学生的安全教育是学校教育的重要组成部分。本书主要讲述了安全知识技能，对突发事件的预防，以及遇到突发事件时的应对方法。本书共十三章，分别讲述了绪论，自觉维护国家安全，传染性疾病预防与应对，火灾预防与应对，盗窃、诈骗预防与应对，扒窃、抢夺和抢劫预防与应对，饮食安全预防与应对，交通安全、自然灾害、网络安全预防与应对，求职择业安全预防与应对，以及大学生生理与心理健康教育，另外还有四个附录。本书视角新颖、内容翔实，是集理论性、实践性和可操作性为一体的教材。

本书可作为各类院校安全教育教材使用，也可作为广大读者学习安全知识、突发事件预防与应对的参考书。

图书在版编目（CIP）数据

大学生安全教育与突发事件应对 / 刘廷辉，韩雅楠，盖守双主编. -- 北京：兵器工业出版社，2014.7
ISBN 978-7-5181-0029-3

Ⅰ．①大… Ⅱ．①刘… ②韩… ③盖… Ⅲ．①大学生－突发事件－安全教育 Ⅳ．①G645.5

中国版本图书馆 CIP 数据核字（2014）第 120026 号

出版发行：兵器工业出版社　　　　　　　　　责任编辑：陈红梅
发行电话：010-68962596，68962591　　　　封面设计：赵俊红
邮　　编：100089　　　　　　　　　　　　　责任校对：郭　芳
社　　址：北京市海淀区车道沟 10 号　　　　责任印制：王京华
经　　销：各地新华书店　　　　　　　　　　开　本：787×1092　1/16
印　　刷：北京市通县华龙印刷厂　　　　　　印　张：14
版　　次：2021 年 8 月第 1 版第 2 次印刷　　字　数：346 千字
印　　数：4001 - 6000　　　　　　　　　　　定　价：48.00 元

前　言

　　大学生安全教育是学校教育的重要组成部分。教育部明确要求各级学校要高度重视学校和学生的安全教育工作；国家针对突发事件也制定了多种应急预案。作为大学生，应掌握一些必要而且相对专业化的紧急避险知识，以便在面对突发事件时能保持冷静，采取科学、实用的应对措施，从而最大程度地保护生命和财产安全。

　　随着社会的发展，当前校园周边的环境日益复杂，校园逐渐成为一个开放的小社会，各种安全问题和治安问题也日渐增多。做好学生的安全教育，使学生对突发事件有所预防，并掌握在遇到突发事件时的应对方法，是学生顺利完成学业的安全保障，也是保障社会和谐稳定的重要环节。为此，我们组织了从事安全教育工作的专家和老师编写了《大学生安全教育与突发事件应对》一书，旨在使广大学生牢固树立生命高于一切的理念，增强自我保护的意识和能力。

　　本书共十二章，主要讲述自觉维护国家安全，火灾预防与应对，盗窃、诈骗预防与应对，扒窃、抢夺和抢劫预防与应对，饮食安全预防与应对，交通安全、自然灾害、网络安全预防与应对，求职择业安全预防与应对，以及大学生生理与心理健康教育等方面的内容知识；另外有四个附录。本书具有以下特点：

　　（1）内容精选，定位准确。本书力求做到"实用、够用"，精选了学生在学校和生活中可能遭遇的安全危机、突发事件等，摒弃了一些距离学生实际生活较远或不具备普遍意义的安全教育的相关内容。

　　（2）结构新颖，案例丰富。除绪论外，每章节都有"案例导入"、"案例点评"、"知识链接"，并有"温馨提醒"、"知识小卡片"等；同时，还附有丰富的图片。

　　（3）视角新颖、内容翔实，是集理论性、实践性和可操作性为一体的教材。本书旨在使学生能对所讲内容有一个更为清晰的认识，使学生切实感受到树立安全意识、掌握安全知识和技能的重要性。

　　本书由刘廷辉、韩雅楠、盖守双主编。本书共分十三章，分别由刘廷辉编写了第一章、第三章、第四种、第六章以及附录的整理，韩雅楠编写了第二章、第八章至第十章、第十二章，盖守双编写了第五章、第七章、第十一章和第十三章。在本书编写过程中，借鉴、参考和引用了一系列相关文献和资料，在此一并致谢。本书的相关资料和售后服务可扫封底的微信二维码或登录 www.bjzzwh.com 下载获得。

　　本书可作为各类院校安全教育教材使用，也可作为广大读者学习安全知识、突发事件预防与应对的参考书。由于时间紧迫，编写仓促，书中定有错漏之处，敬请各位专家、读者批评指正。

编　者

目　录

第一章　绪　论 1

第二章　自觉维护国家安全 7
　第一节　国家安全概述 7
　第二节　大学生有责任保守国家秘密 13
　第三节　大学生维护国家安全的权利与义务 20

第三章　传染性疾病预防与应对 25
　第一节　突发新型冠状病毒肺炎疫情公共卫生事件 25
　第二节　常见传染性疾病的分析 29

第四章　火灾预防与应对 36
　第一节　火灾的基本知识 36
　第二节　火灾的预防 39
　第三节　火灾的扑救 46
　第四节　发生火灾时的应对措施 52

第五章　盗窃预防与应对 57
　第一节　校园盗窃现象概述 57
　第二节　常见被盗方式及特点 61
　第三节　被盗后如何处置 67
　第四节　盗窃的预防措施及防盗技巧 70

第六章　诈骗预防与应对 78
　第一节　校园诈骗现象 78
　第二节　诈骗类型及特点 82
　第三节　诈骗预防与应对策略 89

第七章　扒窃、抢夺和抢劫预防与应对 97
　第一节　扒窃犯罪的预防与应对 97
　第二节　抢夺、抢劫犯罪的预防与应对 103

第八章　饮食安全预防与应对 111

第一节　常见的食物中毒 111
第二节　食物中毒预防与应对 119

第九章　交通安全预防与应对 123

第一节　常见交通事故及其特点 123
第二节　对交通事故的预防及现场处置 128
第三节　交通安全预防与应对策略 132

第十章　自然灾害预防与应对 147

第一节　地震的安全防范 147
第二节　洪水的安全防范 155
第三节　其他自然灾害的安全防范 157

第十一章　网络安全预防与应对 166

第一节　信息与网络安全事故的表现形式及其特点 166
第二节　信息与网络安全预防与应对策略 170
第三节　计算机网络安全法规 177

第十二章　求职择业安全预防与应对 181

第一节　典型招聘骗局 181
第二节　求职择业安全预防与应对策略 186

第十三章　大学生生理与心理健康教育 189

第一节　大学生的身心特点与维护 189
第二节　珍爱生命，防止自杀 199

附　录 203

附录一：普通高等学校学生安全教育及管理暂行规定 203
附录二：高等学校校园秩序管理若干规定 206
附录三：学生伤害事故处理办法 209
附录四：计算机信息网络国际联网安全保护管理办法 214

参考文献 218

第一章 绪 论

大学生安全教育是学校教育的重要组成部分。教育部已明确要求各级学校要高度重视学校和学生安全教育工作；国家针对突发事件也制定了多种应急预案。作为大学生，应掌握一些必要而且相对专业化的紧急避险知识，以便在面对突发事件时能保持冷静，采取科学、实用的避险措施，从而最大程度地保护生命和财产安全。

所谓大学生安全教育，是指高校管理者和教育者以党和国家的法律、法规、方针、政策等为依据，以安全责任、安全意识和安全知识为主要教育内容，以全面提高大学生综合素质为目标，通过新生入学教育、课程教育等多种途径，使在校大学生增强自我保护能力，提高安全防范意识，全面系统地掌握安全知识，更好地适应大学生活和社会需要而进行的教育。

一、加强大学生安全教育的必要性和重要性

近年来，随着我国高等教育事业的蓬勃发展，各高校办学规模不断扩大，在校生人数迅速增加，高校社会化现象也日趋明显。随之而来，一些危及大学生人身及财产安全的案件、诱发大学生实施违法犯罪行为的案件在高校大学生中时有发生。因此，不断加强和改进大学生安全教育与管理，提高大学生的安全防范意识和自我保护能力，对于促进大学生身心健康成长，保障大学生人身和财产安全，确保高校和社会的和谐稳定具有深远的意义。

（一）满足在校大学生的安全需要

加强在校大学生的安全教育，可以完善大学生的知识结构，提高防灾应变的能力。大学生在校学习文化、科学技术知识的同时，学习一些安全常识，不仅可以减少自身在校期间的安全风险，还可以依靠法律法规的力量保护自己，维护自己的正当权益。

（二）保障高校安全，保护人才资源

加强在校生的安全教育，对于维护校园公共安全、保证大学生的正常学习生活和健康成长具有重要意义。保护大学生的人身及财产安全，就是保护国家的人才资源。大学生的安全知识和安全意识的提高，不仅能够帮助大学生自身在遇到危险时成功自救，把危险和损失降到最低，同时也能够使大学生对可能发生的危害有高度敏感性，自觉维护校园公共安全，防患于未然。

（三）提高在校大学生的综合素质

随着我国改革开放的不断深入，人才的竞争越来越激烈。面对突如其来的灾难和纷繁复杂的社会现象，如何独立面对、如何通过法律途径来维护自身的合法权益，例如职业伤害、劳动保护、劳动争议仲裁等，就显得尤为重要。加强在校大学生的安全教育，能够增强大学生安全防范意识，掌握基本的安全知识和自我保护的技能，提高安全防范能力，从而实现职业生涯中的安全与健康。

二、大学生安全教育的主要内容

在日常生活中，安全教育的内容极其广泛。但针对大学生这一特殊群体，我们可以在分析和总结以往校园案件的基础上，有的放矢，重点针对以下几方面积极开展大学生的安全教育工作：

（一）国家安全教育

国家安全既包括国土安全、主权安全、政治安全、经济安全、国防安全、国民安全等传统内容，也包括文化安全、科技安全、金融安全、信息安全等新内容。部分大学生对国家安全存在着种种模糊的认识，例如，对国家安全还停留在军事、战争、国防、领土、情报、间谍这样一些传统的、局部的认识上。这就迫切需要对大学生进行全方位的国家安全教育，丰富其国家安全知识，树立新的国家安全观。

（二）消防安全教育

高校是一个人员极为密集的居住、学习场所，消防安全教育非常重要。在加强大学生消防安全教育方面，首先应加强大学生安全用电教育，预防电气火灾的发生；其次要加强大学生安全用火教育，预防明火火灾的发生；最后还需加强大学生安全逃生教育，让大学生掌握必要的消防安全逃生知识，在遇到各种火灾时不至于惊慌失措，能够保持冷静，审时度势，选择最有效的逃生方式，保护自己及他人的生命安全。

（三）治安防范教育

经调查，校园内的易发案件大多属于盗窃、诈骗、抢夺、抢劫等情况，这些案件的发生通常是由于大学生日常安全防范意识不强所造成的。因此，在大学生日常生活中，一方面必须加强保管财物，识别不法人员的盗窃、诈骗、抢夺、抢劫伎俩，以及在遇到各种案件时保护生命和财产安全；另一方面必须加强大学生的社会形势及当地治安形势教育，使大学生了解社会的方方面面，感受社会大环境，增强抵御社会不法行为侵害的能力。

（四）交通安全教育

我国每年都有大学生因交通事故而失去年轻的生命，交通安全教育在加强大学生安全教育方面必不可少。一方面应当组织大学生学习交通安全常识及交通安全法规，使大学生在懂得交通安全知识的同时，培养学生遵守交通规则的良好行为习惯；另一方面强调大学生的交通安全意识，过马路时要集中注意力，不要听音乐或看书，以防发生交通事故。

（五）网络安全教育

随着计算机网络技术的飞速发展，利用网络进行的违法犯罪行为日益增多。大学生涉及的网络犯罪主要有两种：一种是参与网上的违法犯罪行为，另一种是网上购物或网上交友被骗，其人身、财产安全受到网络违法犯罪行为的侵害。为此，一方面应当加强网络法律知识的教育，通过网络法律知识的学习，使大学生认识到哪些行为在网上是非法的、是法律严令禁止的，以免大学生由于网络法律知识的欠缺，参与到网络违法犯罪活动中去；另一方面就是加强网络安全教育，使大学生懂得如何在网络中保护自己，不要轻信他人，更不要随意接受他人的邀请，或将自己的相关信息告知他人，避免上当受骗，增强自我保护的意识。

（六）求职安全教育

随着大学毕业生就业形势的日益严峻，针对大学生就业的求职陷阱也越来越多，例如虚设职位、收取高额手续费、不兑现承诺等。求职安全教育应主要包括以下两方面的内容：一方面是组织大学生系统学习《中华人民共和国劳动法》、《中华人民共和国合同法》及劳动部、人事部相关的条例和当地政府的规章制度，使大学生在就业时学会保障自己的合法权益；另一方面是教育大学生学会识别单位虚假招聘信息，通过正规就业渠道寻找工作，不要相信收取高额费用的中介机构等。

（七）心理健康教育

由于社会压力大、生活节奏加快，尤其是学习压力、经济压力、就业压力以及家庭环境和个人经历等诸多原因，使一些大学生产生心理问题。大量的研究统计表明，相当一部分大学生心理上存在不良反应和适应障碍。近年来心理障碍的发生率呈上升趋势，其表现形式为焦虑、恐惧、忧郁、冷漠、偏执、暴躁、消沉等。因此，学校要特别重视大学生的心理安全教育，培养大学生健康的心态。要有针对性地进行人际关系教育、环境适应教育、健康人格教育、心理卫生知识教育、挫折应对教育以及心理疾病防治教育。把安全教育与心理咨询有机结合起来，有目的、有针对性地做好安全防范教育，使大学生安全教育迈上新的台阶。这对优化大学生的心理素质，预防心理问题产生以及促进健康人格的全面发展与完善，有着十分重要的作用。

三、大学生安全教育存在的问题

目前，大多数高校都不同程度地开展了大学生安全教育，也收到了一定的效果。但安全教育问题依然突出，主要表现在以下几个方面：

（一）重视不够

稳定是基础、是大局，稳定压倒一切。高校稳定工作是党委的工作，也是行政的工作，是学校党政干部、教职员工的共同责任。《普通高等学校学生安全教育及管理暂行规定》第五条规定："高等学校应将对学生进行安全教育作为一项经常性工作，列入学校工作的重要议事日程，加强领导。学校各部门和有关群众团体或组织要相互配合，积极开展安全教育，普及安全知识，增强学生的安全意识和法制观念，提高防范能力。"

但现实中，由于学校管理系统的分化，真正落实大学生安全教育与管理工作的只有高校保卫干部和大学生辅导员。部分高校领导片面强调学术科研，轻视政治引导，对大学生安全教育工作不重视、不关心。比如：应该安排的课时没有安排，应该解决的教研设备没有落实，甚至必要的师资培训也以种种理由推辞。

（二）安全教育队伍有待加强

高校保卫干部和大学生辅导员是安全教育教师队伍的主体，直接面对广大青年学生，在大学生的安全教育与管理方面付出了很多心血，做了大量工作。但部分高校却在一定程度上忽视了这支安全教育队伍的建设。一些学校的保卫干部和大学生辅导员人员配置比例偏低，而又受制于人事指标的限制不能够随学生人数的递增而增加，导致超负荷运转，忙于"灭火"。

一些学校缺乏安全教育的资金投入，很少对安全教育教师队伍进行业务培训，更加缺乏对相关人员的实践锻炼，使得大学生安全教育质量得不到保障，加之安全教育与管理工作常常不被领导重视，造成了安全教育教师队伍工作积极性不高、人心不稳、责任心不强。

（三）安全教育教学课程缺位

高等学校安全教育课程是帮助大学生提高安全防范意识、知识和能力的重要途径，也是高等院校思想政治教育的一项重要内容。《普通高等学校学生安全教育及管理暂行规定》第六条规定："学生安全教育应根据不同专业及青年学生的特点，从学生入学到毕业，在各种教学活动和日常生活中，特别是节假日前适时进行……"然而，现实中有些高校没有开设安全教育课程，而有些高校即使开设了安全教育课也并不重视，在课程设置和教学模式等方面存在诸多问题，导致高校安全教育教学课没有取得应有的效果。

（四）大学生掌握安全技能的途径狭窄

安全教育是教育的基本内容，自然遵循教育的一般规律，但是安全教学又不同于其他的课程教学。其他的课程教学，学生可通过自身练习达到掌握知识的目的，但安全教育如安全防患技能、防身术、遇火灾逃生等都需要教师或专业人员的现场指导、演习等，所以安全教育过程中教师的主导作用至关重要。调查结果显示：学生所接受的安全教育内容中，只有23%是通过教师传授的，其余则多是学生通过报刊、电视、网络等手段获得的。

（五）高校安全教育实效性不强

大学生安全教育既是知识的传授、技能的培养，更是态度、观念的转变，是集理论、实务和经验为一体的综合教育。实际操作中技能的获得比知识的掌握显得更加重要，因此，大学生安全教育关键在于实践的教育环节，通过实践提升大学生的安全意识和技能。然而，实际情况是：高校保卫干部和大学生辅导员更注重通过多种途径灌输安全教育的重要意义和理论知识，对于学生的实践操作能力、动手能力、知识与实践的联系及转换讲得少之又少，导致新时期高校大学生安全教育工作普遍存在知行相背离的现象，极大地削弱了工作的实效性。

四、大学生安全教育的对策

（一）思想重视，齐抓共管

对大学生进行安全教育，必须依靠学生管理部门、保卫部门、学校党团组织等各个部门，形成齐抓共管的局面。在开展日常宣传教育的同时，从管理上加强学生安全防范工作。要建立、健全校园安全管理领导小组，完善安全教育运行机制，进一步明确分工，落实责任制。安全教育工作由校党办、学生处、保卫部门负责，团委、教务处、公寓管理部门、网络及心理咨询中心等相关部门要积极配合，明确职责，加强协作，层层落实。班主任、辅导员、专兼职老师、行政管理、后勤服务等人员都应参与安全教育工作，形成全校齐抓共管的安全教育氛围。

（二）加强安全教育队伍建设

高校保卫干部和大学生辅导员是安全教育教师队伍的主体，另外还要建设一支相对稳定、专兼结合、高素质、专业化、职业化的安全教育教师队伍，保证大学生安全教育质量。要加强安全教育干部和教师的培养和培训工作，鼓励开展教学和科学研究，鼓励团队教学；聘请各方面专家加入到教学队伍中来，创造性地开展各种形式的教学活动，促进学术水平和教学效果不断提高。

要高度重视新形势下高校安全教育与管理工作面临的新挑战，正视高校社会化带来的种种影响，不断补充人员，提升能力和素质，研究工作方法，有效应对新的局面。面对互联网的挑战，安全教育教师队伍应主动应对，加强网络安全教育，普及网络安全知识，提高学生对网络信息的甄别能力和网上行为的自律能力。同时，建立学生心理咨询机构，配备专兼职心理辅导教师，积极开展心理健康教育指导和心理咨询工作。

（三）将安全教育纳入教学管理和教学计划之中

安全教育进课堂是大学生提升自我素质的需要，也是社会发展的要求。大学生安全教育工作要以课堂教学为主体，以全面普及安全常识为目标，遵循针对性、阶段性的原则开设安全教育课程。应当将大学生安全教育课列入新生入学教育和每学期大学生第二课堂主题教育活动，重点放在低年级实施，并贯穿从入学到毕业的整个培养过程。

各高校要结合实际，将大学生安全教育纳入教育教学体系，制定具体的教学计划，合理安排教学时间。在条件成熟时，逐步把大学生安全教育课列入基础必修课，并落实相应学分。

（四）加强实践教育环节

在安全教育过程中，一方面应当使学生认识到安全教育的重要性，另一方面要强调实践教育环节。应该积极地引导学生开展问题分析、安全演练、社会实践与调查、小组讨论等活动，提高对自我、校园和社会安全环境的认识，为安全打下扎实的基础。要充分利用校园网、广播、院校报刊、宣传栏、黑板报等宣传阵地，结合举办专题讲座、主题班会、知识竞赛活动等多种形式开展安全教育。

在有关安全的特殊日子开展安全教育活动，如"6•26"世界禁毒日、"11•9"消防日、"12•4"法制宣传日等，以达到增强安全意识、巩固安全知识、提高防范自护自救能力，最终减少意外伤亡事件及其他安全事故发生的目的。在校内，要充分依靠思想政治理论课教师、法律学教师、心理学教师、国防教育教师等通过案例教学强化安全防范知识，同时还可以调动社会资源，聘请公安民警、消防官兵等共同参与教育活动，采取现场演示、实际模拟等多种形式丰富安全教育内容，提高安全教育质量。

第二章　自觉维护国家安全

《中华人民共和国宪法》（以下简称《宪法》）规定，维护国家安全和保守国家秘密（包括军事秘密）是每个公民应尽的义务。国家的安全和利益是最根本的利益，没有国家的安全和利益，也就没有人民的安全和利益。一旦国家的秘密被泄露，就会影响国家的安全，损害国家利益。维护国家安全和保守国家秘密，与每一个公民息息相关。

第一节　国家安全概述

每个公民都要重视国家安全和保密问题，把维护国家安全和利益、保守国家秘密看成是巩固国家政权、巩固社会主义制度的大事，是维护人民根本安全和利益的大事，绝不可有丝毫懈怠、麻痹。大学生是祖国的未来，是今后国家的领导和建设人才，学习有关国家安全和保密知识，增强国家安全和保密意识具有十分重要的意义。

【案例导入】

某省高级人民法院审理了孙某、林某、高某间谍案。20××年10月至20××年3月，孙某主动为某间谍机关收集和提供我军军事情报，先后6次向某间谍机关出卖情报共25份，其中机密文件12份，秘密文件5份，非法得款人民币30 000余元。因案发来不及出卖的还有绝密文件3份，机密文件8份，秘密文件8份，地图2幅。林某在中国人民解放军某部服役期间和退伍之后，明知孙某向某间谍机关出卖情报，还积极为孙某收集和窃取军事资料。林某先后7次爬窗入室窃取军事资料46份，其中绝密文件3份，地图2幅，机密文件20份，秘密文件13份，提供给孙某，非法得款人民币16 000元。高某在明知孙某出海是向某间谍机关出卖情报的情况下，还先后6次驾船伙同孙某一起出海输送情报，从中非法获得人民币12 000元。

【案例点评】

被告人孙某、林某、高某将我军的军事情报提供给某间谍机关，并从中非法获利。根据我国相关法律，他们的行为危害了国家安全，均已构成间谍罪，理应受到法律的制裁。自我国实行改革开放以来，西方和海内外的敌对势力、敌对分子以及境外的情报机关利用我们对外开放的条件，加强了对我国进行渗透和颠覆活动，并通过派遣特务、间谍，采取各种方法和手段，收集、窃取各种情报，给我国的国家安全和利益造成了巨大的威胁。

【知识链接】

一、国家安全的基本知识

国家安全就是一个国家处于没有危险的客观状态，也就是国家既没有外部的威胁和侵害，亦没有内部的混乱和疾患的客观状态。它包括国家独立、主权和领土完整以及人民生命、财产不被外来势力侵犯；国家政治制度、经济制度不被颠覆；经济发展、民族和睦、社会安定不受威胁；国家秘密不被窃取；国家工作人员不被策反；国家机构不被渗透等。任何境外机构、组织、个人实施或者指使他人实施的，或者境内组织、个人与境外机构组织、个人相勾结实施的危害中华人民共和国国家安全的行为均视为危害国家安全的行为。维护国家安全的基本内容有以下几个：

（1）维护国家独立，保障国家主权不受侵犯，内政不受干涉。

（2）保卫国家领土完整，防止外国入侵。

（3）维护国家的统一和国家的荣誉，维护民族尊严和民族团结，防止分裂活动。

（4）保卫现行的政权、政治制度和社会制度，防止国内外敌对势力的破坏，保持政治稳定和社会稳定。

（5）维护国家的经济制度，保障独立自主地发展经济，促进科技进步和民族文化的发展，增强综合国力。

（6）人民生命财产不受外来侵害。

（7）防范、制止各种危害国家安全的行为，例如内外间谍、敌对势力、恐怖组织的各种破坏活动和窃密活动。

（8）地区和世界的和平与稳定，为本国的生存与发展谋求有利的外部环境。

二、危害国家安全的行为

危害国家安全的行为，从狭义上讲，应当包括来自外部的军事入侵、干涉和国内敌对势力与境外敌对势力相勾结进行的破坏、颠覆、暴乱等行为。广义上讲，它是指境内外机构、组织、个人相勾结实施的危害中华人民共和国国家安全的行为。根据《中华人民共和国国家安全法》（以下简称《国家安全法》）规定，危害国家安全的行为包括有以下几个。

（一）阴谋颠覆政府、分裂国家、推翻社会主义制度的犯罪活动

"阴谋颠覆政府"是指阴谋推翻人民政府，篡夺国家领导权的行为。这里所指的"政府"，既指中华人民共和国中央人民政府和地方各级人民政府，也指我国各级政权机关、司法机关和军事机关在内的整个国家政权。"分裂国家"是指以各种手段和方式，分离我国领土、另立政府、制造割据局面、分裂我国统一、破坏民族团结的行为。"推翻社会主义制度"主要是指以各种方式改变我国人民民主专政政权和社会主义经济制度的行为。可见，"阴谋颠覆政府，分裂国家，推翻社会主义制度的犯罪活动"指的是出于政治目的危害国家安全的行为，这一行为的矛头是针对我国政权和社会主义制度的。

（二）参加间谍组织或者接受间谍组织及其代理人任务的犯罪活动

这里所说的"间谍组织"，主要是指外国政府或者境外的敌对势力建立的旨在收集我国情报、进行破坏活动等危害国家安全和利益的组织。近年来，境外间谍组织经常利用重金收买、美色引诱、设陷阱、抓把柄等手段，威逼利诱，迫使意志薄弱人员变节投敌，参加间谍组织，然后再派遣回国，从事危害国家安全的活动。

根据《国家安全法》第四条第二款关于参加间谍组织的有关规定，凡是参加间谍组织的，无论其有无活动，都是危害中华人民共和国国家安全的间谍行为。另外，有些人虽未参加间谍组织，但是接受了间谍组织及其代理人的任务，也构成间谍行为。凡是危害中华人民共和国国家安全的间谍行为，不论何种目的，都以间谍罪论处。

（三）窃取、刺探、收买、非法提供国家秘密的犯罪活动

窃取、刺探、收买、非法提供国家秘密的行为，都称为窃密行为。它分为两种情况：一种是境外间谍分子及其代理人接受间谍组织及其代理人的任务窃取、刺探、收买国家秘密的行为；另一种是境内人员为境外的机构、组织、人员窃取、刺探、收买、非法提供国家秘密的行为。高校是国家科研工作的重要基地，有些科研项目属于国家秘密。因此，高校自然也就成为境外间谍情报机关窃取我国秘密的一个重要目标。

（四）策反、勾引、收买国家工作人员叛变的犯罪活动

国家工作人员是指在国家机关中从事公务的人员。国家工作人员中的许多人都掌握和了解国家秘密，因此成为当前境外敌对势力进行策反、勾引、收买的对象。国家工作人员一旦叛变，必然直接对国家安全和利益构成严重危害。近几年，我国发生了几起国家工作人员被策动、勾引、收买而叛变的事件。

大学生虽然不是国家工作人员，但也是境外间谍情报机关策反的重点目标，其策反目的主要有两个：一是企图争夺我国高科技人才为其所用；二是发展参加间谍组织并派遣回国长期潜伏，待时机成熟时再启用。境外间谍情报机关进行策反的手段有以下几种：

（1）通过反动宣传，欺骗、煽动那些对现实不满的人加入间谍情报组织或其外围组织。

（2）利用金钱收买、感情拉拢、许诺资助出国等手段，诱使某些意志薄弱者上钩。

（3）精心设置各种陷阱，企图抓住我出国人员违反国外法律法规的把柄，威逼胁迫我出国人员就范。

大学生在对外交往活动中一旦察觉对方有策反意图时，在国内应直接或通过所在组织及时向国家安全机关或公安机关报告；在国外遇到这种情况时，要保持高度警惕，不要授人以柄，并及时向出国团组负责人或我国驻外使馆汇报，积极寻求协助。

（四）其他危害国家安全的犯罪活动

如组织、策划或者实施危害国家安全的恐怖活动；采取捏造、歪曲事实，发表、散布文字或者言论，制作、传播音像制品等手段危害国家安全的活动；利用设立社会团体或者企事业组织进行的危害国家安全的活动；利用宗教进行的危害国家安全的活动；制造民族纠纷，煽动民族分裂，危害国家安全的活动；境外个人违反规定，不听劝阻，擅自会见境内有危害国家安全行为或有危害国家安全行为重大嫌疑的人员，都是危害国家安全的行为。长期以来，境外敌对势力一直通过投寄反动信件、散发反动宣传品、利用互联网开展攻心策略、非法传教、煽动民族情绪等危害我们国家安全的行为向高校渗透。他们的险恶用心无非都是对大学生进行思想渗透，以达到从思想上颠覆社会主义制度的目的。他们的惯用伎俩如下。

1. 利用互联网等新的传播媒体进行思想渗透

近年来，我国各高等院校的校园网络发展迅速，校内大学生上网人数剧增，境外各种敌对势力抓住这一时机，积极利用互联网进行各种渗透、颠覆活动。

（1）在网上发展敌对势力并通过互联网向国内渗透，通过制作网页、电子信箱进行网上勾联活动。

（2）利用互联网传播有害信息。如逃亡在境外的"法轮功"组织成员利用其专门网站发布李洪志的所谓"经文"，煽动境内"法轮功"顽固分子继续滋事，与党和人民对抗。

（3）在互联网的"BBS"讨论区内粘贴反动言论，传播西方的政治和经济模式、价值观念以及腐朽的生活方式，为其"和平演变"中国培植思想和社会基础。

2. 大力推行"金元"外交政策

通过实施各种访问计划、邀请出国考察、提供奖学金、拨款资助、赠送器材和图书、免费讲学，以及举办各类"培训班"、"讲座"等方式，在高校内部物色对象，向青年学生灌输西方价值观、人生观和政治理念。宣扬西方的"民主"、"自由"、"人权"思想和资本主义制度的"优越性"，对我国社会主义制度进行丑化和攻击，以达到其激发青年学生不满情绪和向往西方资本主义的目的。

3．通过各种"公开合法"的学术交流等活动渗透

随着教育体制改革的不断深化，我国高校与境外开展学术交流、联合办学以及来自境外的捐资助学等形式多样的国际合作活动，已日益广泛深入。这些活动在促进高校教育改革发展的同时，也不可避免地会被境外敌对势力利用，乘机渗透。在合作办学过程中，他们推行西方教学模式和管理模式，全面使用西方科研水平评估指标，以此向高校师生兜售西方某些不良的政治思想、法律理念和价值观念。

4．通过非政府组织渗透

近年来，非政府组织（NGO）在世界范围内迅速发展，成为西方国家"西化"发展中国家政府的重要手段。境外非政府组织经常以学术交流、研讨培训为名，广泛接触高校教师，了解我国非政府组织的发展状况，并提供一些建立和管理非政府组织的意见。一些非政府组织还通过高校师生，大量收集涉及我国境内劳工权益和下岗、失业人员状况等一些突出社会问题的资料，以此作为对我国进行造谣、攻击的口实。

大学生要认清上述危害国家安全的行为，积极与之作斗争。大学生在反渗透斗争中应该具备反腐拒变素质，确立正确的人生观、价值观和世界观，增强爱国主义观念。要自觉抵制反动宣传，做到不看、不听、不信、不传。发现反动宗教、邪教组织等敌对势力在校园活动，要及时向学校保卫部门或公安、安全机关报告。

三、危害国家安全的法律责任

一切不符合现行法律所要求的、超出现行法律所允许的范围的危害社会的行为，都要承担相应的法律责任。危害国家安全的主要承担刑事法律责任或行政法律责任。其直接后果是下列处罚中的一种或多种：管制、拘役、判刑（有期、无期、死刑或死缓）、罚金、剥夺政治权利、没收财产、行政处分（警告、开除等）、行政拘留、没收（如非法持有的属于国家秘密的文件等）、限期离境和驱逐出境（对境外人员的行政处罚）等。

《中华人民共和国刑法》（以下简称《刑法》）第一百一十三条规定："对国家和人民危害特别严重、情节特别恶劣的，可以判处死刑。"此外，《国家安全法》和《刑法》还规定："明知他人有间谍犯罪行为，在国家安全机关向其调查有关情况、收集有关证据时，拒绝提供的"，或者"以暴力、威胁方法阻碍国家安全机关依法执行国家安全工作任务的"，或者"故意阻碍国家安全机关依法执行国家安全工作任务，未使用暴力、威胁方法，造成严重后果的"，或者"故意或者过失泄露有关国家安全工作的国家秘密的"，都将受到刑期不等的处罚。

此外，为挽救失足者，根据我国政府"坦白从宽、抗拒从严"的政策，《国家安全法》第二十四条和第二十五条规定了有关自首从宽和主动说明情况免予追究的刑事政策："犯间谍罪自首或者有立功表现的，可以从轻、减轻或者免除处罚；有重大立功表现的，给予奖励"，

"在境外受胁迫或者受诱骗参加敌对组织，从事危害中华人民共和国国家安全的活动，及时向中华人民共和国驻外机构如实说明情况的，或者入境后直接或者通过所在组织及时向国家安全机关或者公安机关如实说明情况的，不予追究"。

这些规定有利于失足者悔悟，既可以消除隐患，又是对境外间谍组织和其他敌对势力的有力反击。

四、公民维护国家安全的义务和权利

（一）义务

公民维护国家安全的义务有以下几个：

（1）机关、团体和其他组织应当对本单位的人员进行维护国家安全的教育，动员、组织本单位的人员防范、制止危害国家安全的行为。

（2）公民和组织应当为国家安全工作提供便利条件或者其他协助。

（3）公民发现危害国家安全的行为，应当直接或者通过所在组织及时向国家安全机关或者公安机关报告。

（4）在国家安全机关调查了解有关危害国家安全的情况、收集有关证据时，公民和有关组织应当如实提供，不得拒绝。

（5）任何公民和组织都应当保守所知悉的国家安全工作的国家秘密。

（6）任何个人和组织都不得非法持有属于国家秘密的文件、资料和其他物品。

（7）任何个人和组织都不得非法持有和使用窃听、窃照等专用间谍器材。

（8）任何公民和组织对国家安全机关及其工作人员超越职权、滥用职权和其他违法行为，都有权向上级国家安全机关或者有关部门检举、控告。上级国家安全机关或者有关部门应当及时查清事实，负责处理。

（9）对协助国家安全机关工作或者依法检举、控告的公民和组织，任何人不得压制和打击报复。

（二）权利

一切法律权利都受国家的保护，一旦受到侵害，享有者有权向有关部门申诉和请求保护，情节恶劣者，可要求追究其刑事责任。

《国家安全法》第二十二条规定："任何公民和组织对国家安全机关及其工作人员超越职权、滥用职权和其他违法行为，都有权向上级国家安全机关或者有关部门检举、控告。""对协助国家安全机关工作或者依法检举、控告的公民和组织，任何人不得压制和打击报复。"权利是法律赋予的，只有依法行使，才能受到保护。如果故意捏造或者歪曲事实进行诬告陷害的，要依法惩处，构成犯罪的还会被追究刑事责任。

第二节　大学生有责任保守国家秘密

近年来，随着全社会的保密教育、法制教育和国家安全教育的不断加强和深入，大学生的法制意识、保密意识和国家安全意识不断增强。但是，也有少数人缺乏法制观念，不懂法、不守法，保密意识和国家安全意识淡薄，泄露国家秘密包括泄露国家安全工作秘密的情况时有发生，对国家安全和利益造成直接的或潜在的危害。

【案例导入】

田某是某高校研究生，在就读硕士学位时积极协助其导师孙教授开展国家某重点技术项目的科研工作。这项技术目前属国际尖端，一旦研制成功，可为国家带来巨大的经济利益。田某参与研究工作十分努力，对该科研项目的研究情况十分熟悉，很快就成为导师的得力助手。田某业余时间喜欢玩电脑，经常上网聊天。有一天，他在互联网上看到有介绍自己参加研究的项目的有关内容，十分简略，便加以补充，在线的情况下将自己参加研究的科研项目的进展情况、有关数据、试验情况以及下一步的研究计划等编写成文章，在网上发表。

该文被国家安全机关发现，遂送请国家保密部门鉴定。经鉴定，保密部门认为该文内容属于国家秘密。国家安全机关即决定立案侦查，并根据该文章的内容，对涉及该科研项目的某科研所的工作人员进行了摸底排查，对互联网进行全面搜索和监控，提请有关部门立即关闭此文章发布网点，删除此类信息。

在侦查工作中，国家安全机关发现一个用化名的人曾在某网站粘贴该文，经过进一步的深入调查，发现田某有重大嫌疑。国家安全机关将田某刑事拘留，田某承认自己在网上编发该文。而当孙教授准备将呕心沥血研究出来的新技术转化为产品投入市场时，却发现国外某公司的同类产品早已投入了国际市场，多年辛勤钻研出来的成果就这样毁于一旦。

经人民检察院批准，田某被依法逮捕并对其提起公诉。人民法院经过审理，判处田某有期徒刑一年。田某的无知不仅导致自己锒铛入狱、前途尽毁，还致使国家利益遭受巨大损害。

【案例点评】

大学生在日常生活中一定要提高警惕，小心自己的热心带来恶劣的影响。当前境外间谍情报机关使用花样繁多的手法骗取大学生的信任、窃取国家机密文件，大学生要加强对国家安全内容的认识，明确哪些是国家机密、哪些文件不能外泄、哪些数据不能外透，加强保密意识，保护国家权益。

【知识链接】

一、国家秘密的基本知识

1988 年 9 月 5 日颁布的《中华人民共和国保守国家秘密法》（以下简称《保守国家秘密法》）第二条规定："国家秘密是关系国家安全和利益，依照法定程序确定，在一定时间内只限一定范围的人员知悉的事项。"

（一）国家秘密的范围

《保守国家秘密法》对我国国家秘密的范围规定有以下几个：

（1）国家事务的重大决策中的秘密事项。

（2）国防建设和武装力量活动中的秘密事项。

（3）外交和外事活动中的秘密事项以及对外承担保密义务的秘密事项。

（4）国民经济和社会发展中的秘密事项。

（5）科学技术中的秘密事项。

（6）维护国家安全活动和追查刑事犯罪中的秘密事项。

（7）经国家保密工作部门确定的其他秘密事项。

（二）国家秘密的密级划分

根据《保守国家秘密法》第九条的规定，我国国家秘密的密级是按照其秘密程度划分的，分为"绝密"、"机密"、"秘密"三级。

区分三个等级的原则和标准是："绝密"是最重要的国家秘密，泄露会使国家的安全和利益遭受特别严重的损害；"机密"是重要的国家秘密，泄露会使国家的安全和利益遭受严重的损害；"秘密"是一般的国家秘密，泄露会使国家的安全和利益遭受损害。

政治、经济领域中对国计民生有特别重大影响的有关决策、决定，军事领域中的有关尖端武器的研制和生产、战术技术性能以及这些武器的部队装备、作战使用等，都是"绝密"等级的秘密；国家统考试卷也属于"绝密"级国家秘密。

"机密"是重要的国家秘密。如，我国科技领域研制的具有国际先进水平的、经济价值较高的高科技产品的成分、工艺、技术等都列为国家机密，这些东西如果泄露出去会使国家的经济利益蒙受严重损害。

《保守国家秘密法》还规定了各个密级一般的保密期限：绝密级为 30 年，机密级为 20 年，秘密级为 10 年。但同时也规定了可以长于或者短于一般保密期限的特殊保密期限。

二、保密工作的内容

保密工作是指保守国家秘密的工作。概括地说，保密工作是从国家的安全和利益出发，将国家秘密控制在一定的范围和时间内，防止被非法泄露利用，使其自身价值得到充分有效的实现所采取的一切必要的手段和措施。它包括保密立法，保密宣传教育，建立健全规章制度，研制、开发和应用先进的防窃密、泄密的技术设备，依法进行保密检查监督，追查处理泄密事件，以及开展保密工作的理论研究活动等。保密工作的内容包括以下几个部分：

（一）科学技术保密

科学技术保密对维护国家的安全和利益，促进社会主义现代化建设和开展国际技术交流与合作都具有重要作用。科学技术保密的重点是保护国家批准的发明创造、可能成为发明创造的阶段性成果、国外没有或国外虽有但属于先进的科学技术、国外虽有但仍需保密的其他研究成果等。高等学校和科研院所是科学技术保密的重点单位。

（二）经济保密

保守经济工作中的秘密对于保护国家经济利益和政治利益关系重大。经济保密的内容比较广泛，如对外经贸、经济计划、统计数字、物价工资、测绘资料等。

（三）涉外保密

涉外保密无论什么时候都是一项重要的保密工作。因为涉外保密从来是窃密和反窃密斗争的重要领域。涉外保密包括外事、涉外洽谈、对外技术交流、学术交流、对外提供资料、引进工作、旅游接待、出国进修等方面的保密工作。

（四）宣传报道和出版工作保密

宣传报道和出版工作，涉及内容广，信息量大，传播迅速，反应敏感，稍有不慎就会造成泄密，许多国家都将之作为获取情报的重要途径。因此做好宣传报道和出版工作方面的保密工作十分重要。

（五）公文保密

公文保密指文件、资料、档案等的保密。它包括从公文制发、接收、登记、传阅、保管、携带、交接、清卷、归档、销毁这一系列过程中的保密工作。

（六）会议保密

会议是党政军各部门开展工作的重要手段之一，它是保密工作的一个重要方面。从会前准备、会议的审查、会场的选择、预防会议泄密的学术措施到会议的文件管理、会议的传达与新闻拍照、报道都涉及保密问题。

（七）政法保密

政法是对敌斗争的一条重要战线。它包括公安机关、检察机关、审判机关、司法执行机关、国家安全机关工作中的保密工作。

（八）军事军工保密

凡是关系到国防、军队和军事工业安全和利益，在一定时间内只限一定范围人员接触知悉的事项都属于军事军工保密的范围，这是我国保密工作的一个重要领域。

（九）通信中的保密

它包括邮政和电信等方面的保密。如电报、电话、微波通信等都必须严格采取保密措施。

（十）计算机网络保密

随着计算机网络技术的飞速发展和广泛应用，计算机网络信息保密已刻不容缓。涉密信息一旦上网，瞬间就能被成千上万的人知悉，给党和国家的信息安全造成严重的威胁。

三、保密制度

《保守国家秘密法》有以下规定：

（1）属于国家秘密的文件、资料和其他物品的制作、收发、传递、使用、复制、摘抄保存和销毁，由国家保密工作部门制定保密办法。采用电子信件等技术存取、处理、传递国家秘密的办法由国家保密工作部门会同中央有关机关规定。

（2）对绝密级的国家秘密文件、资料和其他物品，必须采取以下保密措施：

①非经原确定密级的机关、单位或者其上级机关批准，不得复制和摘抄。

②收发、传递和外出携带由指定人员担任，并采取必要的安全措施。

③在设备完善的保险装置中保存。经批准复制、摘抄的绝密级的国家秘密文件、资料和其他物品，依照以上规定采取保密措施。

（3）属于国家秘密的设备或产品的研制、生产、运输、使用、保存、维修和销毁，由国家保密工作部门会同中央有关机关制定保密办法。

（4）报刊、书籍、地图、图文资料、声像制品的出版和发行以及广播节目、电视节目、电影的制作和播发，应当遵守有关保密规定，不得泄露国家秘密。

（5）在对外交往与合作中需要提供国家秘密事项的，应按照规定的程序事先经过批准。

（6）具有属于国家秘密内容的会议和其他活动，主办单位应当采取保密措施，并对参加人员进行保密教育，规定具体要求。

（7）军事禁区和属于国家秘密不对外开放的其他场所、部位，应当采取保密措施，除依照国家有关规定经过批准外，不得擅自决定对外开放或者扩大开放范围。

（8）不准在私人交往和通信中泄露国家秘密。携带属于国家秘密的文件、资料和其他物品外出，不得违反有关保密规定。不准在公共场所谈论国家秘密。

（9）在有线、无线通信中传递国家秘密的，必须采取保密措施。不准使用明码或者未经中央有关机关审查批准的密码传递国家机密。不准通过普通邮政传递属于国家秘密的文件、资料和其他物品。

（10）未经有关主管部门批准，禁止将属于国家秘密的文件、资料和其他物品携带、传递、寄运境外。

（11）国家秘密应当根据需要，限于一定范围的人员接触，绝密级的国家秘密，经过批准的人员才能接触。

（12）任何经管国家秘密事项的专职人员，应当按照保密工作部门和人事主管部门的规定予以审查批准。经管国家秘密事项的政治专职人员出境，应当经过批准任命的机关批准；国务院有关主管机关认为出境后将对国家安全造成危害或者对国家利益造成重大损失的，不得批准出境。

（13）机关、单位应当对工作人员进行保密教育，定期检查保密工作。

（14）国家工作人员或者其他公民发现国家秘密已经泄露或者可能泄露时，应当立即采取补救措施并及时报告有关机关、单位；有关机关、单位接到报告后，应当立即作出处理。

四、泄露国家秘密的犯罪行为和法律责任

泄露国家秘密的犯罪行为和法律责任有以下几个。

（一）泄露国家秘密罪

泄露国家秘密罪是指已达到法定犯罪年龄且具有民事行为能力的公民，违反保密法律、法规和规章，使国家秘密的传播超出了限定范围，情节严重的，就构成了泄密罪，依照《刑法》第三百九十八条的规定，应该追究刑事责任。如果故意或者过失泄露国家秘密，情节不严重，不构成犯罪，不够刑事处罚的，可以根据情况，酌情给予行政纪律处分。

（二）为境外的机构、组织、人员窃取、刺探、收买、非法提供国家秘密罪

这里的境外是指中华人民共和国海关关境以外。"境外人员"是指外国人、定居境外的中国公民和逃亡境外、反对我国的中国公民。"境外机构、组织"是指境外的政权、政党及境外人员成立的一切机构、组织。凡为境外机构、组织的人员窃取、刺探、收买、非法提供国家秘密行为的，不论其情节是否严重，均构成犯罪，都要追究刑事责任。

五、大学生应该履行保守国家秘密的义务

（一）防止国家秘密失密、泄密的途径

大学生防止国家秘密失密、泄密的途径主要有以下几个：

（1）学习保密常识，接受保密知识教育，增强保密意识，严格遵守保密制度。既要对外开放，扩大对外交流，又要确保国家机密不被泄露，正确处理两者的关系。

（2）提高防范意识，坚持在对外交往中内外有别。在接触交往过程中，凡涉及国家机密的内容，要么回避，要么按上级的对外口径回答，不要随便涉及内部的人事组织、社会治安状况、科技成果、技术诀窍和经济建设中各种未公开的数据资料。

（3）在与境外人士接触时不携带秘密文件、资料和记有秘密事项的记录本。对方直接索取科技成果、资料、样品或公开询问我内部秘密时，要区别情况，灵活予以拒绝。

（4）不经主管部门批准，不带境外人员参观或进入非开放区。不准境外人员利用学术交流、讲课的机会进行系统的社会调查。不经有关部门批准，不得填写境外人员的各种调查表，或替他们编写社会调查方面的文章。

（5）在新闻出版工作中，注意保密原则。不得随意刊载有关国防、科研等事关国家机密的事项。参加国际学术会议或在国外刊物上发表文章，要按规定办理审查手续。不得为境外人员提供或代购内部读物和资料。

（6）自觉遵守保密的有关规定，做到七个"不"：

①不该说的机密，绝对不说。

②不该问的机密，绝对不问。

③不该看的机密，绝对不看。

④不该记录的机密，绝对不记录。

⑤不在普通电话、明码电报、普通邮局传达机密事项。

⑥不携带机密材料游览、参观、探亲、访友和出入公共场所。

⑦不在通信中谈及国家机密，不在普通邮件中夹带任何保密资料。

保密是公民的义务，也是我们大学生的社会责任。每个大学生应该自觉贯彻、遵守保密法规，自觉履行保密义务，坚决地同失泄密行为和窃密行径作斗争。

（二）发现国家秘密已经或可能泄露时，应当采取的措施

大学生在发现国家秘密已经或可能泄露时，应当采取以下措施：

（1）拾获属于国家秘密的文件、资料和其他物品，应当及时送交有关机关、单位或保密工作部门。

（2）发现有人买卖属于国家秘密的文件、资料和其他物品，应当及时报告保密工作部

门或者公安、国家安全机关处理。

（3）发现有人盗窃、抢夺属于国家秘密的文件、资料和其他物品，我们有权制止，并立即报告保密工作部门或者公安、国家安全机关。

（4）发现泄露或可能泄露国家秘密的线索，应当及时向有关机关、单位或保密工作部门举报。

（三）注意事项

大学生在保守国家秘密上应注意以下几点：

（1）向境外投寄论文、稿件和其他资料，不得涉及国家秘密。

（2）利用境外通信设备进行通讯联系或使用国际互联网时不得涉及国家秘密。

（3）遇有境外机构和人员来电、来信、来访了解情况、索取资料时，应及时向学校有关领导和部门报告，不得擅自回复，更不得在回复中涉及国家秘密。

（4）不得擅自带境外人员去控制开放和非开放地区（包括军事设防地区）。

（5）出入境外驻华机构、公司、企业和境外人员住处，或陪同境外人员参观、考察、旅游、参加宴会等，不得携带属于国家秘密的资料及其他物品。

（6）出国（境）不得擅自携带属于国家秘密的文件、资料和其他物品。

（7）出国（境）在外期间应保持高度警惕，增强保密意识，不在不利于保密的场合谈论国家秘密事项。

【温馨提醒】

涉外交往时需要注意哪些保密方面的问题？

在长期与外国人的交往实践中，我国有关部门总结了许多经验教训，制定了许多法规和法律，如《涉外人员守则》、《我国公民与外国人接触交往中应当注意的问题》等，其中提出搞好涉外保密工作，主要注意以下几点：

1. 要忠于祖国，树立爱国主义观念

与外国人和境外地区人员交往，人人都代表着中国，一言一行都关系着国格人格，要把国家利益和民族利益放在高于一切的地位。要站稳立场，坚持原则，防奸、防谍、防策反。一旦发现外国和境外地区人员与我接触交往时有攻击、诽谤我国国家制度、政策的言论，或有拉拢、策反企图时，要据理严正驳斥，并立即报告上级领导和有关部门。

2. 严格遵守有关保密规定，克服那种无密可保、有密难保的糊涂认识

在同外国人和境外地区人员的接触和交往中，不要擅自携带秘密文件、资料，

也不要随意谈论涉及我内部的人事组织、科技成果、社会治安状况等情况。在与外国和境外地区人员的通信中也不得涉及国家和单位的秘密与内部情况。

3. 要坚持内外有别的原则

一是未经外事及有关部门允许，不准私自进入外国领事馆、公寓及外国人住宅，也不允许背着组织同外国和境外机构、人员私自进行交流。

二是未经主管部门批准，不准外国和境外地区人员来本单位参观、讲课、学术交流，以及不准他们利用以上机会进行系统的社会调查，也不得随便填写他们提供的各种调查表格，或者替他们撰写社会调查方面的文章。

4. 要树立高尚的道德品质

在与外国人和境外地区人员的交往中，要做到言行谨慎，举止端正，自尊自爱，不被虚荣心所驱使，不接受也不索要非分之财，不利用职权和工作关系营私牟利，不涉猎外籍人员提供的有黄色内容的书籍、光盘，防止色情引诱。

遵守了以上这些规定，在涉外交往中就能够做到既与国际和境外地区的友人保持、促进和发展友谊，又能防止被别有用心的人钻空子，以维护我们国家的安全和利益，同时也维护我们个人的名誉和利益。

第三节　大学生维护国家安全的权利与义务

有国家就有国家安全工作，维护国家安全是每个大学生义不容辞的责任，是党和国家对每个大学生的基本要求。无论处于什么社会形态，或者实现什么样的社会制度，都要视国家利益为最高、最根本的利益，将维护国家安全列为首要任务。每位大学生都有维护国家安全的权利和义务，都应该自觉维护国家利益。

【案例导入】

在 20×× 年的高考中，某市发生了一起高考舞弊案。6 月 19 日，某一中历史老师陈某以涉嫌"非法获取国家机密罪"被逮捕。在此前后，还有多名大学生被捕，一些大学生则被列入追逃名单。涉案学生一部分来自名牌大学，负责答题出答案，另一部分学生负责传递信息。

【案例点评】

高考关系到众多学子的未来，偷窃试题进行舞弊显然严重破坏了考试的公平性，也触犯我国法律。作为大学生，本应该抵制这种泄露国家机密的行为，本案中的大学生丝毫没有意识到泄露国家机密的严重性，配合作弊，实属不该。

【知识链接】

一、大学生维护国家安全的权利

权利是指公民依法行使的权力和享受的利益，本质上是国家对某种行为的许可和保障。依据《国家安全法》规定，公民享有以下维护国家安全的权利。

（一）检举、控告权

《国家安全法》第二十二条规定："任何公民和组织对国家安全机关及其工作人员超越职权、滥用职权和其他违法行为，都有权向上级国家安全机关或者有关部门检举、控告。"

（二）受法律保护权

《国家安全法》第五条规定："国家对支持、协助国家安全工作的组织和个人给予保护。"

（三）受偿权

《国家安全法》第九条规定："国家安全机关为维护国家安全的需要，必要时，按照国家有关规定，可以优先使用机关、团体、企业事业组织和个人的交通工具、通信工具、场地建筑物，用后应当及时归还，并支付适当费用，造成损失的，应当赔偿。"

（四）受奖励权

根据《国家安全法》的规定，凡是为国家安全机关提供重要情况或重要线索，防范、制止严重危害国家安全的行为发生，发现、破获严重危害国家安全的犯罪案件，密切配合国家机关执行任务，与危害国家安全的犯罪分子进行斗争，表现突出的，或是在教育、动员、组织本单位的人员防范、制止危害国家安全行为的工作中，成绩显著的，都有权受到表彰或奖励。通过了解这些规定，大学生一方面可以大胆地、理直气壮地协助、配合国家安全机关工作，另一方面也可以充分行使对国家安全机关工作人员的监督权。

二、大学生维护国家安全的义务

《宪法》第五十四条、《国家安全法》第三条中都明确规定："中华人民共和国公民有维护国家的安全、荣誉和利益的义务，不得有危害国家的安全、荣誉和利益的行为。"

大学生维护国家安全的义务，既是国家法律对大学生应尽责任的要求，也是对大学生某些行为的约束。大学生要履行好维护国家安全的义务，很重要的一点就是认真学习有关国家安全方面的法律法规，增强法制观念，自觉遵守法律法规，运用法律武器来捍卫国家安全。大学生维护国家安全的义务有如下几种。

（一）提供便利条件和协助的义务

《国家安全法》第十六条规定："公民和组织应当为国家安全工作提供便利条件或者其他协助。"其目的在于保障国家安全机关在国家安全工作中职权的落实，确保国家安全工作的顺利开展。但在现实生活中，还有一部分人法制观念淡薄，对《国家安全法》规定的公民义务一无所知，不仅不履行提供便利条件和协助的义务，反而故意阻碍国家安全机关执行公务。

（二）及时报告的义务

《国家安全法》第十七条规定："公民发现危害国家安全的行为，应当直接或者通过所在组织及时向国家安全机关或者公安机关报告。"这一规定也是国家安全工作专门机关与群众路线相结合原则的体现。

作为大学生，在涉外活动中发现有危害国家安全的行为时，如在国内，应当直接或通过学校及时向国家安全机关报告，也可以向就近的公安机关报告。如在国外，发现他人有策反意图时，要保持冷静，妥善处理。首先，要高度警惕，静观动态。其次，要视情况选择适当的方式处理：

（1）尽力疏远对方，直至借故断交。

（2）要及时向出国团组领导或驻外机构汇报，以求得他们的帮助。

（3）小心行事，不要授人以柄。

（4）如已被对方抓住把柄，情况危急，要顺乎自然，在保护自身安全的前提下，与其周旋或拖延，然后寻机向我国驻外使领馆求助。

（三）提供证据的义务

《中华人民共和国刑事诉讼法》（以下简称《刑事诉讼法》）规定，有关单位和个人有如实提供证据的义务。《国家安全法》第十八条规定："在国家安全机关调查了解有关危害国家安全的情况、收集有关证据时，公民和有关组织应当如实提供，不得拒绝。"这是对公民和组织在国家安全机关的侦查活动中，如何履行作证义务的要求。为保证公民义务的正确履行，保证调查取证工作的顺利进行，《国家安全法》第二十六条规定："明知他人有间谍犯罪行为，在国家安全机关向其调查了解有关情况、收集有关证据时，拒绝提供的，由其所在单位或者上级主管部门予以行政处分，或者由国家安全机关处十五日以下拘留。"这明确规定了每个了解情况的公民和组织在国家安全机关向其调查、取证时都必须提供所知的情况和各种证据，不得以任何借口拒绝，更不能作伪证。在实际工作中，国家安全机关因为案件侦查需要，在调查、了解情况时，也往往需要大学生配合，如提供线索、资料等。

（四）保守国家安全工作秘密的义务

国家安全工作秘密是指在国家安全工作中的国家秘密，如国家安全机关对于危害国家安全的行为所采取的对策方法、危害国家安全案件的案情、公民对危害国家安全行为的检举揭发材料以及检举人的情况等，均属于国家安全工作秘密，必须严格保密。

《保守国家秘密法》第八条规定，维护国家安全活动中的秘密事项属于国家秘密。国家安全工作具有高度的保密性，但在工作中又必须充分依靠群众。因而，国家安全机关在侦查危害国家安全的案件时，需要经常向有关公民和组织调查了解情况、搜集证据，或者要求提供必要的方便和协助。这样，有关人员就会或多或少知悉国家安全工作中的某些秘密事项。有的人在国家安全机关工作人员向其调查了解情况后，随即向被调查人通风报信，致使侦查、调查工作遭到干扰和破坏。按照《国家安全法》第十九条规定："任何公民和组织都应当保守所知悉的国家安全工作的秘密。"如果国家安全工作的秘密得不到保守，就会对国家安全工作乃至国家安全和利益造成损害。

三、大学生怎样维护国家安全

（一）始终树立国家利益高于一切的观念

邓小平同志指出："国家的主权、国家的安全要始终放在第一位。"国家安全涉及国家社会生活的方方面面，是国家、民族自下而上发展的首要保障。把国家安全放在高于一切的地位，是国家利益的需要，又是个人安全的需要，也是世界各国的一致要求。

（二）努力熟悉有关国家安全的法律、法规

据统计，涉及有关国家安全和保密工作的法律、法规、规章制度有一百多种，我们都应该有所了解，弄清什么是合法，什么是违法；可以做什么，不能做什么。其中，应特别熟悉以下一些法律法规：《宪法》、《国家安全法》、《保密法》、《刑法》、《刑事诉讼法》、《科学技术保密规定》、《出国留学人员守则》等。对遇到的法律界线不清的问题，要肯学、勤问、慎行。

（三）善于识别各种伪装

从理论上讲，有关国家安全的常识、规定都比较完善，若依规行事则安全，但实际生活比我们想象的要复杂得多。例如，有的间谍情报人员和负有特殊使命的记者，用交朋友、做学术研究、出国经济担保、旅游观光、新闻采访等手段，套取国家秘密、科技政治情报和内部情况。如果我们丧失警惕，就可能上当受骗，甚至违法犯罪。识别伪装既难又易，关键在于淡泊名利。对别有用心者，要依法及时举报，绝不允许其恣意妄行。

（四）摒弃妄自菲薄等不正确思想

任何国家都有自己的安全与利益，也有别国没有的政治、经济、文化、军事、科技、资源和秘密，还有独具特色的传统工艺等。作为中国人要挺直腰板，要看到我们有许多世界第一和"中国特色"，有一系列国家秘密和单位秘密。对这一切，如果没有正确的认识，就可能

在许多问题上产生错误的看法，乃至做出亲者痛、仇者快的事情。个别误入歧途的青年学生的教训，已成前车之鉴，切勿重蹈覆辙。

（五）配合国家安全机关的工作

国家安全机关是国家安全工作的主管机关，是与公安机关同等性质的司法机关，分工负责间谍案件的侦查、拘留、预审和执行逮捕。当国家安全机关需要大家配合工作时，每个大学生都应当按照《国家安全法》规定的七条义务的要求，认真履行职责，尽力提供条件或协助，如实提供情况和证据，做到不推、不拒，更不以暴力、威胁方法阻碍执行公务，还要切实保守好已经知晓的国家安全工作的秘密。

（六）读书、学习、旅游时，主动接受国家安全教育

大学生到国外就读或学习、旅游，行前要主动接受有关部门的国家安全教育，了解、掌握国家安全知识，不但要做好物资准备工作，还要做好充分的精神准备，提高国家安全和防范意识，自觉维护国家安全，抵制敌对势力的策反、拉拢、威胁、利诱活动，并定期向学校汇报工作、学习情况。同时，要严格遵守外事纪律和有关规章制度，遵守前往国家的法律法规，尊重其社会公德和风俗习惯，避免产生误会或出现不应有的问题，绝不能做有损国格、人格的事情。

第三章　传染性疾病预防与应对

传染性疾病就是我们常说的传染病，是许多种疾病的总称，它是由病原体引起的，能在人与人、动物与动物或人与动物之间相互传染的疾病。最常见的如流行性感冒、乙肝、细菌性痢疾、流脑、结核病、急性出血性结膜炎（红眼病）等。

第一节　突发新型冠状病毒肺炎疫情公共卫生事件

【案例导入】

2019 年 12 月以来，湖北省武汉市持续开展流感及相关疾病监测，发现多起病毒性肺炎病例，均诊断为病毒性肺炎/肺部感染。

2020 年 1 月 20 日，习近平对新型冠状病毒感染的肺炎疫情作出重要指示，强调要把人民群众生命安全和身体健康放在第一位，坚决遏制疫情蔓延势头。1 月 27 日，受习近平总书记委托，中共中央政治局常委、国务院总理、中央应对新型冠状病毒感染肺炎疫情工作领导小组组长李克强来到武汉，考察指导疫情防控工作，看望慰问患者和奋战在一线的医护人员。

当地时间 2020 年 1 月 30 日晚，世界卫生组织（WHO）宣布，将新型冠状病毒疫情列为国际关注的突发公共卫生事件（PHEIC）。世界卫生组织 3 月 11 日表示，新冠肺炎疫情的爆发已经构成一次全球性"大流行"。2020 年 6 月 7 日，国务院新闻办公室发布《抗击新冠肺炎疫情的中国行动》白皮书。

截至 8 月 6 日 24 时，据 31 个省（自治区、直辖市）和新疆生产建设兵团报告，现有确诊病例 843 例（其中重症病例 36 例），累计治愈出院病例 79 088 例，累计死亡病例 4 634 例，累计报告确诊病例 84 565 例，现有疑似病例 3 例。累计追踪到密切接触者 798436 人，尚在医学观察的密切接触者 26 499 人。

【案例点评】

针对突发新冠肺炎疫情公共卫生事件的复杂严峻性，我们要在以习近平同志为核心的党中央坚强领导下坚决打赢疫情防控的人民战争、总体战、阻击战的战略部署。在新冠肺炎疫情防控背景下，大学生要强化个人责任担当。

【知识链接】

一、突发公共卫生事件

突发公共卫生事件，是指突然发生，造成或者可能造成社会公众健康严重损害的重大传染病疫情、群体性不明原因疾病、重大食物和职业中毒以及其他严重影响公众健康的事件。突发公共卫生事件具有成因的多样性、分布的差异性、传播的广泛性、危害的复杂性、治理的综合性、新发事件不断产生性、种类的多样性、危害的严重性等特点。根据突发公共卫生事件性质、危害程度和涉及范围，突发公共卫生事件划分为特别重大（Ⅰ级）、重大（Ⅱ级）、较大（Ⅲ级）和一般（Ⅳ级）四级。

二、传染性疾病的特点

（一）传染性

传染病的病原体可以从一个人经过一定的途径传染给另一个人。每种传染病都有比较固定的传染期，在这个期间病人会排出病原体，污染环境，传染他人。

（二）有免疫性

大多数患者在疾病痊愈后，都会产生不同的免疫力。

（三）可以预防

传染病在人群中流行，必须同时具备三个基本条件：传染源、传播途径和易感人群。缺少其中任何一个，传染病就流行不起来。通过控制传染源、切断传播途径、增强人的抵抗力等措施，可以预防传染病的发生和流行。

（四）有病原体

每一种传染病都有它特异的病原体，包括微生物和寄生虫。比如水痘的病原体是水痘病毒，猩红热的病原体是溶血性链球菌。病原体有细菌、病毒、真菌、原虫、蠕虫。

二、新型冠状病毒肺炎疫情暴发

新型冠状病毒肺炎，简称"新冠肺炎"。2020 年 2 月 11 日，世界卫生组织将新型冠状病毒感染的肺炎命名为"COVID-19"。2020 年 2 月 21 日，国家卫生健康委发布通知，决定将"新形势与政策型冠状病毒肺炎"英文名称修订为"COVID-19"，与世界卫生组织命名保持一致，中文名称保持不变。世界卫生组织认为当前新冠肺炎疫情可被称为全球大流行。

2020 年初，暴发新冠肺炎疫情，这是新中国成立以来在中国发生的传播速度最快、感染范围最广、防控难度最大的一次重大突发公共卫生事件。2020 年 1 月 20 日，国家卫健委发布 1 号公告，将新型冠状病毒感染的肺炎纳入传染病防治法规定的乙类传染病，但采取甲类传染病的预防、控制措施，同时将其纳入检疫传染病管理。卫生防疫专家强调，新冠肺炎传播途径主要为直接传播、气溶胶传播、接触传播。

为表达全国各族人民对抗击新冠肺炎疫情斗争牺牲烈士和逝世同胞的深切哀悼，国务院决定，2020 年 4 月 4 日举行全国性哀悼活动。

（一）发病特征

根据现有病例资料，新型冠状病毒肺炎以发热、干咳、乏力等为主要表现，少数患者伴有鼻塞、流涕、腹泻等上呼吸道和消化道症状。重症病例多在 1 周后出现呼吸困难，严重者快速进展为急性呼吸窘迫综合征、脓毒症休克、难以纠正的代谢性酸中毒和出凝血功能障碍及多器官功能衰竭等。值得注意的是重症、危重症患者病程中可为中低热，甚至无明显发热。轻型患者仅表现为低热、轻微乏力等，无肺炎表现。从目前收治的病例情况看，多数患者预后良好，少数患者病情危重。老年人和有慢性基础疾病者预后较差。儿童病例症状相对较轻。

（二）流行特征

世卫组织总干事谭德塞 2020 年 3 月 11 日说，新冠肺炎疫情已具有大流行特征。

谭德塞在日内瓦举行的例行记者会上说，疫情的传播程度和严重性令人深感担忧，"因此我们评估认为新冠肺炎疫情已具有大流行特征"。

他说："我们以前从未见过冠状病毒引发的大流行。我们以前也从未见过得到控制的大流行。"他强调，将新冠肺炎疫情描述为"大流行"不会改变世卫组织对其威胁的评估，"它不会改变世卫组织正在做的事情，也不会改变各国应该做的事情"。

新型冠状病毒肺炎，正处在早期快速变化阶段。新冠病毒中国已公布导致新型冠状病毒肺炎的新型冠状病毒的全基因组序列，这将有助于全球科学家和公共卫生组织加入诊断试剂的研发，及病毒致病性研究。

国家卫健委已发布 1 号公告，将新型冠状病毒感染的肺炎纳入传染病防治法规定的乙类传染病，但采取甲类传染病的预防、控制措施，同时将其纳入检疫传染病管理。

（三）传播途径

新冠肺炎传播途径主要为直接传播、气溶胶传播和接触传播。直接传播是指患者喷嚏、咳嗽、说话的飞沫，呼出的气体近距离直接吸入导致的感染；气溶胶传播是指飞沫混合在空气中，形成气溶胶，吸入后导致感染；接触传播是指飞沫沉积在物品表面，接触污染手后，再接触口腔、鼻腔、眼睛等粘膜，导致感染。

（五）临床与治疗

新型冠状病毒感染的肺炎患者的临床表现为：以发热、乏力、干咳为主要表现，鼻塞、流涕等上呼吸道症状少见，会出现缺氧低氧状态。约半数患者多在一周后出现呼吸困难，严重者快速进展为急性呼吸窘迫综合征、脓毒症休克、难以纠正的代谢性酸中毒和出凝血功能障碍。值得注意的是，重症、危重症患者病程中可为中低热，甚至无明显发热。部分患者起病症状轻微，可无发热，多在 1 周后恢复。多数患者预后良好，少数患者病情危重，甚至死亡。

三、青年学生要强化个人责任担当

（一）深刻认识中国共产党领导和中国特色社会主义制度的显著优势

中国特色社会主义制度是中国共产党领导人民在实践中干出来的，是历经艰辛探索得出来的规律性认识。抗击疫情以来，中国特色社会主义制度的巨大优势，引领我们不断从一个胜利走向另一个胜利。习近平总书记指出："我们最大的优势是我国社会主义制度能够集中力量办大事。这是我们成就事业的重要法宝。"

（二）自觉遵守疫情防控各项规定

习近平总书记在中央统筹推进新冠肺炎疫情防控和经济社会发展工作部署会议上的重要讲话高屋建瓴、内涵丰富，具有很强的思想性、指导性和针对性，为青年学生强化个人责任担当指明了努力方向、提供了根本遵循。青年学生一定要深入学习领会习近平总书记重要讲话精神，切实把思想和行动统一到习近平总书记关于当前疫情防控和经济社会发展的科学判断和工作要求上来，按照《中华人民共和国传染病防治法》《中华人民共和国突发事件应对法》《突发公共卫生事件应急条例》等法律、行政法规，以及本校本地实际，服从大局，遵守疫情防控各项规定，坚决做到不造谣、不信谣、不传谣，自觉维护社会秩序，毫不放松做好疫情防控工作。

（三）养成良好的生活习惯

这场突发的新冠肺炎疫情，一方面让我们看到了保护野生动物、保护大自然的重要性，同时在没有特效药的前提下，也让我们看到了身体素质是有差别的。这次疫情告诉我们，在没有特效药的前提下，个人身体素质和免疫力显得尤为重要。一是养成良好的饮食习惯。良好的饮食习惯，对增强体质也很多益处。专家说，最好的药就是人的免疫力，而增强免疫力需要合理膳食、均衡营养，不能吃这么油腻。二是坚决杜绝食用野生动物。所以，青年学生要拒食野味，珍爱野生动物。是主动还是被动，疫情期间养成的良好生活方式和行为方式，不能随着疫情过去而淡忘。在这场疫情大考下用伤痛换来的理念共识、行为习惯和经验教训，值得我们长期坚守。三是培养文明健康、绿色环保的生活方式。勤洗手，少扎堆，不聚集，出门戴口罩。

第二节　常见传染性疾病的分析

【知识链接】

一、流行性感冒

流行性感冒（简称流感）是由流感病毒通过呼吸道传播而引起的急性传染病。流感病毒存在于病人的口鼻等分泌物中，经飞沫传播。本病极易传播，可引起局部地区流行或世界性大流行。

（一）症状

（1）发病大多数突然，全身症状明显而呼吸道症状较轻。

（2）先有畏寒，继以高烧，可达39℃～40℃同时有头痛，全身酸痛和软弱无力。

（3）胃肠道症状：恶心、腹泻等。

（4）重症者一开始病情严重，表现明显高热、神志不清，颈强直，抽搐等；有些老年人、病弱者一开始发病就严重。

（二）防治

（1）高热、头痛、全身酸痛较重者可用复方阿斯匹林，克感敏等药物或加用物理降温。

（2）较严重者，必须输液，应用抗菌素治疗。

（3）中药治疗：感冒退热冲剂（大青叶板蓝根、连翘）每天2～4次，每次一包冲服。

（4）流行期减少集体活动；发现病人及早隔离和治疗；注意室内通风；提倡在分共场所戴口罩。

二、脊髓灰质炎小儿麻痹

脊髓灰质炎患者大多是小儿，是由脊髓灰质炎病毒引起的传染病。病人大便中有大量病毒，常由于接触病人的大便或污染的用具而传染。在生病最初5天内，也可由呼吸道分泌物传染。由于病毒侵犯不同部位的神经组织，病儿可发生同部位瘫痪。

（一）症状

潜伏期约为 7~14 天，症状轻重不一。多数小儿不发生症状，或仅有 1~2 天的发热、头痛、咽痛、呕吐、腹泻等，而不发生瘫痪。一部分病儿于热退后 1~6 天，再次发热，称"双峰热"，病儿多汗、全身不适、呕吐、周身肌肉疼痛。患儿不愿抬头，不愿让人抱，或坐不稳，患儿神志大多不清醒。在发热第 3~4 天，病儿手足软绵无力，不会动弹，称为"驰缓性瘫痪"。下肢软瘫较多见，可为单侧或双侧，不对称。

（二）防治

（1）急性期患者，必须住院隔离治疗，卧床休息。

（2）病情稳定时，及时进行针灸推拿治疗。

（3）隔离病员，自发病日起隔离期间食具及排泄物进行消毒。夏天有脊髓灰质炎发病时，有发热、上感症状的患者不宜去游泳池。接触者，接触后 3 天内可注射胎盘球蛋白或丙种球蛋白。

三、流行性腮腺炎

流行性腮腺炎是流行性腮腺炎病毒引起的急性传染病。病毒存在于病人唾液中，主要通过飞沫传染给他人。病毒侵入人体，引起腮腺或颌下腺肿胀。此病传染性很强。

（一）症状

流行性腮腺炎潜伏期约 14~21 天。病人先觉一侧耳下腮腺肿大、疼痛、咀嚼时疼痛。2~3 天后，另侧腮腺也肿痛，肿块以耳垂为中心，边缘腮腺也肿痛。腮腺高度肿胀时，可有发烧、食欲不好、全身不适，有时头痛、呕吐剧烈，且有嗜睡，甚至严重者有抽搐等神志改变。

注意全并症：并发脑膜脑炎、睾丸炎、睾丸肿痛。

（二）治疗方法

（1）应卧床休息，多饮开水，吃流质或半流质饮食。

（2）腮腺肿痛严重时，可局部冷敷或中草药外敷（如意金黄散等）。

（3）如患者有脑膜炎症状，应立即送医院治疗。

防最好的预防是隔离病人，直到腮腺肿胀完全消失为止。

四、猩红热

猩红热是由乙型溶血性球菌引起的急性呼吸道传染病，病原菌隐藏于病人的咽部，在发病前 24 小时至疾病高峰时期，传染性最强。

（一）症状

（1）起病急骤，早期以发热、咽痛、头痛、呕吐为主要症状。

（2）咽部发红，扁桃体红肿，表面有白色渗出物。舌面光滑呈肉红色，乳头隆起如同杨梅，故有草梅知之称。

（3）皮疹出现在高热1～2日之后，首先从耳根及上胸部开始，数小时后蔓延至胸、背、上肢，24小时左右至下肢。

典型皮疹是在全身皮肤潮红的基础上布满针尖大小点状红疹，压之退色。

（二）防治

（1）接触病人者可口服磺胺药物及肌肉注射青霉素（可注射一周）。

（2）如发生化脓性并发症时，必须大量青霉素点、局部化脓可作切开引流。

五、流行性脑脊髓膜炎

流行性脑脊髓膜炎（简称流脑）是流行性脑膜炎双球菌引起的急性呼吸道传染病，是化脓性脑膜炎中的一种。脑膜炎双菌存于病人的鼻咽部、血液、脑脊髓液、皮肤出血点和带菌者的鼻咽部。当病人或带菌者咳嗽时，通过含有病菌的飞沫传染他人。

（一）症状

（1）潜伏期约1～10天，起病很急，有时在发病前几小时或1～2天内。

（2）有乏力、咽痛和头痛等上呼吸道症状。高热达39℃以上。

（3）脑膜刺激症状：高热后头痛，反复的喷射性呕吐、烦躁不安或嗜睡，颈部强直。

（4）皮肤粘膜有散在的淤点（出血点），有些病人口唇可发生疱疹。

（5）暴发型病人：除有高烧、精神极度萎靡外，皮肤迅速遍布淤点或大片淤点或大片淤斑，很快便四肢发冷，唇指青紫，血压下降。如不及时治疗，病人多于24小时内死亡。

（二）防治

（1）在流行季节（冬春两季2～3月份），遇有高烧、头痛、呕吐、皮肤有小出血点的人，应考虑本病，应立即去医院注射（主要磺胺类药物）。

（2）在流行委节，尽力不到公共场所活动。另外应讲究卫生、勤晒被褥衣服，开窗通风及早预防接种。

（3）吃大蒜有良好预防作用。

六、伤寒

伤寒是由伤寒杆菌引起的急性肠道传染病。病人和带菌者是传染源，细菌从传染源的大小便中排出，通过水以及被水、手、苍蝇等污染的食品由口进入人体。

（一）症状

伤寒潜伏期平均 7～14 天，起病多数缓慢。体温呈梯形上升，至一周可达 39℃～41℃，并有畏寒、头痛、食欲减退、腹胀、便秘等症状。

（2）从第二周期开始，高执热持续不退，一般持续 10～14 天左右，此时病情加重，可出现神态迟钝、表情淡漠、听觉减退，重者可有说胡话抓空症状（为无意识举动）或昏睡。

（3）脉搏增快，但和体温升高不成比例，称相对缓慢，是本病的特点之一。约三分之二病人有脾肿大，有三分之一病人肝肿大，三分之一病人出现皮疹（为玫瑰色疹）。

（4）如病人不及时治疗（饮食和照顾不好）在病程第 2～4 周时可发生肠出血、肠穿孔等开发症。

（二）治疗

（1）对伤寒病人护理是极为重要的，病人卧床休息到完全恢复为止。注意饮食、高热时予以米汤、藕粉、豆浆等流质饮食。

（2）高热病人可用物理降温，便秘不可用泻药，宜用生理盐水低压灌肠。

（三）预防

（1）隔离病人应彻底，对病人粪便、便器、饮食用具、痰杯。衣服、被褥等都应消毒。

（2）对保育员、炊事员每年应做大便培养 3 次，如找到伤寒杆菌，就是带菌者，应调动工作。

（3）个人卫生习惯方面应注意，养成饭前便后洗手、不吃不洁食物等良好卫生习惯。

（4）应预防接种伤寒、副伤寒（甲、乙）菌苗。

七、细菌性痢疾

细菌性痢疾（简称菌痢）是由痢疾杆菌所致的一种常见肠道传染病。多发生在夏秋季。

（一）症状

（1）主要症状有发热、腹痛、腹泻、里急后重（肛门坠痛，有排便感又排不出）和脓血便等。

（2）病菌侵入人体后一般在 1～3 天出现全身症状，随后腹泻，开始大便为糊状或水样大便，次数每天多到几十次，量很少，常为浓血。

（3）少数病人，中毒症状严重，起病甚急，发展极快（称为中毒性菌痢）。主要症状：病人突发高热（40℃或更高）精神萎靡、嗜睡或烦躁不安，有反复惊厥，神志昏迷，面色灰白，口唇发绀，四肢发冷脉搏微弱，血压下降，循环衰竭（休克）等，病人死亡很快，应立即抢救治疗。

（二）治疗

（1）急性菌痢病人必须卧床休息、多喝水、饮水以容易消化的流质食物为主，如米汤、藕粉、稀粥、面条等。牛奶不宜多喝，以免增加腹胀。

（2）病人有呕吐不能进食或失水、高热时，要静脉点滴生理盐水和5%葡萄糖液或加用氯霉素（一般立即住院治疗）。

（3）针灸治疗可改善症状，消灭细菌等。

（三）预防

一定注意在夏季不食腐烂或污染食物，注意饭前便后洗手，彻底消灭苍蝇。

八、细菌性食物中毒

细菌性食物中毒是由于进食被细菌或毒素污染了的食物而引起的疾病。

（一）症状

多数致病菌所引起的疾病表现为呕吐、腹泻、腹痛等急性胃肠炎症状，常伴有发热，少数致病菌产生毒素导致肌肉瘫痪为主的中枢经系统症状。

（二）常见的细菌性食物中毒种类

（1）沙门氏菌食物中毒：当人们吃了未经烧熟的动物内脏、肉、蛋，或吃了被这些动物大小便污染的食物，就会发生食物中毒。出现腹痛、腹泻、恶心和呕吐等症状。

（2）嗜盐菌食物中毒：嗜盐菌广泛存在于海水和海鱼、蟹、海蜇等海产品中，以及用盐腌制的肉、咸蛋、咸菜中。人吃了被嗜盐菌污染的食物，即可发病。出现胃肠炎、剧烈腹痛、典型的洗肉水样粪便症状，也可表现为水样便或脓血便。

（3）变形杆菌属食物中毒：此类细菌广泛存在于人的粪便和鱼、蟹、肉类等食物中，进食污染食品发病后可表现胃肠炎或全身皮肤潮红、头痛、荨麻疹等症状。

（4）蜡样芽胞杆菌：本菌广泛存在于土壤、尘土中，在米饭中30℃左右生长良好。进食隔夜米饭（泡饭）而发病，表现为胃肠炎，病程甚短。

（5）葡萄球菌食物中毒：由于进食葡萄球菌肠毒素所污染的肉、牛奶、剩饭等食物引起。发病急骤，以恶心、呕吐为主要症状。病程较短，一般6～8小时内症状即可消失。

（6）肉毒杆菌食物中毒：肉毒杆菌主要在土壤中滋生，也存在于家畜肠道内。在制备罐头食品、腊肠、火腿、发酵食品等时，食品可在缺氧的情况下大量繁殖并产生外毒素。人吃了即可中毒，症状表现：软弱无力、头晕、视力模糊、复视、眼皮下垂、吞咽困难、失音、呼吸困难等。

（三）治疗

一旦出现食物中毒，应根据病情，呕泻严重者应住院抢救。

（四）防治

（1）应重视熟食品的消毒。食品应彻底加热后再吃。

（2）不吃腐烂、变质食物和不洁瓜果。

（3）防止生熟食物交叉污染（生食与熟食应分开切）。

（4）罐头有膨出现象或其色、香、味有改变时应丢弃不吃。

九、流行性出血热

流行性出血热是病毒引起的急性传染病。主要症状有发热、出血和肾脏损害等。传染源主要是老鼠，通过老鼠的唾液、尿等污染的尘埃而得病。流行季节是 10 月至次年 1 月。这种病发病率较高，对人体危害较大，病死率也较高，早期发现，早期治疗可以缩短治疗病程，降低死亡率。

本病的个体反应和病理生理改变不同，临床症状也有差异。本病的潜伏期一般为 7～14 天，长达 60 天，1 个月左右发病较为多见。

（一）症状

患者常具备典型的三大特征：即发热、出血现象和肾脏损伤。五期病程：即发热期、低血压期、少尿期、多尿期和恢复期。非典型及轻型病人症状多不典型，五期过程多不明显。重型病人症状严重，五期中的前三期可相重叠出现。来势凶猛，后果严重。

"三早"即早诊断、早隔离、早治疗是减轻流行性出血热临床症状、降低病死率的重要措施之一，早期诊断是关键。本病的早期临床表现差异很大，没有特异的临床症状和体征，有些病人与上呼吸道感染或"流感"非常相似，都有头昏、全身不适以及发热、头痛、食欲不振而被误诊误治。本病的早期临床症状，除一般"上感"症状外，如疲乏、无力、食欲不振、发冷、发热等，"三痛""三红"是流行性出血热的早期重要症状之一。"三痛"即头痛、眼窝痛和腰痛。不少病人还有全身酸痛或关节痛。"三红"即面部及上胸部皮肤潮红，眼球结膜充血、发红、咽部粘膜充血、发红。由于面、颈及上胸部皮肤血管明显扩张充血，双眼球结合膜充血，反应迟钝，形似醉酒神态，故称"醉酒样外貌"。一般病人 2～3 天皮肤即可出现血点，主要分布在两侧腋下。腋前后和上臂内侧皮肤，出血点数量、大小和形状，差别很大，小则似针头，大则淤斑状。有的病人可出现一过性血尿，一般在病后2～3天，尿量逐渐减少，主要是肾脏功能障碍所致。

（二）诊断

诊断流行性出血热主要依据是流行病学资料、早期症状、体征和化验检查，进行综合分析，而后确诊。在流行区和流行季节，要贯彻疑诊从宽、确诊从严的原则。在非流行地区和非流行季节，也应注意鉴别诊断，防止误诊和漏诊，延误病情。

（三）治疗

本病尚无特效疗法。在流行季节，对可疑病人，特别是类似感冒病人，平素身体健康，很少发病的青壮年患者，尤应重视。应密切注意病情变化，不随意给予发汗解热药物，如APC、阿斯匹林，以免掩盖病情。应绝对卧床休息，给予多种维生素，如B1、C、B6、路丁等，频饮热茶、糖盐水，补充水分。随病程进展应就地就近进行检查和必要的化验，避免远途求医，加重病性。目前，治疗出血热一般都采用对症治病和免疫治疗，没有突破性效果。

（四）预防

对流行性出血热的预防，主要是灭鼠。目前，已通过病毒分离证实，黑线姬鼠、褐琢鼠、大琢鼠等是本病的主要传染源。这种病全年各月均可发生，但有明显季节性，每年4-7月、10月-次年1月是流行高峰，尤其以冬季严重。因此，高峰前进行灭鼠防鼠，发动群众、土洋结合、利用药物、器械等灭鼠是控制发病的有效措施。与此同时，要避免与鼠类接触，更不要手接触或玩弄鼠类，加强个人防护，减少感染机会。流行性出现血热疫苗也已研究成功，但末大量生产应用。对于流行性出血热，只要措施得当是完全可防可治的。

第四章　火灾预防与应对

火给人类带来了文明、光明和温暖。然而，当燃烧的时间过长或燃烧的面积过大以致难以控制时，火就会给人类带来灾难。在古代，人们对于火灾总结出了"防为上，救次之，戒为下"的经验。随着社会的发展，在社会财富日益增多的同时，导致发生火灾的危险性也在增多，火灾的危害性也越来越大。

学生宿舍是高密度人群居住的地方，防火安全尤为重要。作为宿舍的主体——学生，要了解安全防火的重要性，提高思想认识，防范胜于救灾，责任重于泰山。要学习消防安全常识，了解火灾发生的原因和蔓延的过程，增强抵御火灾的能力，学会必要的自救和互救的救生知识，面对险情要从容镇静，选择正确的自救和逃生方法，确保人身安全。

第一节　火灾的基本知识

火灾是指在时间和空间上失去控制的燃烧所造成的灾害。失去时间和空间控制的燃烧称为"着火"，由此造成的物质财产损失和人员伤亡等灾害性事件称为"火灾"。火灾是一种不受时间、空间、地域限制，发生频率最高的灾害。

【案例导入】

20××年5月31日中午，某大学青园学生公寓13栋三单元612室，三名女研究生违规使用电饭锅加热食物，造成电线线路短路并引发火灾，整间宿舍被烧得面目全非。消防武警出动了6台消防车才将大火扑灭。

【案例点评】

在高校，学生宿舍和实验室是火灾发生的主要区域，电器使用不当是造成火灾的主要原因。上述案例已经充分说明，校园消防安全不可忽视，稍有不慎就有可能酿成大祸。然而，发生在校园生活中的火灾，大部分是可以预防的。学生应该学习和掌握必要的防火知识，以备不测。

【知识链接】

一、火灾的类别和级别

（一）火灾类别

依据物质燃烧特性，火灾可划分为 A、B、C、D、E 五类。

A 类火灾：指固体物质火灾。这种物质往往具有有机物质性质，一般在燃烧时产生灼热的余烬，如木材、煤、棉、毛、麻、纸张等物质引发的火灾。

B 类火灾：指液体火灾和可熔化的固体物质火灾，如汽油、煤油、柴油、原油、甲醇、乙醇、沥青、石蜡等物质引发的火灾。

C 类火灾：指气体火灾，如煤气、天然气、甲烷、乙烷、丙烷、氢气等物质引发的火灾。

D 类火灾：指金属火灾，如钾、钠、镁、铝镁合金等物质引发的火灾。

E 类火灾：指带电物体和精密仪器等物质引发的火灾。

（二）火灾的级别

国家对火灾的级别有明确的规定。火灾的级别可划分为特大火灾、重大火灾和一般火灾。

（1）特大火灾。具有下列情形之一的，为特大火灾：死亡 10 人以上（含本数，下同）；重伤 20 人以上；死亡、重伤 20 人以上；受灾 50 户以上；直接财产损失 100 万元以上。

（2）重大火灾。具有下列情形之一的，为重大火灾：死亡 3 人以上（含本数，下同）；重伤 10 人以上；死亡、重伤 10 人以上；受灾 30 户以上；直接财产损失 30 万元以上。

（3）一般火灾。不具有前列两项情形的火灾称为一般火灾。

二、火灾的高发时段及火灾现场的主要特点

（一）火灾高发时段

1. 风干物燥的冬季

每逢元旦、春节、元宵节等节日，人员流动性大，用火、用电多，加之燃放烟花爆竹，往往成为火灾的高发期。

2. 每天的 18 时至次日凌晨 4 时

每天 18~22 时，人们的活动较多，用气、用电量大，容易造成火灾；而深夜，人们大多处于睡眠状态，火灾发生时往往不易察觉，容易延误灭火时间，造成较大损失。

（二）火灾现场的主要特点

1. 烟气蔓延迅速

火灾发生后，在热传导、热对流和热辐射的作用下，极易促使火势蔓延扩大，扩大的火势又会生成大量的高温热烟，给人的逃生和灭火救援带来极大的威胁和困难。

2. 建筑物内的光线微弱，难以逃生

如果火灾在室内，即使在白天，人的视线也会受到很大程度上的影响。因为浓烟阻碍了人们的视线，不利于灭火救人。

3. 扑救困难

发生火灾的区域主要是住宅区，住宅区可燃物多且较集中，通风条件差，发生火灾时产生大量的烟雾，给扑救工作带来困难。如火灾发生在高层，灭火设施及器材受楼高的限制，扑救工作将更为复杂和困难。

4. 财物损失严重

住宅区面积有限，在有限的空间内，许多家具和衣物等都属于易燃材料，一旦发生火灾，物资不易搬卸，财物损失严重。

5. 易造成人员伤亡

住宅区人员难以疏散，且许多人缺乏火灾逃生知识，在火灾发生之时，极容易失去理智而不能及时实施自救，造成人员伤亡。

三、火灾的成因

火灾的成因主要分为电气、生活用火不慎、违反安全规定、吸烟、玩火、放火、自燃等几类。

（1）电气。电气造成的火灾主要是指因为违反电气安装和使用操作规程，以及使用伪劣电气产品引起的火灾。随着我国电器的普及应用，电气火灾在火灾事故中保持着相当大的比率。

成灾的主要原因是电气产品使用中存在的问题较多，如乱拉乱接电线、不按使用要求随意加大用电负荷、电线老化不按时更换和家用电器使用"三无"产品等。

（2）生活用火不慎。生活用火不慎是指生活或涉及生活的用火，包括炉灶（炉具）设置、使用不当，余火复燃，明火照明，生火取暖，熏蚊不当等。生活用火的特点是点多、面广、使用频繁，一旦疏于管理或失去警惕，极易发生火灾。

（3）违反安全规定。违反安全规定是指在生产、储存、运输、使用物质的过程中违反安全规定和操作规程。例如，违章烧焊切割或错误操作，使温度、压力、时间、速度失控等而引起火灾。

（4）吸烟。吸烟引起的火灾包括随地乱扔烟头以及在有爆炸危险的场所违章吸烟等引起的火灾。据统计，全世界 37 亿公顷森林地带中，每年发生的火灾多达 20 万起，只有 10% 的火灾是因森林上空电击而起火，而 90% 的火灾是因吸烟、玩忽职守和防范措施不完善等引起的。

（5）玩火。玩火引起的火灾包括小孩玩火、乱放鞭炮、玩火取乐等引起的火灾。

（6）放火。放火是指刑事放火、报私仇放火、精神病人放火和自焚。

（7）自燃。自燃引起的火灾包括易燃易爆化学危险物品自燃，以及煤、稻草麦秸、涂油物、鱼粉等自燃引起的火灾。从统计分析看，这种原因引发的火灾多集中在每年的第二和第三季度。

除了以上原因，火灾发生的原因还有基础建筑老化、消防设施不足、消防意识淡薄等。由此可见，大量的火灾是由于操作失误、设备缺陷、环境和物料的不安全状态、管理不善等引起的，主要是人为因素造成的。大部分的火灾都是可以预防的。为此，我们要从人、设备、环境、物料和管理等方面提高防火意识，消除火灾隐患。

第二节　火灾的预防

预防和避免高校火灾的发生，关键是要唤起人们包括大学生在内的火灾防范意识，要以警惕、谨慎、认真、负责的态度来预防火灾。

【案例导入】

20××年 1 月 11 日，某大学研究生宿舍 2 舍一楼发生火灾，浓烟将 11 层高的整个宿舍笼罩，楼上百余个寝室的 500 余名学生被困。火灾原因是寝室内一学生用"热得快"放在开水瓶中烧水，因晚上突然停电，她从开水瓶中抽出"热得快"放到床上，但忘了切断电源。次日早晨来电后"热得快"将床铺引着。

【案例点评】

这个案例突出反映了高校安全用电的重要性，也再次说明了火灾的危害是巨大的。这一惨痛教训应该引起大学生们的深思和警醒。火灾不仅给国家财产带来了巨大损失，而且残害了无数宝贵的生命！我们应该从以上事故中吸取教训，在思想上高度重视，在行动上明确责任，防患于未然，全力避免任何一起可能给人民生命财产带来损害的火灾事故的发生。

【知识链接】

一、预防火灾的基本要求

预防和避免高校火灾的发生，关键是要唤起人们的火灾防范意识，要以警惕、谨慎、认真、负责的态度来预防火灾。因此，大学生都必须做到以下几点。

（一）增强消防安全意识

只有提高了安全防火意识，才能关注身边可能引起火灾的隐患，控制一切火源；才能把预防火灾放在首位，时刻保持高度警惕。只有增强安全防火意识，才能主动学习消防知识，掌握火灾防范和扑救措施，防范火灾的发生。

（二）遵守学校防火制度

为了保证大学生的安全，一般高校都制定了一系列相关的防火安全管理规定。诸如：不得私拉乱接电源；未经批准，不得随意增加用电设备；禁用"电炉"、"热得快"；禁止在教学楼、实验楼、宿舍楼、图书馆等公共场所吸烟；禁止在宿舍使用蜡烛，等等。绝大多数大学生都能遵守规定，但也有少数大学生由于缺乏认识，违规使用不安全的电器设备，导致了火灾的发生。所以，每位大学生都必须谨慎对待，提高警惕，严格遵守学校的防火制度。

（三）加强消防法规和防火知识的宣传

为有效控制火灾的发生，我国制定了相应的法律法规，高校应发动广大师生积极学习和遵守相应的消防法规，自觉地同火灾作斗争。可通过广播、电视、网络、墙报等各种传播途径加之讲座、演练等形式，向广大师生传播火灾与消防信息，进行经常性的防火教育，使学生认识到火灾的危害，提高防火的警惕性，做到时时防火、处处防火。

（四）深入进行防火检查，切实整改火灾险隐

高校要按照有关规定，定期或不定期地对教学楼、图书馆、实验楼、宿舍楼等公共场所进行防火安全检查，以便及时发现和消除火险隐患，整改消防管理中存在的问题，把火灾事故消灭在萌芽状态，做到"防患于未然"。对查出的火险隐患要逐条登记，拿出具体措施，及时进行整改。

二、预防火灾的基本措施

（一）控制可燃物

控制可燃物，可以有效地防止火灾的发生，主要有下列措施：

（1）用难燃材料和不燃材料代替可燃材料。

（2）控制温度。

（二）隔绝空气

在生产易燃易爆物品的过程中采用在真空条件下生产的措施或在设备容器中充满惰性介质加以保护。储存时隔绝空气，如将钠、钾等存放在煤油中，黄磷存放于水中等。

（三）消除火源

消除火源是预防火灾发生的关键措施，主要有以下几个：

（1）严禁烟火。在有可燃物、易燃易爆品的场所以及其他防火重点部位应禁止烟火。在易燃易爆粉尘或化学危险物品生产和储存部位安装防爆电气，以免电火花的产生引起火灾。

（2）不玩火。玩火时，一旦火势蔓延或者留下未熄灭的火种，就容易引起火灾。

（3）不吸烟。吸烟危害身体健康，又容易诱发火灾，要遵守学校的规章制度，坚决杜绝吸烟。

（4）安全用电。在宿舍等地，需禁用"电炉"、"热得快"等电器。

（5）爱护消防设施。为了预防火灾，防止火灾事故，居民楼、公共场所都设置了消防栓、灭火器、消防沙箱等消防设施，还留有供火灾发生时人员疏散的安全通道。要自觉爱护消防设施，保证安全通道的畅通。

（6）严格动火制度。在防火重点部位和易燃易爆部位，确需动火时，应由有关部门批准，同时要落实好现场监护、配备灭火器材等各项措施。

（四）防止形成新的燃烧条件，阻止火灾的蔓延

防止形成新的燃烧条件，就需要掌握燃烧的基本知识、燃烧的条件和类型，有针对性地采取措施阻止火灾的蔓延。

（五）火灾的监测

在重要的建筑物内（如图书馆、计算中心、大型商场、旅馆等）安装火灾报警器，以便尽快提供火灾信息，有效地控制火灾的发生。

三、高校预防火灾细则

（一）学生宿舍防火

纵观高校火灾，大部分火灾都是发生在宿舍。因此，学生宿舍防火是高校防火工作的重点。目前宿舍普遍存在的问题是住宿人员多、用电量大和可燃物品多。从宿舍发生的火灾来看，部分大学生对防火工作的重要性、火灾的危害性认识不足，防火意识比较薄弱。

为做好学生宿舍的防火工作，保证学生的财物和人身不受到火灾的侵害，大学生在防止宿舍火灾中应做到以下几点。

1. 防止各类明火引发火灾

（1）宿舍内不准点蜡烛，特别是不准在床上、蚊帐里点蜡烛。

（2）用蚊香时要注意防火。点蚊香要防止引燃周围的可燃物。

（3）不将易燃易爆物、剧毒物品、放射性物品带进宿舍。

（4）禁止在宿舍或楼道以及宿舍楼附近燃放烟花爆竹。

（5）不乱接乱拉电线，电路熔断器切勿用铜、铁丝代替。

（6）严禁在学生宿舍烧火做饭，不得在宿舍或楼道焚烧杂物。

7）不要躺在床上吸烟，不乱丢烟蒂。

2. 防止电力线路、电气设备引发火灾

（1）不使用老化电线、"短接长"的电线、不用插头的接线及接头不用绝缘胶布包扎的电线。

（2）使用台灯、充电器、电脑等电器时注意发热部位的散热。

（3）室内无人时，务必切断一切用电设备（包括照明灯具）电源。

（4）禁用电炉、热得快、电饭锅等电热器具。电热器具使用时温度高，用电量大，易导致电线发热、着火。另外，一栋宿舍同时使用多个电炉，易导致整个宿舍楼用电超负荷，造成跳闸停电，影响同学们的学习和生活。

（5）防止电器长时间通电失火。电视机、充电器等各类电器发生火灾，绝大多数是由于通电时间过长，引起变压器发热、短路起火造成的。大学生离开宿舍时，需要谨记切断电源。

3. 爱护消防设施，不将灭火器材随意移动或挪作他用

大学生要认真遵守学生宿舍的防火管理规定，发现安全隐患要及时向管理人员或有关部门报告，防止学生宿舍发生火灾，避免给学校财产和个人财产造成不应有的损失。

（二）实验室防火

实验室内通常需要进行各种物理、化学实验，存放着各种易燃易爆化学品以及风干机、烤箱、电炉等大功率电热器具，其他火源种类也较多。实验室火灾损失大，人员伤亡重，难以扑救，历来是高校的防火重点。凡因教学科研需要在实验室做实验的同学，必须接受实验室防火相关安全教育，严格遵守安全制度与有关的操作规程，树立"安全第一"的思想，切实做到以下几条。

1. 充分做好实验前的准备，严格按实验规程操作

参加实验的学生，必须了解实验室和实验中存在的不安全因素或可能发生的事故，掌握发生事故的扑救方法，必须了解实验室内和周围的一切安全设施及其使用方法。

2. 做好"四防"工作

学生在实验室使用和储存化学危险品时，要防明火（包括电打火）、防潮湿、防高温、防日光直射。化学危险品不论存放在何处，都要根据化学性质和灭火方法的不同，分门别类地实行分室、分柜、分架存放，不可混放，也不得码放过高、过密，柜架之间要留有一定安全距离。每室要限量储存，不能超过5公斤。

3. 服从实验教师指导，严格遵守实验室纪律

（1）禁止在实验室玩耍、打闹，防止打破仪器设备。

（2）严禁摆弄与实验无关的设备和药品，特别是电热设备。

（3）严禁携带任何火种和其他与实验无关的易燃易爆品进入实验室。

（4）未经批准不准带领同学、朋友和无关人员特别是儿童在实验室游玩。

（5）禁止在实验室居住，不能在实验室内及附近使用生活用火，特别是明火，更不准燃放烟花爆竹。

（6）使用化学危险品时，要严格执行安全制度和操作规程，在做蒸馏、精馏、萃取等危险性较大的实验时，操作人员不得脱离岗位。有事必须离开时，应交代其他同学看管实验装置并对其讲明注意事项。

（7）对于高温、高压、高转速的实验项目，以及对实验中使用的化学危险品、剧毒物品、放射性物品、压力容器，都要充分了解其性能、使用方法、操作规程和防护方法，严格执行专门的规定和操作规程。

（8）搬运化学危险品时，必须轻拿轻放，严禁撞击、滚动。如发现破、损、渗漏，必须立即进行安全处理并报告指导教师。平时也需要经常进行安全检查。防止化学危险品混放、破损、自聚、自爆而引起事故。

（9）正在使用的剧毒物品（包括残液）、放射性物品，由使用人负责，登记领取用量，

同学之间不准相互转让或借用。

（10）化学试剂要限量领用和存放，注意安全保管和安全使用。

（11）详细掌握实验室内药品的化学特性，严禁将化学性质相抵触的药品混装、混放。实验剩余的药品必须按规定处理，严禁带走或倒入下水道。对于丢失标签的无名药品和各类残渣废液，特别是剧毒物品残液，要及时报告指导教师和主管部门，并送到指定单位进行销毁处理。

（12）实验后剩余的化学危险品、实验中产生的残液、废液不准存放或丢弃在露天处或楼道内，不准通过下水道流走。任何人不得将化学危险品带回宿舍和居室。

（13）必须熟悉水、电、气（包括气体钢瓶）的开关方法。实验完毕，注意关好水、气阀门，切断电源。保持实验台及室内的清洁整齐。仪器、工具等用毕应归还原处。离开实验室时，应关门。

4．时时保持警惕，强化火灾预防意识

如发生火灾，应立即扑救，防止蔓延，同时要立即报警。

（三）公共场所防火

公共场所包括教室、图书馆、对学生开放的机房、食堂、体育馆等。公共场所人员密度大，空间大，室内可燃物、有毒材料多，用电量高，高热量照明设备多，一旦发生火灾，后果将不堪设想。因而公共场所火灾的预防尤为重要。在公共场所应掌握以下防火知识：

（1）清醒认识公共场所的火灾危险，时刻提防。

（2）严格遵守公共场所的防火规定，摒弃一切不利于防火的行为。

（3）遵守公共场所秩序，不随意乱跑，不随意触摸公共场所的电器设备或开关按钮，保持安全通道的出入口畅通。

（4）做到不携带易燃易爆品去公共场所，如汽油、酒精等。

（5）不吸烟或随地丢弃烟头、火种，不使用明火照明。

（6）不玩弄电线，以免触电或引起短路。

（7）了解场所的基本情况，熟悉防火通道和逃生通道。

（8）善于及时发现初起火灾，准确判断，能及时扑救的要及时扑救，形成蔓延的要立即逃生。

（9）要有见义勇为精神，及时帮助受伤人员。

（四）树林草坪防火

校园里的树丛和草坪等植被不仅能美化环境、净化空气，还能起到防风固沙、涵养水源、调节气候、维持生态平衡的作用。然而，由于杂草多，枯草也多，落到地上的枯枝、残叶、树皮、球果等也都可能成为引火物。一些树种如油松、侧柏、落叶松、桦树等树皮中含有油脂，容易燃烧。一旦发生火灾，很快就会蔓延，所以需要做到以下几点：

（1）遵守有关消防法规，在树林草坪中做到不使用明火。

（2）严禁玩容易引起火灾的游戏或玩火。

（3）严禁在树林草坪中吸烟。

（4）秋冬季节封山时段及干旱天气尤其要注意防火。

（5）一旦发现火灾隐患要及时向有关部门报告，发现火苗要及时扑救或拨打火警电话。

（五）生活防火

（1）吸烟防火。不要躺在床上、沙发上吸烟；吸烟时，如临时有其他事情，应将烟头熄灭后再离开；吸剩的烟头一定要熄灭。

（2）照明防火。需要谨慎使用台灯，在不用的时候要切断电源；不同时使用多个电压高的电器；使用蜡烛时，蜡烛应放置在烛台上，不放在床上或是蚊帐里，以免发生意外。

（3）驱蚊防火。点燃的蚊香要放在不燃的金属架上，不得直接放在木地板上，不得靠近蚊帐、床单、衣服等可燃物，防止因风吹而相互接触引起燃烧。人离开时要将蚊香熄灭；放置土制的熏蚊烟，应与家具、床铺等保持一定的距离，还要注意防止火星被风吹散；有条件的地方应尽量采用没有明火的驱蚊器。

四、发现火灾时如何报警

当发现火灾时，无论火灾大小，都要做到及时报警，不能抱有任何侥幸心理。同时，还应掌握正确的报警方法，主要有以下几点：

（1）发现火情火险，要沉着镇定，立即拨打报警电话。在任何电话上都可直接拨打"119"。在拨打"119"向公安消防部门报警的同时，还须向学校保卫处或校园报警求助服务中心报告。

（2）保持头脑冷静，火险描述扼要清楚。在报警时，不能惊慌失措、语无伦次。应扼要地说明发生火警的单位和具体地点，着火物的种类，现场有无易燃易爆和危险物品，烟雾、火光和火势的大小，现场及周边的交通和供水条件，报警人的姓名、单位、联系电话等。

（3）报警后，应安排专人到附近主要路口或大门口等待，以便接应消防车辆和人员顺利赶往火灾现场。

（4）在向有关部门报警的同时，还应想办法呼唤周围人员，特别是正在值勤或巡逻的校卫队员，一同采取积极有效的措施，努力控制和扑灭大火。

【温馨提醒】

家庭失火应急小贴士

家庭火灾一般是由于人们疏忽大意造成的，如不及时将其扑灭，后果很严重。

（1）若炒菜油锅着火时，应迅速盖上锅盖灭火。如没有锅盖，可将切好的蔬菜倒入锅内灭火。切忌用水浇，以防燃着的油溅出来，引燃厨房中的其他可燃物。

（2）电器起火时，应先切断电源，再用湿棉被或湿衣物将火压灭。若是普通电视机起火，灭火时应注意从侧面靠近电视机，以防显像管爆炸伤人。

（3）若是酒精炉起火，应使用茶杯盖或小菜碟等盖在酒精罐上灭火，千万不能用嘴吹。

（4）若是液化气罐着火，除可用浸湿的被褥、衣物等捂压外，还可将干粉或苏打粉用力撒向火焰根部，在火熄灭的同时关闭阀门。

第三节 火灾的扑救

发生了火灾，如能及时扑救，就能够把损失减少到最低限度。大学生应掌握火灾扑救的基本常识，一旦发生火灾，能够当机立断，采取正确的灭火方法和有效措施，力争将火灾扑灭在初起阶段。

【案例导入】

20××年9月22日下午，某高校临时聘请的勤杂工张某，请其亲属李某帮忙打扫多媒体教室。在打扫得差不多后，李某坐在教室后排抽烟，将未熄灭的烟头随手向后一扔，恰巧扔到门缝处，引燃了在门后堆放的沙发等杂物，顿时烟雾弥漫。李某不知所措，张某也不去扑救，火越烧越大。直到其他人报警后，火灾才被赶来的消防警察扑灭。火灾烧毁了门窗、桌椅等设施，价值近万元。公安消防部门依据有关规定，对张某治安拘留7天，对李某治安拘留10天。

【案例点评】

这是一个当事人缺乏消防安全意识又不懂得初起火灾时如何扑救而造成的火灾案例。

1）张某没有向李某交代，多媒体教室里不能抽烟；李某随意在教室里抽烟，并把未熄灭的烟头随便乱扔，这都是两人消防意识薄弱、消防知识缺乏的表现。这件事也说明了后勤管理部门加强对工作人员防火安全教育的必要性。当事人张某和李某缺乏初起火灾如何扑救的常识，发现起火后，张、李二人既没有用附近的灭火器具灭火，或挪走那些易燃的物品，也没有叫人来帮助灭火，或赶快打火警电话报告火情，而是惊慌失措，听之任之，从而失去了宝贵的扑灭初起火灾的机会。致使火势越来越大，加大了火灾所造成的损失。

2）学校的消防安全管理也存在漏洞，教室堆放的易燃杂物没有及时清理，是引起火灾发生的重要原因。所以，每学期的初、末，学校都应该组织校园的消防安全检查，及时、认真清除各处堆放的闲杂物品，减少可燃源。同时，学校也应加强对各类人员的消防安全教育培训，提高他们的防火灭火技能。

【知识链接】

一、灭火的基本方法

（一）冷却法

冷却法是将灭火剂直接喷洒在燃烧着的物质上，使可燃物的温度降低到燃点以下，从而使燃烧停止的方法。采取冷却灭火的具体措施主要是用水以及二氧化碳进行冷却。用水进行冷却是扑救火灾的最常用方法，对于房屋、家具、木柴、纸张等可燃物质，都可以用水来冷却灭火。

二氧化碳的冷却灭火效果很好。二氧化碳灭火器喷出零下 78 摄氏度的雪花状固体二氧化碳，在迅速汽化时能够吸收大量的热，降低燃烧区的温度，从而使燃烧停止。

火场上，除用冷却法直接灭火外，还经常使用水冷却尚未燃烧的可燃物质，防止其达到自燃点而着火；还可用水冷却建筑构件、生产装置或容器等，以防止其受热变形或爆炸。 此方法不宜用于电器失火。

（二）隔离法

所谓"隔离"就是把已经燃烧的物体，迅速与周边的可燃物体隔离或移开，使火势得不到更多的可燃物补充而减弱，最后自己熄灭。这也是扑救火灾比较常用的一种方法。采取隔离灭火的具体措施很多。例如，可将靠近火源的可燃、易燃、助燃物品搬走，阻止和减少可燃物质进入燃烧区域；把着火的物件移到安全的地方；关闭电源，关闭可燃气体、液体管道阀门；拆除与燃烧区相邻的易燃建筑物等。这种方法适用于扑救各种固体、液体、气体火灾。

（三）窒息法

窒息法是采取适当措施防止空气进入燃烧区域，或者用惰性气体稀释空气中氧的含量，使燃烧物质因为缺乏或断绝氧气而熄灭的方法。

采取窒息灭火的具体措施很多。例如，可用石棉瓦、湿帆布、湿棉被、黄沙、泡沫等不燃烧或难以燃烧的物质覆盖在燃烧物上或封闭孔洞；用水蒸气、惰性气体（如二氧化碳、氮气等）充入燃烧区，阻止空气进入；把燃烧的建筑物以及一些设备的门窗洞孔封闭，使火苗窒息而灭。此外，在无法采取其他扑救方法而条件又允许的情况下，可采用水淹没（灌注）的方法进行扑救。这种灭火方法适用于扑救封闭空间、有工艺装置的场所或船舱内的火灾。

（四）抑制法

抑制法是指把含有氟、溴的化学灭火剂（如卤代烷灭火剂1211），用自动或手动操作方式，喷向火焰，让灭火剂参与到燃烧反应中，使"燃烧链"反应中断，以达到灭火的目的。在实际运用时，需要用足够数量的灭火剂准确地喷射燃烧区域，否则达不到灭火的目的。此外，还应采取必要的冷却降温措施，以防止复燃。

该法可使用的灭火剂有干粉和卤代烷两种。

大学生在校园内遇到火灾时，要灵活运用上述基本灭火方法，对不同的火灾，宜采用不同的灭火器或工具进行灭火。

二、扑灭初起火灾的要点

火灾的发生可分为初起、发展、猛烈、温度下降、熄灭5个阶段。火灾初起时可燃物燃烧速度比较缓慢，火焰不高，火势小，着火面积小，形成的烟雾少，产生的热量不多，比较容易扑灭。在校园发生初起火灾时，师生员工应该做到以下几点：

（1）积极参加灭火。参加初起火灾的扑救是公民的义务和责任。初起火灾容易扑灭，若能及时扑救，火势一般不会扩大。当火灾初起时，现场即使只有一个人或少数人，也不能见火就跑，而应立即向学校保卫部门报告或呼救，同时利用周围的灭火器和其他可利用的工具、物品积极进行扑救。

（2）立即切断电源，关闭燃气和其他可燃、助燃气体的阀门，防止火势加大。

（3）根据不同物质燃烧情况，选用不同的灭火器材有效灭火。如果有带压力的容器着火，要边救火，边用水冷却容器，防止高温爆炸。

（4）火灾短时间未能扑灭，而且火势增大时，要在继续控制火势蔓延和扩大的同时立即拨打"119"火警电话报警。

（5）在可能的条件下，要迅速转移火场和火场附近的易燃易爆物品及遇水易燃物品、高压容器、贵重物品和资料等。

（6）在烟雾不大、条件许可时，救火人员可以在火场较远处用消防水龙带喷水降温，控制火势。

（7）参加救火人员也要防止被火烧伤，防止吸人燃烧时产生的有毒气体，尽量减少伤亡。

（8）如有人受到火焰围困，救火人员的首要任务就是把受围困的人员抢救出来。

（9）做好火灾现场的警戒，限制无关人员进入火场。

（10）保护火灾现场，协助消防机关调查处理火灾事故。

【知识小卡片】

发生火灾时为什么不能随便开启门窗？

房间门窗紧闭时，空气不流畅，室内供氧不足，因此，火势发展缓慢，一旦门窗被打开，新鲜空气大量涌入，火势将会迅速蔓延；同时大量烟气涌入，容易使人中毒、窒息而死亡。再有，由于空气的对流作用，火焰会向外窜出，所以在发生火灾时，不能随便开启门窗。

三、常见火灾扑救方法

（一）电器着火的扑救方法

电视、电暖器或电饭锅等电器突然冒烟起火，应迅速拔下电源插头，切断电源，防止灭火时触电伤亡；用棉被、毛毯等不透气的物品将电器包裹起来隔绝空气。用灭火器灭火时，灭火剂不应直接射向荧光屏等部位，以防止热胀冷缩引起爆炸。可用干粉或气体灭火器灭火，不可直接泼水灭火，以防触电或电器爆炸伤人。

（二）酒精着火的扑救方法

可用沙土扑灭，或者用浸湿的麻袋、棉被等覆盖灭火。因为普通泡沫即使喷在酒精上，也无法在酒精表面形成能隔绝空气的泡沫层。所以，对于酒精等溶液起火，应首选抗溶性泡沫灭火器来扑救。

（三）油锅着火的扑救方法

油锅起火时应迅速关闭炉灶燃气阀门，直接盖上锅盖或用湿抹布覆盖，还可向锅内放入切好的蔬菜冷却灭火。将锅平稳端离炉火，冷却后才能打开锅盖。切勿向油锅倒水灭火，否则冷水遇到高温油，会出现炸锅，使油火到处飞溅，导致火势加大和人员伤亡。

（四）固定家具着火的扑救方法

发现固定家具起火，应迅速将旁边的可燃、易燃物品移开，如果家中备有灭火器，可即拿起灭火器，向着火家具喷射。如果没有灭火器，可用水桶、水盆、饭锅等盛水扑救，争取时间，把火消灭在萌芽状态。一般用水灭火。用身边可盛水的物品如脸盆等向火焰上泼水，也可把水管接到水龙头上喷水灭火；同时应把燃烧点附近的可燃物泼湿降温。

（五）窗帘织物着火的扑救方法

火小时浇水最有效，应在火焰的上方弧形泼水，或用浸湿的扫帚拍打火焰；如果用水来不及灭火，可将窗帘扯下，用脚踩灭。

（六）汽油煤气着火的扑救方法

迅速关掉阀门，如备有灭火器，立即用灭火器灭火。没有灭火器时，可用沙土扑救，或把毛毯浸湿，覆盖在着火物体上，但千万不能向其浇水，否则会使浮在水面上的油继续燃烧，并随着水到处蔓延，扩大燃烧面积，危及周围安全。

（七）燃气罐着火的扑救方法

要用浸湿的被褥、衣物等捂盖火，并迅速关闭阀门。

（八）衣服、头发着火

衣服起火，千万不要惊慌、乱跑，更不要胡乱扑打，以免风助火势，使燃烧更旺，或者引燃其他可燃物品。应立即离开火场，然后就地躺倒，手护着脸面将身体滚动或将身体贴紧墙壁将火压灭；或用厚重衣物裹在身上，压灭火苗；如果附近有水池，或者正在家里，浴缸里有水，就急跳进，依靠水的冷却熄灭身上的火焰。头发着火时，也应沉着、镇定，不要乱跑，应迅速用棉制的衣服或毛巾、书包等套在头上，然后浇水，将火熄灭。

四、常用灭火器具的使用

（一）干粉灭火器的使用方法

使用时，可手提或肩扛灭火器快速奔赴现场，在距燃烧处 5 米左右的地方（室外灭火应选择在上风方向）放下灭火器，拔下灭火器开启压把上的保险销，然后一只手握住喷射管前端，对准燃烧点根部，另一只手将开启压把压下，打开灭火器进行灭火。

应注意的是：干粉灭火器在使用前，应先把灭火器上下颠倒几次，使筒内干粉松动。在使用 ABC 干粉灭火器扑救固体火灾时，应使灭火喷嘴对准燃烧最猛烈处，左右扫射，并应尽量使干粉灭火剂均匀地喷洒在燃烧物表面，直至把火全部扑灭。因干粉的冷却作用甚微，灭火后一定要防止复燃。

（二）二氧化碳灭火器的使用方法

使用时，拔出保险销，一只手握住喇叭筒根部的手柄，另一只手紧握启闭阀的压把。对没有喷射软管的二氧化碳灭火器，应把喇叭筒往上扳 70~90 度。使用时，不能直接用手抓住喇叭筒外壁或金属连接管，防止手被冻伤。在室外使用时，应选择上风方向喷射；在室内窄小空间使用时，灭火后操作者应迅速离开，以防窒息。

使用二氧化碳灭火器的注意事项：使用时要戴手套，以免皮肤接触喷筒和喷射胶管，防止冻伤。使用二氧化碳灭火器扑救电器火灾时，如果电压超过 600 伏，应先断电后灭火。

（三）泡沫灭火器的使用方法

使用时，可手提灭火器上部的提环，迅速奔赴火场（注意不得使灭火器过分倾斜，更不能横拿或颠倒），当距离燃烧点 10 米左右时，将灭火器颠倒，一只手紧握提环，另一只手扶住灭火器底圈，对准燃烧点，由近至远进行喷射。

（四）1211 灭火器的使用方法

使用时，要首先拔掉保险销，然后握紧压把开关，即有药剂喷出。使用时，灭火筒身要垂直，不可平放和颠倒使用。它的射程较近，喷射时要站在上风处，接近着火点，对着火源根部扫射，逐渐向前推进，要注意防止复燃。

（五）室内消火栓的使用方法

使用室内消火栓灭火时，打开消火栓箱门，延伸水带，将水带的一端与水枪连接，另一端接口与消火栓接口连接(如室内消火栓箱内或旁边装有消防泵按钮的,应按压消防泵按钮)，再按逆时针方向旋转消火栓手轮，然后对准着火点进行喷水灭火。

【知识小卡片】

水不能扑救哪些火灾?

（1）碱金属不能用水扑救。因为水与碱金属（如金属钾、钠）作用后能使水分解而生成氢气和放出大量热，容易引起爆炸。

（2）碳化碱金属、氢化碱金属不能用水扑救。如碳化钾、碳化钠、碳化铝和碳化钙以及氢化钾、氯化镁遇水能发生化学反应，放出大量热，会引起着火和爆炸。

（3）轻于水的和不溶于水的易燃液体，原则上不可用水扑救。

（4）熔化的铁水、钢水不能用水扑救。因铁水、钢水温度约为 1 600 摄氏度，水蒸气在 1 000 摄氏度以上时能分解出氢和氧，有引起爆炸的危险。

（5）三酸（硫酸、硝酸、盐酸）不能用强大水流扑救。必要时，可用喷雾水流扑救。

（6）高压电气装置火灾。在没有良好接地设备或没有切断电流的情况下，一般不能用水扑救。

第四节　发生火灾时的应对措施

当前许多学生消防安全意识淡薄，缺乏必要的消防常识和自救逃生技能，有的学生遇到火灾时惊慌失措，不知道如何报警，由于没有掌握简单的救火常识，往往小火酿成大灾。针对这些问题，加强大学生消防安全教育非常重要。

【案例导入】

20××年 11 月 14 日，某商学院宿舍楼 602 寝室内起火，4 名女生跳楼身亡。据目击者称，早晨 602 宿舍起火后，该宿舍有 2 名女生先跑出去呼救，等回来后，发现 602 宿舍门已经无法打开，由于 602 宿舍内的火势很大，留在 602 宿舍的 4 名女生被大火逼到阳台上，有两名女生先从楼上跳下来；第三名女生抓着栏杆，但大火已经烧到了她的手上，被逼跳了下来；第四名女生被大火逼到阳台的墙角，因躲不开大火，也跳了下来。

【案例点评】

此次火灾事故原因："热得快"使用不当。人们为 4 个年轻的生命就此陨落而痛惜，但比痛惜更重要的是反思：这无疑暴露出该学院安全教育的缺陷，例如学生宿舍的防火常识、火灾发生后的灭火和逃生自救常识等。

【知识链接】

一、火灾逃生自救的基本原则

火灾一旦降临身边，就需要人们沉着冷静，尽量把火灾损失控制和减少到最低程度。当火灾已发展到猛烈燃烧阶段时，被火围困的人员要正确选择逃生和自救、互救的方式，及时撤离火场，以保护生命。所以火场避险最基本的原则应该是：趋利避害，逃生第一。具体来讲，应遵守以下原则。

（一）沉着镇静，果断作出应急反应

面对火灾，应沉着冷静，利用自身所学的消防知识判断火势情况，作出相应的应对措施。

（二）确保安全，迅速撤离火场

被火灾围困的人员，要抓住有利时机，就近利用一切可以利用的工具、物品，迅速撤离火灾危险区。如果逃生的通道被封死，在无任何安全保障的条件下，不要采取过激的行为，等待救援人员开辟通道以逃离火灾危险区。

（三）顾全大局，救助结合

以保证人身安全为前提，选择正确的逃生方法和路线；自救和互救相结合，当被困人员较多，特别是有老、弱、病、残、妇女、儿童在场时，要积极主动地帮助他们首先逃离火灾危险区，有秩序地进行疏散；并及时发出求救信号，积极争取外援。

二、火灾逃生自救的常用方法

作为在校大学生，应该努力提高自己的消防安全意识，学习和掌握一些必要的逃生和自救知识与技能。火灾现场逃生自救的常用方法，归纳起来大致有以下几种。

（一）熟悉环境，提前预防，临危不乱

对经常工作或居住的建筑物，平时需要了解和熟悉所处建筑物的消防安全环境，走进商场、宾馆、影剧院、歌舞厅等公共场所时，要特别留心地看一看紧急出口、安全通道以及灭火器的位置，以便在遇到意外时能及时疏散和灭火。

面对火灾，首先要强令自己保持镇静，明辨方向。突遇火灾时，千万不要盲目地跟随人流和相互拥挤、乱冲乱撞。撤离时要注意朝明亮处、外面空旷地方、楼层下面跑，若通道已被烟火封阻，则应背向烟火方向离开，通过阳台、窗户等通往室外的出口逃生。

（二）不入险地，不贪财物，迅速撤离

火场逃生是争分夺秒的行动，听到火灾警报或意识到自己被烟火围困时，千万不要迟疑，要立即设法脱险，切不可贪恋财物而延误逃生良机。在现实生活中，有的人本已逃离险境，却又返回火场抢救财物，结果导致丧生火场的悲剧发生。

（三）简易防护，掩鼻匍匐，勿吸浓烟

从火场逃生，经过充满烟雾的路线时，可采用毛巾、口罩蒙住口鼻，匍匐撤离，防止烟雾中毒和窒息。另外，也可以向头部、身上浇些冷水或用湿毛巾、湿棉被、湿毯子等将头、身裹好后，再冲出去。

（四）选择出口，善用通道，莫入电梯

规范标准的建筑物，都会有两条以上的逃生楼梯、通道或安全出口。发生火灾时，要根据情况选择进入相对较为安全的楼梯、通道。如果逃生的通道已是烟火弥漫，可用湿衣服、湿床单、湿毛毯等将身体裹好，放低姿势前行，必要时还应匍匐爬行。

除可利用楼梯外，还可利用建筑物的阳台、窗台、屋顶等攀到周围的安全地带；沿着下水管、避雷线等建筑上的凸出物，也可滑下楼脱险。千万要记住，高层着火时，不要乘电梯。

（五）避难场所，防烟渗入，固守待援

在设有避难间的建筑物内，可利用避难间躲避烟火的危害；如果没有避难间，可关闭紧邻火势的门窗，并设法进行封堵或挂上湿棉被、湿毛毯等不易燃烧的物品，有条件时可不断地向迎火的门窗及遮挡物洒水，并淋湿房间内的所有可燃物；利用防火门、防火卷帘门等进行防火分隔；启动通风和排烟系统以创造生存环境。

（六）低楼勇跳，巧传信号，寻求救助

如果被围困在楼房的二层，又没有条件采取其他方法自救，在迫不得已的情况下，可以跳楼逃生。但在跳楼之前，应先向地面抛掷一些棉被、枕头、床垫、大衣等柔软物品，以便能够进行"软着陆"。跳离时，可以手扒窗台或阳台，身体下垂，自然下滑，以缩小落地的高度，并要尽量使双脚落在柔软物体上。如果被烟火围困在3层或以上的楼房内，千万不能急于跳楼，只要有一线生机，就不可冒险。被烟火围困时，尽量待在阳台、窗口等易于被人发现和能避免烟火近身的地方。在白天，可向窗外晃动鲜艳的衣物等；在晚上，可用手电筒不停地在窗口闪动或敲击东西，及时发出有效求救信号。在被烟气窒息失去自救能力时，应努力滚到墙边或门边，既便于消防人员寻找、营救，也可防止房屋塌落时砸伤自己。

（七）自制生绳，缓降逃生，滑绳自救

高层、多层建筑发生火灾后，当各通道全部被浓烟和烈火封锁，无法正常逃出时，可利用结实的绳子或将窗帘、床单、被褥等撕成长条并拧成绳状，如果有条件可用水浸湿，然后将其拴在牢固的管道、窗框、床架上，顺绳索沿墙缓慢滑到地面或下一个楼层而脱离险境。

三、火灾现场急救

现场急救是指医护人员或非医护人员在现场对伤员所采取的最早应急处理。基本的任务是停止烧伤和脱离现场，以及简单的应急处理。烧伤现场急救处理的正确与否对伤员的愈后效果有直接的影响。

（一）热力烧伤

（1）火焰烧伤。迅速撕脱燃烧的衣裤，或就地卧倒滚压，或用衣被扑盖，或用水浇。

（2）热液、蒸汽烫伤。立即脱去热液浸湿的衣裤，用清洁冷水冲洗烫伤部位。

（3）化学烧伤。迅速脱去被化学制剂浸渍的衣裤，立即用大量的清水冲洗至少30分钟以上。在大量清水冲洗之前，无论何种化学烧伤都不能用中和剂，以免产热使损害加重。

（4）强酸、强碱烧伤。首先应脱去被浸渍的衣物，迅速用冷水冲洗，冲洗时间一般在30分钟以上。生石灰烧伤，用干布去除石灰颗粒后再用水冲洗，以免生石灰遇水后产热，加重创面损伤。

（5）磷烧伤。迅速脱去污染衣物，灭火，快速脱离现场，用大量清水冲洗或浸于清水池中。在缺少大量清水时，可用湿布包裹创面，以防磷继续燃烧，并保持创面潮湿。黄磷烧伤后尽可能除去残磷，然后以湿布覆盖以防磷自然复燃。亦可外用硫酸铜溶液，使之形成黑色颗粒，易于去除，但注意使用面积不应超过20%，以免铜中毒。

（二）电烧伤

（1）迅速脱离电源，可用木棍或绝缘物体使人体与电源脱离，切不可用手直接接触触电者，以免引起触电。

（2）心跳呼吸停止者，立即进行心肺复苏、人工呼吸及胸外按压。按压时间应稍长，因为有时候在6~9分钟时可能出现心脏复跳。

（三）复合伤

在抢救体表烧伤时，应注意可能伴发的复合伤，急救中应注意询问和了解事故发生的现场条件。对开放伤应采取无菌包扎；有活动性出血者，应予以压迫止血；骨折给予妥善固定；注意保持呼吸道通畅。

（四）保持创面清洁

有条件者可对创面进行包扎。严重面部烧伤或伴有吸入性损伤时，注意有无气管阻塞，以保持呼吸道通畅。

【知识小卡片】

牢记火灾逃生"八不要"

1）不要忘记报警。　　　　2）不要惊慌失措。

3）不要贪恋财物。　　　　4）不要乱开门窗。

5）不要乘坐电梯。　　　　6）不要带火奔跑。

7）不要方向错误。　　　　8）不要轻易跳楼。

【温馨提醒】

火场逃生要点

1）火灾袭来时要迅速逃生，不能贪恋财物。

2）楼内失火可向着火层以下疏散，逃生时不要乘普通电梯。

3）必须穿过烟雾逃生时，应尽量用浸湿的衣物披裹身体，捂住口鼻，身体贴近地面顺墙逃向远离烟火的太平门和安全出口。

4）如果房内有防毒面罩，逃生时一定要将其戴在头上。

5）身上着火，可就地打滚，或用厚重衣物覆盖压灭火苗。

6）当楼梯被烈火、浓烟封闭时，可通过窗户或阳台逃生。

第五章　盗窃预防与应对

盗窃，是指一种以非法占有为目的，秘密窃取数额较大的公私财物或者多次窃取公私财物的行为。盗窃是一种最常见的违法犯罪行为。据有关统计，盗窃罪属于常见高发罪，是目前国内刑事犯罪案件中数量最多的一种罪，约占 80%。全国 1985 年以来的重大、特大刑事案件中，盗窃案约占 50%。在高校发生的各类案件中盗窃案约占 90%，盗窃案件的频繁发生，不仅给学校和师生造成了大量的财物损失，还严重影响了师生的正常工作、学习和生活秩序。

《刑法》规定，盗窃数额较大的（1 000 元以上），判处三年以下有期徒刑、拘役、管制，单处或并处罚金；数额巨大的（10 000 元以上），判处三年以上十年以下有期徒刑，并处罚金；数额特别巨大的（60 000 元以上），判处十年以上有期徒刑，并处罚金。

第一节　校园盗窃现象概述

随着人民生活水平的提高，大学生随身携带的贵重物品也随之增多，而且随着高校招生规模的扩大，在校大学生的数量逐年上升，校园受到社会的影响，治安问题日趋严重。然而，在校大学生的防盗意识不强，对盗窃现象不够警惕，也没有相应的思想准备，因此给不少盗窃团伙和盗窃分子以可乘之机。与此同时，有些学生也沾染了偷窃的恶习，盗窃同学的贵重物品和现金，致使高校盗窃案频繁发生，严重影响了大学生的学习和生活。

【案例导入】

20××年 3 月 11 日 12 时，某大学一学生宿舍被盗 4 台笔记本电脑、3 台相机和现金 1 600 元。20××年 3 月 11 日 15 时 20 分，某大学一办公楼发生入室盗窃案，办公室柜子被撬，3 台笔记本电脑、1 台投影仪及现金 39 000 元被盗。

【案例点评】

高校盗窃案件发生频率高，一些学生对贵重物品保管不周，容易蒙受经济损失。同时，一些高校师生缺乏基本的自我防卫知识和技能，而与歹徒发生正面冲突，遭受不必要的身体上的伤害。

【知识链接】

一、校园容易发生盗窃案件的时间

（一）一天中容易发生盗窃案件的时间

（1）上课时间。学生上课或晚自习时，特别是在 8:30~9:30、15:00~16:00 和 20:00~21:00 时间段，易发生盗窃。上课时间学生和老师通常都在教室或者办公室，宿舍一般很少有人，大家习惯将钱包和手机等放在寝室里。这给了盗窃分子作案的机会，常见的"溜门作案"往往便是利用这个时间。

（2）早操时间。早操期间很多宿舍没有锁门的习惯，给溜门盗窃分子提供了可乘之机。

（3）课间时间。课间休息仅 10 分钟，学生在下课后一般都会走出教室放松，很少有同学回寝室，作案分子特别是内盗作案人员会利用此时机，在盗窃得手后继续回教室上课，给人以没有作案时间的假象。

（4）食堂就餐时间。学生打饭时，喜欢把书包随便放在桌子上便去排队买饭，容易丢失书包和书籍等物品；饭堂打饭人员较多，鱼龙混杂，不少同学喜欢把手机钱包等放在衣服口袋里，盗窃分子趁人多的时候，顺势把手机、IPAD、钱包等贵重物品扒走。

（5）晚上学生睡觉时间。由于一些寝室的学生安全防范意识差，晚上睡觉不关门或寝室门虚掩并且贵重物品随手乱放，给盗窃分子以可乘之机。凌晨 2:00~4:00 是大多数人深度睡眠时段，不容易被吵醒，是盗窃分子作案的高发时间。

（6）看书时间。去图书馆、教室看书时，书包随便放，在上洗手间或外出散步时，容易被盗窃。

（二）一年中易发生盗窃案件的时期

（1）新学期开学期间。学校外来人员多，人员混杂，而新生人生地不熟。从家里带来的数量较大的学费、生活费和贵重物品未能及时妥善管理好。加上缺乏生活经验，对陌生人来寝室警惕性不高，往往不加盘问，这给作案分子以可乘之机。

（2）新学期返校之际。开学之初，大多数学生往往带了一个学期或者几个月的生活费。经过一个假期的分别，很多同学迫不及待想出去吃饭团聚。此时一方面容易露财，引起作案分子的注意；另一方面人多热闹，易忽视财产安全。

（3）临近放假期间。学生忙于复习考试，精力集中在学习上。这期间家里寄来路费，学生手中的现金较多。

（4）毕业离校期间。毕业生由于很快就要离开母校，要办理的手续众多，东西杂乱，宿舍内进进出出的人较多，学生忙于离校，放松了警惕，容易被盗。

（5）寒暑假、"五一"、"十一"等假期。校园内人员稀少，教学楼、实验楼、图书馆、学生公寓容易发生盗窃案件。

（6）夏秋季节。天气炎热，学生开门开窗休息，缺乏防范，容易发生盗窃案件。同时，经过一天的学习、活动，大家都比较疲惫，而且学校一般都有规定的熄灯时间，所以上床后很快入睡。盗窃分子趁夜深人静、室内人员熟睡之际入室行窃。

（7）新生军训、运动会等大型活动期间。因学生集中外出，学生公寓楼内容易发生盗窃案件。

二、校园容易发生盗窃的地方

（1）学生宿舍。学生的现金、贵重物品、生活用品、学习用品主要放在宿舍里，所以宿舍被盗次数在高校一直占有很高的比例。

（2）图书馆阅览室。图书馆阅览室一般都不允许将自己的书包带入，大多数学校是在门口放一个书架或者书柜供学生存放书包，有的同学警惕心较差，没有及时上锁，致使个别人偷拿别人书包的现象时有发生。

（3）教室。许多学生将装有贵重物品的书包放在教室里自习，自己出去办事或者上厕所时容易造成物品丢失。

（4）澡堂。部分学校的澡堂没有配备带锁的衣柜箱，因而造成学生衣服兜内现金或贵重物品丢失。

（5）操场、运动场。许多同学将书包和衣服随意放在操场边或是运动场上后锻炼身体，造成现金、贵重物品及衣物的丢失。

（6）自租房。有的学生为图生活方便，私自在校外租房，由于房屋简陋、偏僻且人员混杂，常常发生盗窃案件。

（7）停车地。乱停乱放在学生公寓楼、教学楼、图书馆等较为空旷的停车场的机动车、电动车及自行车容易被盗。

三、高校盗窃案件的成因

近几年来高校盗窃案件逐年增多，分析高校盗窃案件增多的因素主要有以下几个方面。

（一）主观原因

1. 制度不严，管理松懈

学校安全管理制度不健全、管理不到位、重要场所无人值班，或值班人员责任心不强、工作不认真、麻痹大意，易被盗贼乘虚而入。

2．缺乏警惕，防范意识差

这主要表现在以下几个方面：

（1）不注意个人信息保密。有的同学存折、银行卡、信用卡的密码设置简单，且随意告诉他人，容易造成财物或存折被盗取。

（2）贵重物品随意乱放。有的大学生对手机、笔记本电脑、MP4、钱包等贵重物品保管不严，随意搁置，造成被盗。

（3）显财露富，引贼入室。有的同学虚荣心强，故意在人多场合吹嘘自己的财富，炫耀自己的贵重物品，这必将引起有意行窃者的注意，造成失窃。

（4）寝室钥匙保管不当。一些同学随意丢放寝室钥匙或交给他人保管，有意行窃者容易取得钥匙，在私自配好钥匙后，开门入室盗窃。

（5）寝室门窗忘记关、锁或有意敞开。往往一间寝室住五六位同学，经常进进出出，常会出现不关窗、不锁门现象，尤其在夏、秋季节学生喜欢开窗、敞门睡觉。有的同学认为洗脸、上厕所时间短，将手机等贵重物品放在开门且无人的寝室内问题不大，造成失窃。

（二）客观原因

1．安全设施不健全

近年来，一些高校在校学生人数几乎翻了几番，学校在经费预算时，由于要让位于学科建设、基础设施建设，往往对安全防范经费投入不足，导致高校的一些要害部位防范设施欠缺，有的甚至无任何防范设施，给犯罪分子以可乘之机。如，有的贵重物品存放处没有特制的安全防护设施，有的学生寝室的门头气窗没有安装防盗护栏，有的公寓外围围墙低矮易翻越等。

2．贵重物品增多

由于生活条件的改善和科学技术的发展，师生个人拥有体积小、价值高、易携带、易销赃的高科技产品越来越多，如笔记本电脑、手机、快译通、相机、摄像机等，这些物品客观上促进了作案者产生到高校盗窃的欲望。

3．校园周边环境复杂，人员流动频繁

校园周边环境复杂，学校大门对外开放，外来闲杂人员以种种理由随便进出学校，使得门卫管理难度加大，校园内外的治安环境受到危害，为犯罪分子提供了有利环境。同时，高校用人制度的改革，使教职工经常流动，特别是高校后勤大量用工，客观上造成高校居住成员复杂、流动频繁，易被盗窃者钻空子。如果学校的防盗警报系统不够完善，就会增加案件发生的几率，也增加了案件破获的难度。

（三）内盗行窃者的特殊心理原因

1．虚荣心理

有的学生在日常生活中为了引起别人关注，在物质上讲排场、搞攀比，而家庭条件又不允许，为了不丢面子，便采用行窃的手段来满足自己的虚荣心。

2．嫉妒心理

一部分家庭条件好的学生不注意自身言行，过度炫耀高档贵重物品，可能会对一些家庭条件差的同学产生刺激，由此造成嫉妒心理，导致少数行为过激的同学乘机行窃。

3．侥幸心理

有的学生缺乏法律常识，抱着试一试的念头进行盗窃，一旦取得成功便难以及时罢手，这种侥幸心理使他们在盗窃行为上越陷越深，无法自拔。

4．报复心理

有的同学被盗以后，由于内盗案件不能及时侦破，于是妄定盗窃嫌疑对象，相互猜忌，造成同学之间不和，甚至产生"你偷，我也偷"的报复心理。

5．心理障碍

个别学生人格缺失，有心理疾病，尽管不缺少钱物，但有"顺手牵羊"的习惯或盗窃的嗜好。

【温馨提醒】

哪些学生宿舍容易被盗？

（1）居住成员混杂，搬动次数频繁。

（2）制度不严，管理松懈。

（3）无人值班或值班人员无责任心。

（4）缺乏警惕性，互不关心。有的同学看到陌生人在宿舍里乱窜，缺乏警觉或唯恐惹火烧身而不闻不问，有的宿舍无人时也不锁门。

（5）门窗缺乏安全设施。

第二节　常见被盗方式及特点

随着教育体制的改革，大学环境日渐开放，闲杂人等容易进入校园。许多盗窃者借推销产品的名义查看宿舍的财物情况，准备在宿舍无人的时候行窃。而遇到当时没有人在的寝室，则顺手牵羊将学生的贵重、易携带的物品拿走。这类案例告诫大学生们要加强警惕和防范意识，接待外来推销人员时，千万别轻易"露财"；有事外出时，记得关好宿舍门窗。

【案例导入】

某大学大一学生张某自入学后近一年的时间内，以配匙开锁、乘虚而入、顺手牵羊等手段，先后在同年级宿舍盗窃近 20 次。盗窃物品小到洗发水、随身听，大到收录机、显微镜等财物，价值 3 000 余元。某日早上 7 时许，张某趁宿舍同学外出做早操之机，盗窃同宿舍同学黄某放在床头的爱华牌小收音机一部（价值 1 200 余元），后被校保卫处查获。张被查获后，能主动交代盗窃事实，认错态度较好，并积极退回赃物，挽回损失。学校未将其移交司法部门，但对其作出勒令退学处理。

【案例点评】

防盗难防"内贼"。一些法律意识淡薄的大学生，利用作案环境的方便，偷取同学的财物，从而耽误了大好前途。

【知识链接】

一、校园盗窃案的常见方式

多年来，尽管公安机关采取严厉措施一次次坚决打击，但校内仍时有盗窃案件的发生。盗窃分子往往针对不同的环境和地点，选择对自己较为有利的作案手段，以获得更大的利益。在高校发生的盗窃案件中，作案者所采取的手法主要包括无目标的随机盗窃、有目标的准确盗窃和智能化盗窃 3 种。为了做好防盗工作，有必要了解小偷行窃的惯用手法。

（一）无目标的随机盗窃手法

1. 顺手牵羊

盗窃作案者利用财物主人的不备，将放在床铺上、桌上、走廊、阳台等处的钱物随手拿走，占为己有。碰到有机可乘的机会，如看见别人的摩托车、自行车没锁，便顺手盗走。

2. 溜门串户

作案者首先会摸清情况，包括时间、地点、治安防范措施等，往往以找同学、找老乡、找亲朋、推销为借口，登门入室，发现宿舍无人或是发现同学在室内洗澡、睡觉或上网时没关门，便趁机入室行窃。

3．乘虚而入

作案分子常趁主人不在或房门抽屉未锁之机入室行窃。为防范这类盗贼，大学生们一定要养成外出时上锁、关好窗户、拉上窗帘的好习惯。

4．调虎离山

作案者故意提供虚假"信息"诱主人离开宿舍，然后趁室内无人时行窃。

5．内贼难防

此种盗窃在校园盗窃案件中所占比例最大，且大多发生在学生寝室，并多数为本寝室或本班同学所为。

6．浑水摸鱼

当宿舍内外发生意外情况或学校组织大型活动时，大部分学生因外出看热闹或是好奇外出而忘记关门上锁，作案者趁机行窃。

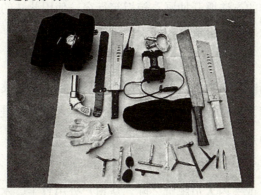

【知识小卡片】

校园盗窃作案人员成分及特点

一是流窜人员作案，具有狂妄性。此类人员对校内情况虽然不熟悉，但是胆大妄为，不顾后果，无所不偷。

二是大学生"内鬼"作案，具有连续性。极少数大学生经不住金钱的诱惑，往往铤而走险，走上违法犯罪的道路，而且一发不可收拾。

（二）有目标的准确盗窃手法

1．留宿盗窃

作案者利用个别学生警惕性不高、纪律性不强的弱点，借用朋友、老乡、同学等关系，留宿寝室，乘主人上课或外出活动时，盗窃室内的手机、现金、照相机、电脑等。

2. 钥匙开门

作案人用大学生随手乱扔的钥匙，秘密配置相同的钥匙（门钥匙或橱柜钥匙），伺机作案行窃。有的甚至直接用大学生的钥匙打开橱柜，窃得财物。因住宿人员变动，锁芯没有换和钥匙丢失后没有及时换锁的学生寝室，必须高度重视，别让窃贼在钥匙上钻了空子。

3. 换锁盗窃

用明锁的学生寝室，由于有些大学生怕麻烦，回到寝室后，将打开的锁挂在门扣上。作案者乘学生不注意，用另一把相同型号的锁换下，等到该室学生都出去后，从容将其打开，入室盗窃，得手后再将锁换回。

4. 撬锁入室

作案者在基本摸清主人财物的价值、存放地点后，采用踢、撞、顶、撬等方法弄开大门，入室后作案人又用同样的方法撬开抽屉、箱柜等行窃。使用此法的盗窃分子胆大手狠，现场翻动较大，作案目标以现金和价值高、便于携带的物品为主。

5. 翻窗入室

作案者在基本摸清主人财物的价值、存放地点后，趁主人不关窗户或关窗未插插销，翻越窗户（包括门头气窗）入室行窃；或撬开防盗窗，爬入室内，进行盗窃。在窃得钱物后，又堂而皇之地从大门离去或原路翻越而出。

6. 窗外钓鱼

作案者趁室内无人或室内人员睡觉之际，从窗户外用竹竿、木棍、铁丝等，将晾晒的衣物和放在桌面、床、凳子上的衣服、皮包等物勾出室外，再将有价值的物品盗走。还有的甚至利用勾到的钥匙开门入室进行盗窃。因此，住在一楼或其他楼层靠近走廊、窗户的同学，如果缺乏警惕，很容易被盗。

7. 内外勾结

校内个别教职工或在校学生，勾结社会上的窃贼，利用熟悉情况的特点，内外串通，私自配制钥匙交给窃贼，在学生上课时或学校放假期间实施盗窃。

（三）智能化盗窃手法

作案者利用自己的计算机知识，破译他人的网络账户及密码；或偷记他人的网络账户、银行卡号及密码并伺机到银行等地盗取现金；或利用新生领取学校发放的校园卡后没有及时更改密码之机，盗取他人的存款。这类手法常见于内盗案件，并且以关系相好的同室或"朋友"作案较多。

二、高校盗窃案件的特点

高校盗窃案件具有以下几个特点。

（一）作案流动性大，难以侦破

校园盗窃案件大多发生在学生寝室或者教室没人的时候，瞄准目标，下手准确，所以此类案件具有作案手法简单、现场遗留痕迹和物证少、作案时间短、隐蔽性强的特点，而且校园里人来人往，作案人员趁乱混入人群，方便转移。正是由于上述情况，使校园盗窃案件的破获受到了很多限制。

（二）作案时间具有选择性，以深夜为主

校园内被盗窃的目标多为学生和住在教师宿舍、家属楼的教师及家属。一般学生和教师在正常上课期间，其宿舍多为无人状态，极容易下手。所以，作案首选时间便是上课期间，而作案者容易得手的时候是在人们熟睡的时候。人进入深度睡眠时没有防御能力和警惕性，学生寝室习惯开门开窗睡觉的、教师家属楼没有安装防盗网的，都极易成为作案的目标。

（三）内盗案件突出，难以防范

近年来各大高校对于校园盗窃案的统计结果显示，近七成的盗窃案件属于内盗。所谓内盗就是作案者为同学、老乡或者在校内务工的人员。财会室、计算机室等在什么位置，作案人掌握得一清二楚；哪个学生有钱或贵重物品常放在什么地方、有没有锁在箱子中或柜子里、钥匙放在何处，作案分子也基本了解。

（四）内外结伙盗窃，损失惨重

内外结伙盗窃，是指校内居住人员与校外人员结伙在校园盗窃。作案主体主要是某些家属子弟与社会上的无业人员。这类人员从小就养成了不良习惯，不求上进，滋生了不劳而获、

贪图享受的思想。为了满足欲望，他们往往利用熟悉校园环境和住户情况的便利条件进行盗窃。因为有校内熟悉校园环境的熟人帮忙，盗窃者往往能较为顺利地偷取财物，造成被害人损失惨重。

（五）作案手法多样，防不胜防

作案分子为了准确地选择盗窃目标，在作案前常以某些身份做掩护，对作案目标进行暗中观察。他们通常采用顺手牵羊、溜门串户、撬门盗锁等方法行窃。由于作案分子的作案手法多样，尤其是趁被害者不注意的时候伺机作案，让人防不胜防。

（六）作案具有连续性，屡屡作案

基于以上特点，作案人在第一次作案后很容易得手。"首战告捷"以后，作案人往往容易产生侥幸心理，加之报案及破案的滞后，作案人极易屡屡作案而形成一定的连续性。

【知识小卡片】

盗窃分子是怎样行窃的？

盗窃分子进入学生宿舍作案，主要目标是现金、银行卡（有的盗窃后立即去银行取款）；其次是手机、笔记本电脑、照相机等价值较高又便于携带的物品；再次是价值较高的衣物。

因为大部分学生喜欢将贵重物品放在抽屉、柜子、被子底下，因此盗窃分子入室后，往往先是开抽屉，越是上锁的，被撬的可能性越大；其次是开箱子，再次是翻褥子枕头。一些老练的盗贼搜寻既快又细，即使是放在枕芯里、褥子下、盒子里的现金，也难逃其"毒手"。

盗窃分子是怎样逃逸的？

盗窃分子被同学发现后，逃逸的的方式主要有以下几个：

一是骗，一般会搪塞说是找人的，或说是外系的，如大学生信以为真，不认真盘问，就可能被其蒙混过关。

二是逃，趁只有一两人发现，还未对其形成合围之势，立即逃之夭夭。

三是混，有些盗窃分子因深入宿舍作案，一时逃不出去，往往先逃出发现者的视线，再躲入厕所、空房、阳台等处，待无人时再从容离去。

四是求，装出一副可怜模样，哀求私了或放过他（她）。

五是铤而走险，掏出凶器威胁，这种情况虽不经常发生，但大学生们在捉拿盗贼时，对这一招也应有必要的思想准备，防止发生意外。

第三节　被盗后如何处置

许多学生因为缺乏防范意识，将手机、笔记本电脑、相机等贵重物品随便放在寝室的桌上或是床上，容易导致盗窃案件的发生。需要注意的是，发生盗窃案件时，一定要学会使用法律武器维护自己的权益，及时跟学校的保卫处联系，报告被盗情况，联系警察缉拿窃贼，以避免更多的盗窃案的发生。

【案例导入】

20××年4月27日晚上7时许，广州大学城某大学学生李某，趁学生宿舍E504房熄灯无人之机，从其居住的宿舍阳台攀爬到相邻宿舍的阳台，然后进入该宿舍，将事主魏某放在宿舍内的一台APPLE牌手提电脑盗走，得手后携带赃物原路返回宿舍。4月30日下午3时多，事主魏某与该校物管保安员到E503宿舍寻找失物，犯罪嫌疑人李某将所盗的手提电脑藏在该宿舍入门第一张床（同学梁某所睡）的被子下面。被事主寻获并报警，民警将嫌疑人李某传唤至派出所处理。

【案例点评】

由案例可知，法网恢恢，疏而不漏。盗窃属于犯罪行为，再猖獗的窃贼最终都会被绳之以法。"害人之心不可有，防人之心不可无"，针对目前校园的治安状况，大学生一定要保持良好的防护习惯，认真观察身边的人与事，及时规避针对自己的财产侵害。发现财物被侵时，要快速、准确、实事求是地报警求助。坚持用法律维护自己的财物安全，面对暴力侵财，在积极采取正当防卫的同时，要注意保护好自身安全。要做到联防联治，共同营造文明、和谐、有序的校园环境。

【知识链接】

一、发生盗窃案件后的基本应对措施

一旦发生盗窃案件，一定要冷静应对，注意做好以下几个方面的工作。

（一）及时报告，保护现场

发现被盗，应立即报告院（系）有关领导、学校保卫部门或当地派出所，并保护现场。安排人专门负责，不准任何人进入犯罪现场，不要翻动现场的物品，不能急急忙忙地去查看自己的物品是否丢失。万一进入现场后才发现被盗，应马上撤离现场，切忌翻动现场物品查看损失情况。犯罪现场是判断犯罪分子进行犯罪活动的依据,所以要进行严格的封锁和保护。

(二)发现窃贼,防止逃跑

发现嫌疑人后应立即组织同学进行堵截,进行堵截时需要注意以下几个方面:

1.随机应变,注意安全

即使明知其是窃贼,也可以故作轻松,故意误认为他是其他同学的亲友,和他随便交谈以拖延时间,等待其他同学的到来。在援助人员未到之前,要和盗贼保持一定距离,谨防其狗急跳墙行凶伤人。万一逃窜,应大声呼叫,以引起校园师生注意并协助抓获。

2.保持冷静,急而不乱

面对窃贼逃跑,大学生们应紧紧跟上,并利用熟悉的地形,分头守住楼梯口或大门出口,同时报告宿舍管理部门和学校保卫部门处理。窃贼在逃跑的过程中,往往都会在厕所、阳台、水房等处躲藏,这时要守住出口,有组织地认真盘查。

3.依靠集体,控制窃贼

如果发现宿舍有正在行窃的窃贼,可以大声招呼住在周围的同学和宿舍管理人员,一起来控制窃贼,防止其逃跑。校园内师生员工众多,只要一喊,许多师生都会上来帮忙。

【知识小卡片】

猝遇盗贼怎么办?

(1)保持警惕,头脑冷静,急而不乱。必要的警惕性不可少,如进行必要的盘问、找借口拖延时间等。

(2)要发挥大学生的集体力量。在绝大多数情况下,宿舍内总留有一部分同学,不管是否认识,只要听说宿舍里进来了小偷,大多都会挺身而出。

(3)以正压邪。如撞见盗贼正在作案,应尽快拿起手边可用以自卫的工具,再大声呵斥,对其形成威慑,同时大叫"抓贼"招呼同学。

(4)要随机应变,注意安全。在援兵未到之前,要和盗贼保持一定的距离,与其周旋,要防止其行凶伤人,以能控制盗贼防其逃窜为目的。

(5)如有两个窃贼,同学们人数不够时,应集中力量抓住其中一人。

(6)抓获窃贼后,应将其强制控制,并通知或扭送至公安、保卫部门。

(7)万一无法抓住窃贼,应记住窃贼特征,如年龄、性别、身高、体态、相貌、衣着、口音以及其他比较明显的特征,以便向公安机关提供破案线索。

（三）协助调查，如实回答

公安部门和保卫人员来调查问题时应该据实回答：

一要实事求是地回答公安部门和保卫人员提出的问题，积极主动地提供线索，不凭想象推测，不隐瞒情况。

二要认真回忆，力求全面准确，对事不对人。

三是发现线索，积极主动地向学校保卫部门或院系组织汇报。必要时，可以请求有关部门予以保密，公安机关和保卫部门都有义务和责任为提供情况的同学保密。

（四）及时挂失，补办证件

发现银行卡、存折、校园卡等丢失，应在第一时间到银行去办理挂失并补办证件，防止盗窃者非法使用。例如身份证丢失，就要到派出所或者在报纸上刊登丢失声明，以免被犯罪分子利用，造成不必要的损失。

二、发生盗窃案的具体处置方法

（一）手机被盗后的处置方法

许多窃贼偷取手机后，常常通过手机上的号码簿查到失主的至亲，或是朋友进行诈骗，通过假扮失主，并以短信的形式，以自己生病、需要借钱等借口骗取失主的至亲或是朋友的财物。因此，手机丢失后，需第一时间告之自己的家人和朋友，勿相信任何需要汇钱的短信。平时也需要注意：存取自己家人号码时，勿用"爸爸"、"妈妈"等通用称呼。

（二）存折或储蓄卡被盗的处置方法

存折或储蓄卡被盗，应第一时间带有效证件到银行或储蓄所办理挂失登记手续，接着到学校保卫部门报案。若汇款单被盗，也应立即带有效证件到校收发室或投递汇款单的邮政局挂失，防止他人冒领。

盗窃分子在盗取了存折或储蓄卡后，凭借之前盗取的密码，往往会迅速支取卡内资金。当发现存折或储蓄卡内的资金被盗取后，要第一时间向公安部门报案。现在的储蓄所及部分提款机已经安装了摄像头，警察通过调取视频资料，可以较好地识别盗窃者的样貌和身形，给案件的侦破提供直接线索，挽回部分损失。

（三）汽车、摩托车、自行车丢失后的处置方法

首先要及时向学校保卫部门报案、备案，讲清楚汽车、摩托车、自行车的车牌号码、车型、颜色等可辨别的特征。如果发现自行车刚刚丢失，首先要发动同学在存放地点附近寻找，因为小偷一般都不在第一现场撬自行车锁，而是转移到人少或者僻静的地方撬锁；如遇到窃

贼正在撬锁，千万别惊动窃贼，可通过拍照等方式获取证据，同时立即通知学校保卫部门，力争抓获现行。

【温馨提醒】

如何保管好自己的现金和贵重物品？

（1）现金最好的保管方法是存入银行，并设置密码，且不要告诉他人密码。存折、银行卡与身份证要分开存放，这样即使存折被盗，也不用担心被人冒领。

（2）贵重物品不用时最好锁在抽屉、柜子里，以防被顺手牵羊、乘虚而入者盗走。放长假前，最好将贵重物品带走或交给可靠的人保管，不要留在宿舍。

（3）住一楼的同学，睡觉前应注意将衣物远离窗户，防止被人"勾走"。

（4）宿舍钥匙不要随便借给他人或乱扔乱放。

（5）对贵重物品，最好有意识地做一些特殊的记号。即便被盗走，将来找回的可能性也要大些。

第四节　盗窃的预防措施及防盗技巧

在高校，提高防范意识和提高防盗水平尤其重要，应养成随手锁门、关窗的习惯。妥善保管自己的钱财、贵重物品以及钥匙等重要物件，以尽量避免盗窃案件的发生和财产的损失。

【案例导入】

20××年4月24日至5月31日，李某窜至南京7所大学的食堂和体育场，趁同学们排队买饭、观看比赛之机，将同学们放在座位、餐桌和看台座位上的背包窃走，共窃得手机、相机、IPAD、复读机、银行卡、医保卡、公交卡等物品，总计价值人民币近万元。

【案例点评】

目前，校园内偷盗案件时有发生，这给在校大学生的学习和生活造成了极大的影响。这些案件的主要原因多是学生安全防范意识不强。随手将贵重物品放在没有防盗措施的宿舍、课桌和公共场所，客观上吸引了不法分子作案。另外，高校内部盗案占有相当高的比例，作案者往往就是自己身边的同学，破案非常困难。

【知识链接】

一、盗窃的基本防范方法

盗窃的基本防范方法有人防、物防和技防三种。

（1）人防是预防和制止盗窃犯罪最可靠的方法。人防首先表现为自防，很多作案者都是利用人们防范意识差和麻痹大意的特点进行盗窃的。学校要经常对师生进行防盗和法制教育，不断提高学生的防范意识和法制观念，形成人人能自防、人人都能防的氛围。其次表现为专职人员的专防，由校园各类门卫、特殊场所的专职保安对校园进行定点安全管理和治安巡逻的方法。

（2）物防是一种应用最为广泛的基础防护措施。

（3）技防是指能即时发现入侵，替代人员守护，长时间处于戒备状态，且不会疲劳、懈怠和更加隐蔽的一种方法。

对大学生来说，最重要的是做好自防，增强安全防盗意识，提高警惕，不给作案者可乘之机，以有效遏制盗窃案件的发生。

二、学校需采取的预防措施

（一）制定严格的学生行为规范条例并加强教育

学校需制定严格的行为规范条例，并进行学生行为规范教育，使学生明确自身的权利和义务，加强法律意识，规范学生行为，通过管理制度来保障学生的人身、财产安全。

（二）建立宿舍安全管理制度并严格执行

为了保证正常的教学秩序和生活秩序，各高等学校都制定了一整套管理制度。宿舍值班人员的管理工作也必须到位且严格，特殊情况下应该对外来人员进行详细的登记排查，限定离开时间，并最终确定外来人员是否离开及离开的时间。

（三）建立盗窃案发的应急机制

学校应加强校园安全设施的建设，对宿舍、图书馆、教学楼等加大安全防范设备的建设，例如，在一楼安装防盗网、护栏，及时维修损坏的门或窗等；对发生盗窃案后的报案途径和方法进行简化；学校保卫部门需对盗窃案引起足够的重视，集中力量缉拿窃贼，保护同学们的物资财产和人身安全。

三、个人需注意的防范措施

（一）加强自身的防范意识

学生应该加强自身的防范意识，妥善保管好个人财务，贵重物品应锁起来或者随身携带。很多盗窃案发的根本原因在于大学生防范意识的缺失给了盗窃者以可乘之机。

（二）严格遵守学校的规章制度

现实中，很多大学生不把学校的规章制度当回事，尤其是学生宿舍管理条例，有些人常常明知故犯。作为大学生，首先要严格遵守宿舍楼的管理制度，杜绝留宿外来人员且不登记等情况的发生，以此来维护个人及其他人的权益。

（三）养成随手关门、关窗的习惯

大学生一定要养成随手关灯、随手关窗、随手锁门的习惯，以防盗窃罪犯乘隙而入。室内无人或者睡觉期间一定要关好门窗。另外，把自己的随身物品放到安全的地方。例如睡觉时钱包和手机最好放在自己的枕头底下，不给作案者下手的机会。寝室人多的时候也要把自己的东西放好，免得被人顺手牵羊。最后离开教室或宿舍的同学，一定要将门、窗关好，要养成人走门锁的习惯。

（四）贵重物品保存在安全的地方

手里只留少量生活费用，其余的尽量存进银行；存折和银行卡不要使用生日作为密码，且不要告诉他人密码；取钱的时候如果有人在身边，要保证密码不被人看到。此外，卡和身份证应分开存放。很多同学把银行卡、身份证和其他所有学校证件都放在一个包里随身携带，一旦发生被扒窃的情况就会导致所有的证件丢失，给学生本人造成麻烦。而如果恰巧银行卡使用生日作为密码的话，作案者利用身份证上的信息很容易盗取钱财。

妥善保管好各类钥匙，包括宿舍、橱柜、抽屉等处的各种钥匙，不能随便借给他人或乱丢乱放，以防别有用心的人复制。钥匙一旦丢失，须马上更换门锁，切不可私自借配。

（五）外出时妥善保管好钱物

外出时，妥善保管好自己的钱物，不要将手机、钱包等物品随便放。衣服如果脱下，检查里面的贵重物品并搁置好。外出不要带太多的财物，注意不要让陌生人靠近。

四、学生宿舍的防盗技巧

宿舍成员集体防范，才能有效防盗。因为大学生宿舍多为集体宿舍，多人同住。每人都有活动自由和私人空间，出入难以同步。只有大家都关心全宿舍乃至整层、整栋学生宿舍的财物安全，人人提高警惕，才能形成防范环境，使盗贼无空可钻、无机可乘。大学生除了做好以上所述的个人防范措施外，还应做好以下工作。

（一）做好宿舍的检查工作

门窗检查是宿舍防盗不可缺少的一环，如发现有破损或其他漏洞，应马上通知管理人员进行维修。

（二）切忌留宿他人

要遵守国家教委和学校的有关规定，对要求入住学生宿舍的人一律拒绝，如发现有随意留宿的人员，要报告值班人员或老师，及时处理。留宿外来人员，一方面给自己和同学带来不便；另一方面，如果外来人员品德、动机不良，可能给同学或自己造成损失。

（三）保管好宿舍钥匙，不要随便借给他人

注意保管好自己的钥匙，包括寝室、箱包、抽屉等处的各种钥匙，不能随意借给他人或乱丢乱放。宿舍钥匙关系到整个宿舍的安全，如果随便借给他人，就有可能被人利用，拿去配置，然后入室行窃。要将宿舍钥匙与其他（如自行车）钥匙区别放置，同时要随身携带。如有丢失则要告知同宿舍其他同学，必要时要更换门锁。

（四）发现可疑人员，要进行盘查询问

发现形迹可疑的人进入学生公寓，要提高警惕，多加注意。如发现来人疑点甚多，答非所问，神色慌张，左顾右望，同学们应主动上前询问，并请他出示相关证件，交由值班人员记录。如果来人神色慌张或闪烁其词，可派人与其交谈，同时抓紧时间报告公寓管理部门或学校保卫部门。

与此同时，要通知各楼层同学检查宿舍是否被盗。此时，既要提防疑犯狗急跳墙，行凶逃跑，又要保持头脑冷静，不可随意搜查人身，更不要动手打人。

五、校园内公共场所的防盗技巧

（一）图书馆的防盗技巧

（1）严格遵守图书馆的规章制度。现在各高校图书馆都制定有内部规定或专门的防盗制度（如财物保管制度等），遵守图书馆的规章制度，有利于保持图书馆的有序、整洁，对于预防盗窃也有着重要的作用。

（2）衣服不能随意搭在椅子上，特别是装有现金或贵重物品时，更加应该注意。以防盗贼顺手牵羊。

（3）在公共阅览室里，切不可将贵重物品、现金随意放在桌上和椅子上，要做到现金、

贵重物品不离身。

（4）需暂时离开时，应将现金、贵重物品带走或交同伴代管，且离开的时间不宜过长。

（5）不要用书包、手提包、衣物或其他贵重物品"占位"，这既有违公德，也使盗贼有机可乘。

（二）运动场所的防盗技巧

（1）尽可能不携带过多现金、贵重物品，这样做可以避免和减少损失。

（2）有保管处的，应将物品交由保管处保管；若无保管处，则应集中置于显眼处，由专人看管或轮流看管，不能随意乱放。

（3）对形迹可疑的人应提高警惕。对于那些东张西望或只注意别人物品或在物品周围徘徊的人，要特别注意，必要时可上前询问，但态度应热情。

（4）离开前应清点物品。这样不仅可以避免物品遗漏，还可在物品被盗或者丢失时，能及时报告保卫部门，有利于保卫部门迅速组织人员进行围堵，捉获盗贼，找回被盗物品。

（三）食堂的防盗技巧

（1）排队（特别是加卡）时，应注意周边环境，提高警惕。背着背囊、书包的同学尤其应注意身后的变化，以防有人浑水摸鱼。最好和同学一起结伴就餐，互相看包，互相照应。

（2）随身物品不能随意置于身旁、身后，离开时应把物品带走。

（3）饭卡一次性不要充入太多钱，不能随手置于桌上，同时最好加上密码，有必要时设立一次最高消费额。

（4）若发现饭卡丢失，应立即到发卡部门办理挂失手续。

（四）教室的防盗技巧

（1）学习时最好结伴而行，尽量避免单独行动。学习时，将自己的书包和贵重物品放在自己能够时刻看到或是触及的安全范围之内，切忌用自己的书包占座。

（2）长时间离开教室时，书包及其他物品一定要随身携带，尤其是现金和贵重物品。千万不要存侥幸心理，否则很容易被盗窃分子顺手牵羊。

（3）在固定教室里，离开时最好不要放贵重物品，最后走的同学一定要检查一下门窗是否已关好，教室的钥匙也要严加管理，严防外借和流失。

（4）单独去教室，最好不要携带现金和贵重物品，以免丢失。

（5）不要随意将随身听、复读机、MP4 播放器等贵重物品及现金放在教室，课间休息也要随身携带，以防被盗。

六、校园外的防盗技巧

（一）旅途防盗技巧

（1）结伴而行。外出活动，特别是长途旅游，最好结伴出行，便于相互照看财物。

（2）不要露财。露财易招贼。人多混杂的场所内，不要戴金银首饰，不要暴露大量现金、信用卡及贵重的电子设备等，以免被盗贼盯上，招致财物损失。

（3）现金及重要证件随身带。大量现金及重要证件不要放在背包或手提包中，揣在隐蔽的衣兜中较为保险。在紧急避险时，即使背包、手提包及行李丢失，也不会陷入困境。睡觉时要把现金和贵重物品放在妥善之处，如放在贴身处或压于身下。

（4）不要凑热闹。外出活动，常常会遇上意想不到的各种新鲜事。这时，不要上前凑热闹。因为人多拥挤，加上注意力分散，疏于警惕，会给盗贼以可乘之机。

（5）现金分两处放。随时需要用的小额现金放在取用方便的外衣兜里，大额现金放在贴身的隐秘之处。如带的物品过多，最好办理托运。

（6）遇到人多拥挤时要提高警惕。人多拥挤时，扒手最易浑水摸鱼，如遇到有人故意冲撞、推拉、遮挡视线时，更要特别注意，提高警惕。如发现自己或同伴被扒手盯上了，此时要相互告诫一声，保管好自己的财物，以防被窃。

（二）住宿宾馆、旅店的防盗技巧

（1）将贵重财物寄存服务台。住宿宾馆、旅店时，不要怕麻烦，不要有侥幸心理，要将所携带的贵重财物交宾馆、旅店服务台保管，并妥善保存记录清单。

（2）先看房，后办住宿手续。住宿宾馆、旅馆，最好也"房比三家"。在办理入住手续前，最好让服务员带到客房实地考察，看看其防盗及其他安全设施是否齐备，然后做决定。

（3）夜晚睡觉时要给门上闩，关好窗。住宿宾馆、旅店，要保证个人财物安全，关键在于自己。千万不要因为宾馆、旅店门前有保安，服务台有服务员，就麻痹大意，放松警惕。特别是睡觉前要做足安全防范工作，不但要将门反锁，还要上栓，同时关好窗户。

（三）逛街购物防盗技巧

（1）尽量少带现金，不要露财。

（2）不要将背包和手袋背在背后，也不要把钱放在后裤兜中。

（3）试衣时，一定要将背包和手袋交同伴照管或拿在自己手中。

（4）在超市购物时，不要将包或衣物放在手推车或篮子里，以防不注意时被拎包。

（5）在外就餐时，将背包和手袋放在自己能照看得到的地方。

（6）遇到热闹，不要光看热闹而疏忽了自己的钱物。

（7）避开老粘在身边的陌生人，如果在街上不小心被人撞了一下，要及时查看钱物。

（8）女生背包途经偏僻和复杂地段时要提高防盗的警惕性。

（四）公交车上的防盗技巧

（1）不要挤在车门口，注意碰撞你的人及周围紧贴你的人。

（2）坐在双人座上，要注意同座位或后面人的"第三只手"。

（3）对一些手持衣服、报纸、杂志等物品的人多加留意，防止在这些东西遮掩下的盗窃行为。

（4）车厢内最好一只手扶横杆，另一只手注意保护好随身携带的提包或背包。

（5）备好坐车的零钱，尽量不要在公共场所翻钱包，以免引起扒手的注意或尾随作案。

（五）去银行的防盗技巧

（1）最好能与人同去，一个人在柜台前办理存取钱手续，其他人在后面照应。

（2）取钱时，遇到不明白的事情，应向银行人员询问，尽量避免与周围的陌生人搭讪。

（3）输入密码时，要用手臂等部位挡住他人的视线。

【温馨提醒】

银行卡、存折的密码如何保密？

1）要将记有密码的函件或纸条放在旁人不易发现、不易找到的隐蔽处，不要随手乱放在桌上或不上锁的抽屉内，最好是及时修改初始密码、销毁密码纸；只要密码不泄露，在一定程度上是可以有效地保证存款安全的。

2）平时去银行或在ATM机上取款时，应单独进行，以免将自己的密码泄露给他人；即使是要好的朋友，也要注意防范。

3）不要以出生年月、身份证号、家里电话号码等容易泄密的号码作为密码，不要与其他卡使用同一密码。

4）密码有可能已泄露的，应立即去修改，并注意新密码的保密，以确保存款安全。

（六）火车上的防盗技巧

（1）售票厅内勿掏现金。买票前准备好钱，不要在大厅内急匆匆取钱和放钱。

（2）上车勿在门口拥挤。在始发站或经过大站时，挤在车门口的旅客较多，上下车十分拥挤，可能给装扮成旅客的不法分子以可乘之机。

（3）车厢内勿挂贵重物品。有些旅客喜欢将装有现金或贵重物品的衣服挂在衣帽钩上，过后却发现衣服里的现金和贵重物品不翼而飞。

（4）乘车勿与陌生人聊天。列车上人员相对复杂，不法分子经常装扮成旅客与你主动攀亲结友，请你吃、喝东西或抽烟，伺机作案。

（5）夜晚困乏时轮流睡。在后半夜，不法分子常会对熟睡的旅客实施盗窃。他们常购短途票上车，先踩点后作案，作案后迅速下车逃窜。在乘坐火车前，应休息半天，最好有同伴同行，轮流休息，千万不要都睡大觉。

（6）到站前 20 分钟要警惕。列车上作案的不法分子常常盯住旅客所挂衣物或行李架上的物品，在到站前约 20 分钟内作案。在列车到站前要提前收拾好自己的行李物品，即使不下车，也应加倍警惕，防止不法分子趁人多顺手牵羊。

第六章　诈骗预防与应对

诈骗是指以非法占有为目的，用虚构事实或者隐瞒真相的方法，骗取款额较大的公私财物的行为。由于诈骗案件一般不使用暴力，是在"平静"甚至"愉快"的气氛下进行的，大学生往往容易上当。

第一节　校园诈骗现象

近年来，以大学生为对象的诈骗案件逐年上升。作案人主要利用大学生的同情心或一些同学贪图小利的心理，使用花样百出的诈骗手段，骗取他们的信任和好感，使一些大学生言听计从，慷慨解囊，有的女生甚至因此失身，教训极为惨痛。

【案例导入】

某同学接到这样一条信息："钱还没打吧？那张银行卡磁条坏了，就打这个账号吧！刘强。"该同学以为是房东提示她交房租，就按信息账号汇出人民币 1 000 多元。

某同学在厕所看到一则小广告，称可提供自考及电大考试答案，该同学按广告信息联系对方，索要答案，并按对方要求汇出 500 元，骗方承诺事后通过 QQ 告诉该同学答案。到约定时间再联系时，骗方停机。

【案例点评】

随着社会发展和高校办学体制改革的深入，高校校园也日益社会化，交流也更加频繁，社会上的一些不法分子也乘虚而入，将诈骗作案目标定位在高校大学生身上，使得诈骗案件在高校内时有发生。目前，诈骗案件已经成为高校发案中，仅次于盗窃案件而位居第二的多发性案件。校园内的诈骗行为严重地损害了在校大学生的合法权益和人身安全，影响了正常的校园秩序。

【知识链接】

一、诈骗的相关法规

诈骗案件的行为特征是犯罪分子采取欺骗的方法。从其作案的手段看，它属于智能型犯罪，其犯罪目的是骗取公私财物归为己有；从犯罪类型看，它属于侵犯财产罪，同时兼有多种犯罪。诈骗案件的一般特点是犯罪分子冒充身份，编造谎言，流窜犯罪，重复作案。

《刑法》第二百六十六条规定：诈骗公私财物，数额较大的，处 3 年以下有期徒刑、拘役或者管制，并处或者单处罚金；数额巨大或者有其他严重情节的，处 3 年以上 10 年以下有期徒刑，并处罚金；数额特别巨大或者有其他特别严重情节的，处 10 年以上有期徒刑或者无期徒刑，并处罚金或者没收财产。根据《最高人民法院关于审理诈骗案件具体应用法律的若干问题的解释》：个人诈骗公私财物 2 000 元以上的，属于"数额较大"；个人诈骗公私财物 3 万元以上的，属于"数额巨大"；个人诈骗公私财物 20 万元以上的，属于诈骗数额特别巨大。诈骗数额特别巨大是认定诈骗犯罪"情节特别严重"的一个重要内容，但不是唯一情节。诈骗数额在 10 万元以上，又具有下列情形之一的，也应认定为"情节特别严重"：

（1）诈骗集团的首要分子或者共同诈骗犯罪中情节严重的主犯。

（2）惯犯或者流窜作案危害严重的。

（3）诈骗法人、其他组织或者个人急需的生产资料，严重影响生产或者造成其他严重损失的。

（4）诈骗救灾、抢险、防汛、优抚、救济、医疗款物，造成严重后果的。

（5）挥霍诈骗的财物，致使诈骗的财物无法返还的。

（6）使用诈骗的财物进行违法犯罪活动的。

（7）曾因诈骗受过刑事处罚的。

（8）导致被害人死亡、精神失常或者其他严重后果的。

（9）具有其他严重情节的。

二、大学生容易上当受骗的心理因素

大学生之所以被骗，究其原因有以下几点。

（一）广泛交友，不加防范

目前在校大学生大部分是独生子女，社会生活经验匮乏，辨别能力较差。来到大学校园后，有些人喜欢结交朋友，当遇到一些来访的老乡、熟人、同学，或同学的同学、老乡的老乡、朋友的朋友之类的人时，在不辨真伪的情况下宁可信其有而不信其无，给骗子以可乘之机。大学生的单纯正是诈骗分子屡次得手的根本原因。一些诈骗案件的作案人深知这一点，

把自己打扮成本校或外校的大学生,利用同乡关系(有的纯粹是编造出来的)与大学生交往,以获取信任。作案人最初不提出财物请求,等大家很熟悉后,再制造借口,请求"帮助",进行诈骗。

(二)同情怜悯,错误判断

初涉世事的大学生,对社会有着较高的责任感和正义感,对社会弱势群体和落难个人充满同情心。诈骗案件的作案人往往利用大学生单纯善良、乐于助人、缺乏处事经验、防范能力差等特点,编造出许许多多"落难"的动人故事,以博取大学生的同情,达到诈骗的目的。

(三)经商助学,轻信他人

目前许多大学的学费较贵,而很多大学生的家庭经济条件较差,迫使相当部分学生加入业余打工的行列,他们不仅忙于学习,而且忙于校内校外的各类兼职,为找工作,不少大学生被骗。另外,为了毕业后能够留在大城市,为了能够找到一份理想的工作,也有不少大学生经常糊里糊涂地交钱、签合同,上当受骗是可想而知的了。

(四)有求于人,办事轻率

常言道:"人在屋檐下,不得不低头。"每个人都免不了有求人的时候,在校大学生涉世不深,冷静、理智往往被轻率、鲁莽所取代,为了办事而轻率交友行事,导致上当受骗。

(五)爱慕虚荣,无意戒备

有些学生在与社会人员的密切来往中,形成了爱慕虚荣的心理,虚荣心常常使他们陶醉在自我欣赏之中,对周围的"朋友"毫无防备。正是在这些鱼目混珠的"朋友"中,有人窥测方向,暗藏杀机,一旦时机成熟,就对大学生进行诈骗。

(六)急功近利,贪图小利

在社会交往的过程中,少数大学生存在急功近利、贪图小利的心理,忽略了对交往方深入细致地分析和考察。诈骗案件的作案人常常利用大学生这种心理,以介绍出国、联系工作、招聘雇员等名义骗取大学生的信任,向受骗人投以小利,以提起受骗人的兴趣,进而提出获得更大利益的办法,使受骗人在利益的驱使下,一步步进入其设置好的圈套。

提防和惩治诈骗分子,除需要依靠社会的力量和法治以外,更主要的还是依靠大学生掌握相关知识,提高自身的谨慎防范能力,形成正确的世界观、人生观、价值观,认清诈骗分子的惯用伎俩,以防上当受骗。

【知识小卡片】

女大学生为何更易受骗？

在市场经济飞速发展的今天，一些精明的骗子越来越多地把目标锁定在年轻的女大学生身上，且屡屡得手，主要有以下原因：

（1）女大学生大多珍视感情，且富有同情心，易对别人产生信任感和依赖感。一些人正是看准了女大学生的这一特点而更多地对其行骗。

（2）女大学生大多爱面子，容易迁就对方。女性常常碍于情面，对该认真的事却羞于表达，违背了自己意愿的事又不忍拒绝，导致骗子得寸进尺。

（3）有的女大学生急于求成，喜欢搞短期行为，容易被一时之利诱惑。现实生活中有些女大学生仅仅因为对方的一两句"我爱你"、"说话算数"，便很快对其形成了"讲信用、靠得住"的"良好"印象，对方再施以小恩小惠，就很容易放松警惕，让骗子牵着鼻子走。

三、诈骗案频发的原因

（一）社会因素的诱发

当前受多种因素影响，确实存在分配不公、收入悬殊、贫富差距加大等社会现象，致使部分人心理失衡，致富观念扭曲。加之自控能力较差，法制观念淡薄，在一定条件下便选择行骗敛财的违法犯罪途径。

（二）诈骗行为成本低、风险小，获利丰厚

行骗是非暴力手段违法犯罪行为，不需像其他侵财犯罪如盗窃、抢劫行为那样有爬窗、撬门、动武行凶等较大肢体行动，犯罪分子通过花言巧语或布下陷阱，使受害人"自愿"出钱。此违法行为容易得手，作案风险小，且行骗成功后的获利往往较大，很容易刺激行骗人员的作案动机。

（三）侦破案件难度大

一方面，因诈骗流窜性、突发性强，侵害目标、作案手段和地点不确定，很难发现破案线索，难以进行超前预测。另一方面，由于此类案件除当事人口供外，很难有其他证据可利用，使办案民警难以发现有价值的线索。此外，有的犯罪分子还是异地、网上作案，给民警抓获现行和固定证据带来更大困难。

（四）缺少防范

一些大学生对亲人、朋友等熟人的防范心理非常弱，甚至没有防范。犯罪分子通过巧妙设置的诈骗环节，让他们迅速认为对方就是自己的好朋友、亲人，并由此实施诈骗。

（五）大部分受害人存在"天上石头砸不中我"的心理

很多人即使知道诈骗是客观存在的事实，却并不相信事实会发生在自己的身上。例如媒体大量宣传的电信诈骗、中奖诈骗案件，很多受害人都很了解，但不相信会发生在自己身上，导致被骗时的戒备心不强。

（六）受害人对网络安全知识不够了解

受害人对网络购物中网站的真伪、发布信息的真伪以及合法操作规程等的识别能力差，很容易被犯罪分子从正规购物流程诱导到非法、不可监管的购物通道中。

第二节　诈骗类型及特点

随着社会治安的日趋复杂，形形色色的违法犯罪分子往往在年轻幼稚、思想单纯的大学生身上打主意，借结交之际或推销之名，变换手法，施展骗术，引人上当。

【案例导入】

某校一个女同学在宿舍里接待了一个自称同学的同学的陌生人，此人声称是"顺便看望一下"。这个女同学出于对昔日同学的信赖，根本没有细问，就留陌生人住下。殊不知这个陌生人正是一个女骗子，趁同学们上课时，将该女生寝室洗劫一番，盗走毛衣、大衣和数百元现金。

某校应届毕业生董某，为了能找到理想工作，四处奔波，经过托人再托人，结识了一位自称与理想单位领导的儿子是好朋友的胡某。胡某声称只要交上 2 000 元介绍费，保证没有问题。董某向父母要来 2 000 元介绍费交给胡某。胡某钱一到手，人就再也没了踪影。

【案例点评】

在犯罪形式上，犯罪分子一般不使用暴力，而是设计陷阱或圈套，让受害人"自投罗网"。虽然诈骗作案的形式多种多样，作案手段花样翻新，但仔细研究，也能找出其中的规律。把握这些规律和特征，并加以防范，完全可能避免误入陷阱、落入圈套。诈骗分子的诈骗手段花样百出，让人应接不暇，难以防范。作为大学生，十分有必要了解诈骗分子的诈骗手段和特点，提高警惕，谨防被骗。

【知识链接】

一、高校中常见的诈骗类型

（一）伪造身份，流窜作案

诈骗分子利用身份效应和大学生容易轻信、羡慕的心理特点，将自己伪造成老乡、同学、亲戚等身份，利用假名片、假身份证骗取大学生的信任，采用游击方式流窜作案，财物到手后即逃离。有的以骗到的钱财、名片、身份证、信誉等为资本，再去诈骗他人，重复作案。

（二）骗取信任，借钱不还

犯罪分子利用大学生单纯、善良的特点，先骗取大学生的信任，然后向大学生借钱、借物行骗。

（三）以次充好，以假乱真

一些骗子利用部分教师和学生不"识货"、经验少、又苛求物美价廉的特点，上门推销各种劣质假冒产品使师生上当受骗。他们一般采取用真品让你鉴定或检查，把东西再包装或趁师生注意力不集中时用假货调换。更有一些到办公室、学生宿舍推销产品的人，一发现室内无人，就会顺手牵羊，然后溜之大吉。

（四）招聘为名，设置圈套

犯罪分子利用当前严峻的就业形势以及大学生找工作难的现状，用招聘的名义对一些学生设置骗局，骗取介绍费、押金、报名费等。

（五）投其所好，引诱上钩

一些诈骗分子往往利用大学生的各种需求心理，例如安排工作、办理出国手续、帮助赚钱等，投其所好、应其所急从而施展诡计而骗取财物。

（六）租房为假，骗钱为真

诈骗分子通过短期租赁取得房屋的居住权，再假冒房主，将此房以一年期或更长期间租给其他租房者，以此骗取租金。

二、网上诈骗的类型

（一）拍卖诈骗

拍卖诈骗在各类网上诈骗中名列榜首。这跟网上交易的模式有关。在网上拍卖时，买主和卖主不用直接见面，拍卖的东西也是"虚拟"的，人们主要通过在网上竞价的方式来达成交易。诈骗分子故意以虚拟的身份注册，在网上以极低的价格拍卖一些贵重物品，受骗者往往中标后付了款却收不到商品。

（二）"长话"诈骗

有些网友平时经常会去浏览某些成人网站，在浏览图片时，浏览者有时会被要求下载某一软件以观看图片。其实，这个软件是一个拨号软件，下载完成后运行这一软件时，电脑自动关闭调制解调器，切断用户原来的本地网连接，并改用国际长途电话线路重新拨号上网，从而使用户在不知不觉中产生巨额的国际长途话费。

（三）劳务诈骗

如：某外国语学院余某学习之余一直想做兼职，一次在网上看到一则招聘广告招翻译员，她发信应聘，对方先发来一篇文章让她翻译，随后就"正式录用"了。双方通过网络传递文件，约定每月底按工作量付酬。于是余小姐为对方翻译了不少文件及技术资料，但到了该结算酬劳时，对方却迟迟不将钱汇入她提供的账号。余小姐发信去询问也没有答复，这才知道是被骗了。

（四）情感诈骗

中国人有扶危救难的传统，一方有难，总会有八方来支援。可惜这良好的传统也正在被某些网络骗子利用。他们往往会写一封感人至深的求助信，虚构一个诸如急需援助的白血病小女孩的故事，有时甚至专门建立一个主页或专题报道这件事，把故事编得好像真的一样。善良的大学生往往不加防备，纷纷慷慨解囊，不料却中了骗子的圈套。

（五）交友诈骗

不少人喜欢在网上交友、聊天。一些骗子经过精心包装，在网上粉墨登场。这些人在网上专门盯着那些"菜鸟"下手，他们会利用自己的才学、风趣，把"菜鸟"玩弄于股掌之中，等到时机成熟，再骗取钱色。

（六）传销诈骗

诈骗分子把传销的把戏搬到了网上，经过重新包装后，以所谓网络营销的模式来骗钱，通过发电子邮件等方式，介绍他们公司新推出的产品，声称高质量、零风险、包退包换。

（七）出书诈骗

如果你是一个网上文学爱好者，经常在 BBS 和某些文学网站上发表文章。也许有一天，你会接到这样一封信。信上说，他们是某某编纂委员会的，你只要汇几百块钱，购买 10 套书分销，就能让你的大作登进文选。

（八）广告诈骗

网上有很多付费广告，一些个人网站就是靠这些广告收入维生的。但是这些广告的点击率通常不高，于是这些网站的站长想了个办法，把这些广告的链接改成某些吸引人的文字，以 E-mail 的形式发到你的信箱。如果你想看看这些链接到底是什么，那么就被骗去替他点击广告了。

（九）"枪手"诈骗

在网上，有人可代考各种证，还可替写论文。不少骗子通过在各个网站上留言，骗取别人的信任后把钱骗到手，再到考场转一圈就走人。

（十）购物诈骗

（1）利用钓鱼网站诈骗。犯罪嫌疑人在淘宝等品牌网站上发布低价购物信息，诱骗买家登录陷阱网页，骗取买家银行账号和密码。

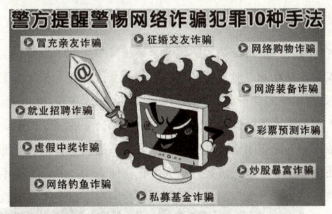

（2）用品牌网站诈骗。犯罪嫌疑人在淘宝等品牌网站上发布低价购物信息后，诱骗买家绕过有交易保障的网络支付系统（如支付宝），通过传统网银或者 ATM 机转账，从而达到骗取钱财的目的。

（3）网上订、退票诈骗。犯罪嫌疑人在网上发布可订、退飞机和火车票的虚假信息，并留下咨询电话，以绑定银行卡为由诱骗受害人通过网银、ATM 机转账。

（4）冒充老板诈骗网上卖家。犯罪嫌疑人对网上卖家谎称自己是大老板，联系租车公司接卖家到宾馆交易，取得卖家信任，伺机携卖家带来的笔记本电脑、手机等物品逃离现场。

（5）网络游戏代练诈骗。犯罪嫌疑人以公司的名义在自设网站、网络游戏论坛、QQ 群、百度帖吧等处发布网络游戏角色升级代练的消息，诱骗受害人通过网银转账，从而骗取升级代练金。

（6）盗取密码，冒充好友诈骗。犯罪嫌疑人先利用黑客软件盗取他人的在线游戏、QQ、MSN 等账号的密码，然后从中物色被骗对象，锁定对象后，冒充账号主人与被骗对象聊天，然后以种种理由诱骗对方汇款到指定账户或进行网上购物。在行骗过程中，有些骗子甚至播放被盗账号主人的视频、音频资料。

三、电话诈骗的类型

（一）谎称事主在外地上学的孩子生病，连续多次诈骗钱财

例如：20××年 5 月 13 日，某学院某毕业班几名学生的家长先后接到以"某学院教育科"名义打来的电话，对方称这些家长的儿女发生车祸，正在留医治疗，要求家长即刻汇款至指定账户。诈骗者有的事先多次拨打毕业生的手机直至学生厌烦而关掉手机，有的直接以公安机关办案名义要求学生关机，有的谎称移动或联通等公司搞测试等要求学生关机，随即拨打其家里电话行骗。家长接到诈骗电话后，因无法与学生取得联系而感到恐慌，个别家长因此上当受骗。

（二）冒充政府机关、政府下设机构或是电信部门的人员诈骗钱财

例如：20××年 4 月 20 日，某大学教师李某在家中接到一个自称电信工作人员打来的电话。称其固话欠费 3 000 元。对方解释道，李某的身份证被人在江苏无锡办了个座机产生了欠费；另外还有人利用她的身份证办理了招商银行卡，该卡欠费 20 万元。当她表示质疑时，对方又将电话转入所谓的无锡公安局，一名自称是无锡公安的男子接电话，称李某卷入银行工作人员利用职务诈骗的犯罪团伙案件中，要求其名下的资金转入公安部门安全账号。所谓的"公安人员"还说，由于所涉经济案件重大，正在侦查中，要求李某不要告诉其他人，包括家人。李某相信了"公安人员"的话，随即到银行向对方指定账号汇款 20 余万元。

（三）以短信形式，谎称受害人的银行卡已在某商场消费若干金额为由进行诈骗

犯罪嫌疑人利用短信群发功能，给受害人发送在某商场用银行卡消费若干金额的内容，

并留下咨询电话。受害人拨打咨询电话后，被要求持银行卡到 ATM 机输入密码进行所谓的"查询、设置'防火墙'保护、开通网上电子银行账户"等操作，实际是进行诈骗转账。

（四）以接听歌曲为名骗取高额话费

"你的朋友××为你点播了一首歌曲，以此表达他的思念和祝福，请你拨打 9 收听。"回电话听歌可能会造成高额话费。

（五）以电话招揽客人从事非法"六合彩"活动

屡次听到铃声，但一接电话又挂断。按照号码回拨，对方的录音提示："欢迎致电香港六合彩，香港中信为广大彩民爱好者提供信息，透露特码。联系电话 13×××××××××。"这是以非法"六合彩"招揽客人，回电话既可能损失话费又容易上当受骗。

（六）以盗来的手机骗取被害人亲友钱财

例如："×××，我现在在外出差，手机马上快没钱了，麻烦帮我买张充值卡，再用短信告知卡号和密码。"事实上，该机已被盗，现持机人用盗得的手机发送短信给手机通讯录内的联系人，骗取对方话费。

四、打工受骗的类型

（一）白辛苦型

一些学生被个人或流动服务公司雇佣，商定以月为单位领取工钱，但雇主往往找个借口拖延，拖到学生开学时就消失得无影无踪。

（二）先付押金型

这类骗局通常在招工广告上称有文秘、打印、公关等轻松、体面的工作，求职者只需交纳一定的保证金即可上班。但往往是学生付钱以后，招聘单位又推说职位暂时已满，要学生听候消息，接下来便石沉大海。

（三）直销、传销型

学生本来是来应聘销售人员的，但到公司应聘后却被连哄带骗地先买下一大批货品，然后公司再让应聘者如法炮制去哄骗他人，并以高回扣作诱饵，一旦上当往往是学生白搭上一笔钱，甚至失去人身自由。

（四）模特、特种行业型

这类招工通常以模特或歌星、影星培训班为名，要学生花大价钱照艺术照参加速选，最后再借口说应聘者条件欠缺而予以拒绝。也有的以娱乐场所特种行业的高薪来吸引求职者，有的甚至让她们从事色情交易。大学生到这些场所找工作，往往容易误入歧途。

五、高校常见诈骗案件的特点

（一）作案上的流窜性

诈骗案件犯罪分子的活动规律是流窜犯罪，往往跨地区作案，难以确定案发地点。

（二）手段上的智能性

诈骗分子在高校作案行骗时，一般都是利用丰富的知识、技能、经验，经过精心策划，设置诱饵，使受骗者落入圈套；常常使用科技性高（例如互联网）、迷惑性强（摸准大学生的个人心理）的手法提高诱骗效果。

（三）方式上的多样性

高校诈骗案件的方式是多种多样的。作案人会根据不同情况使用不同方式进行诈骗。

（四）目标上的选择性

作案人常选择以下人员作为作案对象：

（1）求人帮忙，轻率行事的。

（2）疏于防范，感情用事的。

（3）贪图便宜，财迷心窍的。

（4）思想单纯，防范较差的。

（5）贪图虚荣，遇事不够理智的。

（6）急功近利的。

六、案件上的遮掩性

高校诈骗案的受害人大多是文化层次较高的大学生，他们由于轻信谎言上当受骗，一旦醒悟过来发现被骗就懊悔不已。一部分人为了顾全名誉而不愿报案。正是因为很多人都有这种消极心理，所以骗子才能故伎重演、反复作案而不被揭露，长期逍遥法外。大学生与人交往时应注意以下几点：

（1）具备法律意识。大学生不仅要知法，更要学会用法，明白罪与非罪。在涉及具体的合作事项上，不仅是在事后知道要运用法律，更重要的是应将法律意识贯穿于事前和事中。事前要履行完备的书面法律手续，不作口头协议，书面手续要力求明细化。

（2）在与人交往中，对陌生人要时刻保持警惕，对其提出的问题或允诺不要轻易相信。不能把自己的身份、联系方式等轻易告诉他人，更不能随人独往。

（3）当面对诱惑时，千万不要急功近利。任何时候都得想一想：人家凭什么给我这么多好处？这样做是否符合常理？"天上没有掉下来的馅饼"，要注意分析对方许诺给你的利益，做个对比，就会得出比较客观和可行的结论。

（4）有很多不法之徒专以"交友"、"恋爱"、"求助"为名，利用大学生的爱心和情感来行骗，要当心甜言蜜语或"慷慨义举"背后所隐藏的欺诈。

第三节　诈骗预防与应对策略

在日常的学习和生活中，大学生需要掌握一定的防骗知识和技巧，以保护好自身的权益和人身安全。

【案例导入】

某晚约 10 时，某大学经管学院 20××级学生梁某在龙洞校区圆开广场碰到两名男青年。他们自称来自香港，因到学校找一名学生没找到，他们所带的港币不能用，储蓄卡又被银行柜员机吞掉，故想借梁的 IC 卡打电话。好心的梁某便带他们到学生公寓内打电话，电话打通后，他们称其家人要送一万元现金过来，要借梁的银行账号转账。梁回到宿舍后，觉得事有可疑，于是就将事情告诉了何某。何某马上打电话向经管学院的董老师报告，董老师接报后，立即向学校保卫处及有关领导反映此事。经大家分析，认为极有可能是一宗诈骗案，于是立即布控。当两名骗子在龙洞校区银行柜员机旁实施诈骗时，被该校校卫队员及老师当场抓获，送派出所处理。

【案例点评】

其实，许多诈骗案手段并不是那么高明，其中有许多漏洞或"前言不搭后语"的现象，只要细心观察，或是以逻辑推理就可辨别。因此，在遭遇可疑人物搭讪或是感到事情很突然时，需要多个心眼，多方求证，或是主动报告给老师、保卫处和公安部门，以防止诈骗案件的发生。

【知识链接】

一、诈骗分子的表情特点

（1）诈骗分子说的是假话，做的是假事，必然做贼心虚、提心吊胆，这就会引起其生理机制发生变化，如血压升高、心跳加速、呼吸急促，有的会面红耳赤、肌肉不舒展。

（2）由于其生理机制发生变化，使得声带不正常，特别是在初次见面谈话和将猎物弄到手时，往往语音短促、声调低沉，发出轻微的不易觉察的异音。

（3）诈骗分子在谈笑时，由于面部肌肉不能舒展，笑容里表现出明显的不自然，表现出皮笑肉不笑的神态。

（4）诈骗分子的眼睛充满虚伪、狡诈和警惕的神色，在对方产生怀疑和不信任时，往往还会表现出焦躁不安和恐慌的神色。

二、诈骗分子的语言特点

（1）表达能力都比较强，口齿伶俐，能说会道。

（2）为了取得人们的好感，往往甜言蜜语，阿谀奉承。

（3）为了显示自己的身份，他们往往自吹自擂，夸夸其谈。

（4）为了让人相信他们所办的事是真的，往往说得有根有据，绘声绘色，十分肯定。

（5）当别人对其有所察觉和怀疑时，他们往往巧圆其说，假作镇定。

（6）当被别人看出破绽时，就表现得吞吞吐吐，回答问题词不达意、拐弯抹角或故作镇静，企图蒙混过关。

三、防骗的基本要点

（一）树立防骗意识，学会自我保护

目前校园的诈骗案件日益增多，作为大学生，必须时时提高警惕，增强防范意识，学会自我保护。诈骗分子行骗的过程可分为两个阶段：一是博得信任，二是骗取对方财物。对于行骗者和受害者来说，第一阶段是最重要的，也是行骗者行为表现得最为突出的阶段。虽然行骗手段多种多样，但只要我们树立较强的防范意识，对于问题保持应有的清醒，做到"三思而后行，三查而后行"，是可以做到不上当受骗的。

（二）服从校园管理，自觉遵守校纪校规

为了加强校园管理，学校制定了一系列管理制度和规定，用来规范学生的行为。在执行的过程中可能会给大学生带来一些不便，但却是必不可缺的。况且，绝大多数校园管理制度都是为控制闲杂人员和犯罪分子混入校园作案，为维护学生正当权益和校园秩序而制定的。因此，大学生一定要认真执行有关规定，自觉遵守校纪校规，服从校园管理，预防心怀不轨的外来人员进入宿舍，减少受骗的可能性。

（三）加强学习和交流，加深对社会的认识

多学习，多观察，加深对社会的认识。通过报纸、电视、广播、网络等媒体，可以了解千变万化的世界；通过学校组织的安全防范教育活动，可以了解相关的案例，掌握更多的防范知识。通过学习和交流，能加深我们对社会的了解和认识，有助于提高我们分辨是非、善恶的能力。

（四）加强个人修养，克服不良心理

不良心理是大学生上当受骗的重要原因之一，拥有一个健康而理性的心理是大学生预防诈骗案件的重要手段。

（1）不贪私利，不图虚荣。作为大学生，要自觉拒绝金钱、名利的诱惑，增强抵御诱惑的能力。

（2）要拥有爱心、乐于助人，但不被坏人利用。

（3）在与同学、老乡、朋友的交往中，既要懂得尊重他人，又要强调自立意识。

（4）不投机取巧、贪图便宜，用平常心与人交往。

总之，要加强个人修养，树立正确的世界观、人生观、价值观，时刻加强自身理想、道德、情操的陶冶。

（五）慎重交友，不感情用事

交往要有选择，要谨慎，了解要时间，信任要逐渐积累。要冷静甄别，避免以感情代替理智。如果只凭感情用事，一味"跟着感觉走"，往往容易上当受骗。

交友的基本原则有两条：一是择其善者而从之，真正的友情应该建立在志同道合、高尚的道德情操基础之上，是真诚的感情交流而不是简单的利益关系；二是严格做到"四戒"，即戒交低级下流之辈，戒交挥金如土之流，戒交吃喝嫖赌之徒，戒交游手好闲之人。与人交往要区别对待，保持应有的理智。

（六）及时与同学和老师沟通

班集体是校园中最基本的组织形式。在这个集体中，同学间、师生间的友谊非常珍贵，

彼此间应该加强沟通和帮助。在自己拿不定主意时，最好与同学、老师交流。特别是在自己觉得可能会吃亏上当时要与同学、老师沟通，这样能够及时避免诈骗案件的发生。

（七）慎重对待他人的财物请求

人人都需要别人的帮助，同学、老乡、朋友之间因一时急需，相互借钱是正常的，也较为安全，但应当考虑信誉和偿还能力，三思而行。你可以出于同情而施舍于你不认识的人，却很难在借款关系中从他那里得到偿还。

（八）掌握法律常识，维护合法权益

要掌握法律常识，尽量走正常渠道，办正常手续。不论办什么事情，只要不违反国家和地方的有关法律法规，是可以办成的，托人走后门容易被骗去钱物。尤其是涉及经济活动的法律法规，一定要掌握了解，以防止诈骗分子利用大学生对相关规定的不了解或是法律的漏洞进行诈骗。通过学习法律，可以了解国家对某一具体违法行为的规定，知道自己有哪些合法权利以及受骗后通过何种途径维护自己合法的权益和人身安全。

四、高校常见诈骗案的预防

（一）对"外来客"诈骗的防范

对于熟人或朋友介绍的人，要注意观察，学会"听其言，观其色，辨其行"，而不能简单地认为"朋友的朋友就是朋友"。对于初识的朋友，不要轻易"掏心窝子"，更不能言听计从，受其摆布。

对于表面讲"感情"、"哥们义气"的诈骗分子（特别是遭受不幸的"落难者"以及新认识的"朋友"、"老乡"），若对你提出钱财方面的要求，切不可被感情的表象所蒙蔽，要懂得用理智去分析问题。最好能对比在常理下应作出的反应，如认为对方的钱财要求不合实际或超乎常理时，应及时向老师或保卫部门反映，以避免不应有的损失。

对于那些"来如风雨，去如微尘"的上门客，态度要热情，处置要小心，尽量不为他们提供单独行动的时间和空间，以避免给犯罪分子创造作案条件；对过于主动自夸自己"本事"或"能耐"的人，或者过于热情地希望"帮助"你解决困难的人，要特别注意，因为你面前的那个"能人"，很可能是一个十足的诈骗分子，而且他正试图取得你的信任，此时你的反应很大程度上决定了此后是否上当受骗。总之，应该从以下几个方面来防范诈骗分子冒充客人行骗：

（1）对于"陌生的客人"，要详细询问，了解其基本情况。

（2）在谈话和交往的过程中，注意其行为举止及言语方面的异常。

（3）谢绝"陌生客人"的热心帮助，不要让陌生人带走现金和贵重物品。

（二）对购物诈骗的防范

在日常生活中，骗局多表现为物品兑换。在校大学生因为没有经济来源，加上社会阅历浅、法律意识淡薄、虚荣心强等原因，常常会以低价购买假冒的手机、电脑、自行车、IPAD等贵重物品而受骗。对购物诈骗的防范要注意以下几点：

（1）贵重物品应在正规营业场所购买，并保存好发票。明显低于市场价格的商品多半是赃物或是伪劣产品，不得购买。

（2）验证卖方现金的确切数或物品价值，对于不了解或无正规发票的物品，不可交易。

（3）购买的物品，要检验能否使用，以防诈骗分子掉包。

（4）在兑换过程中，将各自的现金自行清点后再收藏好，不要多次易手，防止有人魔术般地调换抽取，发生差错。

（5）购买物品特别是大件物品要经国家有关部门办理手续，不需办理手续的也要查验物品所有权的证明、证据，防止购入赃物。

（6）网上购物要慎重，最好货到付款。

（三）对"拾包"诈骗的防范

有些诈骗分子将报纸裁成百元人民币大小的长方形，叠整齐后两头各放上一两张百元人民币，捆扎好冒充一扎巨款，然后到一些公共场所或街头巷尾物色对象进行诈骗。

这类犯罪通常是两人以上合伙作案。其惯用伎俩是一人假装从受害人面前经过时"不小心"掉落"巨款"，另一人则隐藏在附近观察。等受害人发现"巨款"并拾起时，隐藏的罪犯立即上前提出见者有份的要求。为防止受害人不守信用，诈骗分子要求受害人拿自己的现金物品作抵押，声明等分赃后再归还。诈骗分子达到目的后即乘机溜走。等受害人发觉拾来的"巨款"原来是一堆废纸时，为时已晚。有些假拾物案件也是属于这一类型。

防范这类假拾款拾物诈骗案的发生，关键的一条就是要拾金不昧，拾到款物无论真假要及时送交派出所，这样犯罪分子的诈骗阴谋才不会得逞。如果在送交时其他诈骗分子上来纠缠、要求"分赃"，应将他们也一并扭送公安部门。总之，千万不能贪图小便宜，诈骗分子就是利用受害人爱占小便宜的心理来达到诈骗目的。

（四）对短信诈骗的防范

对短信诈骗的防范措施包括：在任何时间、任何地点、对任何人都不要同时说自己的身份证号码、银行卡号码、银行卡密码；当不能辨别短信的真假时，要在第一时间拨打银行的查询电话，而不要拨打短信中所留的电话；不要用手机回拨电话，最好找固定电话打回去；对于一些根本无法鉴别的陌生短信，最好的做法是置之不理；如果已经上当，立即报案。

在遇到类似情况时，应做到"四不"，即不相信、不理睬、不回信、不汇钱，这就是对付诈骗短信的绝招。

（五）对网络诈骗的防范

面对网络犯罪日益呈现智能化、多元化、复杂化的状况，要千万小心，切莫陷入网络陷阱。对网络诈骗的防范，要尽量做到以下几点：

（1）在网上购物时一定要保持健康的消费心态，克服贪小便宜的心理，应通过多种方式调查其真实性。

（2）不要和只有 QQ、E-mail、手机而没有固定座机电话和地址的商家交易。

（3）不在公共场合使用公用电脑进行网上购物、支付等操作。

（4）登录网上银行时，要注意核对网址，留意核对所登录的网址与协议书中的法定网址是否相符。

（5）在网上交友一定要慎重，要多加了解。

（6）不要在网上泄露自己的个人信息，尤其是手机号码和家庭电话。

（7）如发现可疑网站，要及时向有关部门举报。

（8）对杀毒软件一定要定期升级，以便及时查杀新型病毒，并且建立病毒防火墙。

（六）对招聘诈骗的防范

为了丰富自己的社会实践经验和缓解经济压力，许多在校大学生选择了兼职工作。但有些同学在求职过程中，求职心切，思想单纯，缺乏经验，安全防范意识较差，容易掉进骗子的陷阱。

大学生找兼职时要尽量从正规渠道获取信息。最好是通过学校勤工助学中心推荐，老师、同学或是熟人介绍，或者通过有资质、正规的中介来找合适的兼职工作。一般正规的中介都有税务登记证、经营许可证、收费许可证和营业执照，最好不要在报纸、网络上直接公开自己的联系方式，以防被骗子利用。

（七）对假币诈骗的防范

目前出现的假币有机制、复印、拓印、石刻、木刻、手工描绘等多种类型。识别假币有多种方法，一般采用比较法。其方法如下：

（1）比较纸张。人民币的制造要求使用专用印纸，主要成分是棉短绒和高质量木浆，具有耐磨、挺括、不易折断、有韧度、抖动时声音发脆等特点。而假币纸张绵软、韧性差、易折断、抖动时声音发闷。

（2）比较水印的真假。人民币水印是在造纸中采用特殊工艺，使纸纤维堆积形成的暗记，分满版和固定水印两种。如现行人民币 1 元、2 元、5 元均为满版水印暗记，10 元、50 元、100 元为固定人头像水印暗记。其特点是层次分明、立体感强、透光观察清晰。而假币水印模糊、无立体感、变形较大，用浅色油墨加印在纸张正面和背面，不需要迎光透视就能看到。

（3）辨别凹印技术。真币的图像层次清晰，色泽鲜艳浓郁，立体感强，触摸有凹凸感，如 1 元、2 元、5 元、10 元币在人物、字体、国徽、盲文点等处都采用了这一技术。而假币图案平淡、手感平滑、花纹图案较模糊，并由网点组成。

（4）观看安全线。真币的安全线是立体实物，与钞纸融为一体，有凸起的手感。而假币中如加入立体实物，会出现与票面皱褶分离的现象。

（5）用仪器识别。可以借助紫外光、放大镜等简便仪器进行多种检测。例如：用紫光灯测无色荧光图纹，看纸张有无荧光反应，看 50 元、100 元币有无荧光油墨文字；用磁性仪检测磁性印记，主要看 50 元、100 元币有无磁性油墨；用放大镜检测图案印刷的接线技术及底纹线条；用仪器检测纸币的大小等。

五、受骗后的处置方法

（一）平静心态，及时报案

受害人无论是否因为自己的过错（如贪财、无知、轻信、粗心大意）而受骗，都要保持积极的心态，从受骗的噩梦中回到现实，吸取教训，及时向有关部门报告，切勿"哑巴吃黄连，有苦肚里咽"。如果在校内受骗，则应向校保卫处报案；在校外受骗，可向公安部门、工商管理部门报案。

（二）提供线索，配合调查

已经被骗并向有关部门报告的，要注意对作案人员遗留下来的文字资料、身份证件、电话号码等证据予以保留，并积极向学校保卫处和公安机关提供诈骗嫌疑人的体貌特征、与其交往的经过等线索，配合调查、追缴被骗的财物。报案时要向接报人员讲明以下情况：

（1）受骗的时间、地点、过程。

（2）诈骗分子使用的姓名及其年龄、体貌特征、衣着、口音。

（3）诈骗手法，骗取的赃物以及赃物的名称、数量、特征。

（4）诈骗分子与之谈话的内容、暴露的社会关系。

同时应将诈骗分子使用的犯罪工具（如工作证、介绍信等）以及遗留物（如向受害人馈赠的和忘记带走的某些物品，骗取物品留下的字条、收条、单据、信件等）提交给公安机关，并协助公安机关在诈骗分子可能出没的地点进行秘密寻找和辨认。一旦发现，要将其扭送公安机关。

（三）吸取教训，现身说法

应该从上当受骗的事件中吸取教训，也可以现身说法，这样也能够让别的同学提高警惕。如能写成文字的东西让别人注意，更值得提倡。

遇到可疑情况，如果有通信方面的问题，可拨打各大通信公司的固定客户服务电话（请记住各种大众服务电话）；遇到可疑电话和短信，请及时将电话和短信转发至警方免费虚假短信报警专号"10639110"或拨打"110"电话报警。各大通信公司24小时的客户服务电话分别为：

移动：10086；联通：10010；电信：10000。

如有银行方面的问题和疑问，请与各大银行24小时固定客户服务电话联系。部分发卡银行24小时客服热线电话分别如下：

工商银行：95588　　　　农业银行：95599

建设银行：95533　　　　兴业银行：95561

交通银行：95559　　　　招商银行：95555

邮政储蓄：11185　　　　华夏银行：95577

中国银行：95566　　　　光大银行：95595

民生银行：95568　　　　银　　联：95516

【温馨提醒】

当陷入传销陷阱时，如何自救？

首先要克服恐惧心理。传销只是谋财，即使误入其中，一般不会存在生命危险，只要克服恐惧心理，沉着冷静，坚持与传销组织斗智斗勇、巧妙周旋，就有可能逃脱传销组织的掌控，切不可有跳楼、拿刀伤人等过激行为。

其次要见机行事，伺机逃离。一旦误入传销组织，如果不尽早脱离，则可能会被传销组织洗脑。为此：

（1）伺机报警。首先要尽可能掌握自己所处的具体位置，如街道名、楼栋号、门牌号或附近的标志性建筑。如果能发短信或打电话，可偷偷报警，或告知亲人、朋友寻求帮助。

（2）在活动中找机会逃离。传销组织在某一时段会有一些户外活动，在这个过程中与外界接触的机会较多，便于逃离，而且在大庭广众之下，也便于寻求别人帮助。

（3）找借口逃离。假装肚子疼、上厕所等，寻求外出就医的机会，然后伺机逃离。

（4）扔纸条求救。如果实在找不到逃跑的机会，可以偷偷写好求救纸条，为引起他人注意，也可写在钞票上，然后趁传销组织不备，扔出窗外。

（5）骗取其信任。如果被传销组织看得很紧，实在走不掉，在"敌强我弱"的情况下，要学会伪装，骗取他们的信任，使其放松警惕，再寻找机会逃离。

第七章　扒窃、抢夺和抢劫预防与应对

扒手的目标是盗取钱包或是手机等易携带的贵重物品。大学生在校内校外均需提高警惕，注意妥善保管和保护好自己的财物。抢劫和抢夺是近年部分省、市较为突出的一类刑事案件，在高校周边和校园内也有蔓延趋势。广大大学生只有不断提高自我保护能力，才能有效地防止人身伤害和财产损失，才能在遇到危险时采取恰当的防范措施，减少不必要的伤害。

第一节　扒窃犯罪的预防与应对

扒窃不仅直接危害社会治安，还侵犯了人民群众的切身利益，因此如何预防扒窃犯罪是每个公民必须掌握的基本常识。

【案例导入】

20××年7月6日，公安民警正在某市一商厦走访巡查，发现有一对情侣比较可疑。他们两人徘徊在商场的入口处，而且总是在入口处人多时随着人流进进出出，于是对他们进行了秘密跟踪。在跟踪时民警发现，男子趁人不备，偷了1部手机，随后放进了女伴的背包内，两人急匆匆向外走去。民警立刻对两人进行盘查。在女子的包内，有两人的身份证和3部没有手机卡的手机。当民警询问手机来历时，两人说不出话来。经过讯问，两人交代他们是从外地来××市实施扒窃的。

【案例点评】

扒窃的主要地点是人流比较密集的商场，作案目标主要以女性为主，通过掏衣兜、挎包等来偷取受害者的财物，并在得手后立即将手机中的手机卡扔掉。

大学生要加强防范，妥善保管好自己的贵重物品，不要"露财"、"显富"，应将贵重物品放在较为隐蔽的地方，千万不要放在宽松外衣两侧的口袋，不要给扒手以可乘之机。

【知识链接】

一、扒窃犯罪的作案特点

掌握扒窃犯罪的作案特点，可使大学生增强防范意识。

（一）时间上的选择性

扒手一般选择以下时间进行盗窃：

（1）每年春秋两季以及重大节假日、双休日。此时客流量大幅度上升，人流拥挤。为扒窃犯罪提供了隐蔽贴身条件。

（2）工作日的上下班时间段。此时人们为了赶时间往往比较匆忙，且人群拥挤，人员流动集中，使扒手易于下手。

（3）上公交车时。公交车到了站台，人们都习惯拥挤到车门准备上车，这时人的注意力都在上车上，几乎忽视了防范，给扒手提供了机会。

（4）车、船始发或终到站时刻。此时大批旅客拥挤在车站、码头，人群集结，秩序相对较乱，那些始发车站、码头的车船更是拥挤。这都给扒手提供了盗窃的条件。

（二）扒窃案多高发于人流量大的处所

扒手一般在以下的处所作案：

（1）贴身扒窃的一般在车站、码头、商场、医院、饭店、电子游戏厅、集贸市场等地，这些地方人员流动量大，出口四通八达，作案后易于逃脱。其他非贴身扒窃因其方式不同而各异。如向自行车后轮扔铁丝作案的，往往会在人员相对稀少的马路边；拎包作案的，扒手常常选择商场、集贸市场、热闹的餐厅，利用人们集中注意力挑选商品、试穿衣服、埋头就餐等机会下手。

（2）一般在公交车、长途客车、火车、轮渡等交通工具上。其中市区内的公交车和可以当天往返的中短途客车上多是本地的扒窃团伙所为，而长途客车、火车、轮渡上多是流窜扒窃团伙所为。专门进行"车扒"的扒窃团伙，常常以某一条线路的公交车或火车作为固定的作案目标。他们在扒窃作案被人发现时，常常采用暴力手段，使扒窃转化为抢劫、伤害等恶性案件。

（三）作案时的掩护性

扒窃分子的作案目的主要是为了窃取现金，因此其作案目标集中在人们的衣、裤口袋以及背包和手提包等上。在白天及大庭广众之下，扒窃分子既要扒窃，又要防止作案暴露。为防暴露，他们使用各种有利于掏兜而不容易被察觉的方法作掩护。扒窃分子主要有以下掩护方法：

（1）利用自己身体的某一部位作掩护，在被害人正面、侧面和身后作案。

（2）利用身边人群的身体作掩护。如公交车靠站时，扒窃分子便借助周围人群的身体作掩护进行扒窃。另外，如果是2人或2人以上结伙作案，扒窃分子则会利用同案犯的身体作掩护。

（3）利用随身携带的诸如衣物、帽子、手套、围巾，或者书刊等物品作掩护。

（4）扒窃分子佯装将手放在自己事先剪开的上衣两侧口袋，发现可偷钱物时，便靠近受害者，将手从自己的"漏兜"伸进受害人的衣兜行窃。

（5）用小孩作掩护。

【知识小卡片】

如何识别扒手？

扒手一般来讲都是比较狡猾的，要做到适时将其捕获，首先要学会识别。大概可以从以下几点来识别扒手：

（1）看神色。扒手一般不与人对视。寻找行窃目标时，两眼总是注视顾客的衣兜、皮包、背包，关注贵重物品放在什么位置。他们特别留心外地人、单身女孩、中年妇女、老年人；选准目标后，一般环顾四周，若无其事地接近目标，迅速下手。他们特别留意打电话的乘客，一直盯着手机最终的"落脚点"。此时因精神比较紧张，往往两眼发直、发呆，脸色时红时白等。但是有的扒手在作案时会向四周漫无目的地巡视，其实是在掩人耳目。

（2）观举止。扒手选择侵犯目标时，往往在人群中窜动，选择目标后即紧紧尾随，趁人拥挤或车体晃动的机会，用胳膊和手背试探"目标"的衣兜。扒手挤在人群中时，双手总是喜欢叉放在胸前下方。人多拥挤时，扒手的手臂会压在其他人的肩上或抵在胸前，双肩忽高忽低，双臂时抬时放，然后趁乘客看热闹之机窃取物品。有时还故意造成人浪的拥挤，以此来寻可乘之机。

（3）识衣着。扒手大都衣着光鲜、打扮入时，喜欢穿品牌服装；而团伙作案成员，往往衣着打扮相似。一些衣着朴素的，往往是"经验丰富"的老扒手。一些扒手往往带着反常规物品，如晴天带伞，夏天穿长袖（将镊子等藏在袖子里），夹着空塑料袋，捏着过期（或当天）的报纸杂志，冬天把外衣拿在手上。

（4）看动作。扒手在动手作案时，一般借车体运行晃动或乘客（顾客）拥挤的机会，紧贴被窃对象的身子，利用他人或同伙作掩护或用自己的胳膊、提包、衣服、书报等遮住被窃对象的视线，作案得手后，离开失主，尽快逃离现场。有的扒手发现侦查员跟踪，便做一个"八"字手势或摸一下上唇胡须，暗示同伙停止作案。

（5）听语言。扒手之间为了方便联系，常常使用"黑话"、隐语，暗语。他们把掏包称为"背壳子"、"找光阴"；他们互称"匠人"、"钳工"；把上车行窃叫"上车找光阴"；把上衣兜叫"天窗"；下衣口袋称"平台"；裤兜称"地道"；把妇女的裤兜称"二夹皮"等。

二、对扒窃的基本防范方法

（一）加强防范意识，保管好财物

一般来讲，在商店、车站、码头、影剧院售票口、交通车辆上等人多易于发生拥挤的场所，往往挤得最凶的人可能就是扒手。大学生应有防扒意识，最好不要把大额钞票放在外衣口袋里，如果拥挤严重则最好走出队伍，或转到拥挤圈的外围观察。

（二）不要随意"露财"、"显财"

在公众场合，不应随意暴露自己携带钞票的数额，不要拿着贵重物品随处乱晃，或是炫耀自己的高端手机、高档手表、项链等贵重物品。否则会引起扒手的密切关注，导致扒窃案件的发生。

（三）时刻留意自己的口袋和提包

外出时，应随时注意自己的贵重物品是否在身边，在旅行、逛街、打饭时，都需要随时确保自己的钱包、手机等贵重物品在自己的视线范围之内，应注意尽量避免出现人包分离的现象。若不得不人包分开，也不要把行李提包让不相识的人看守，最好请治安联防人员代为保管。

（四）突遭陌生人搭讪或撞击，应提高警惕

如果突然遭受陌生人挤碰、撞击或是遇到陌生人主动搭讪时，立即观察撞击人的相貌特

征并检查口袋或提包是否失窃。另不要将手提包或皮包放在自行车车筐里或夹在车后的后架上。不要后背手提袋或皮包，以防窃贼从后面用刀割破提包盗走现金。团伙作案时，一般是一个人负责引开注意力，一个人负责扒窃，因此，遇到非常突然的事件时，应提高警惕。

（五）不要下意识抚摸放钱的地方

平时不要用手下意识地随便抚摸放钱的部位，更不要在公共场所随便翻弄钱款。特别要注意：不要将钱款放在外衣下兜和裤子的侧兜及后兜内，因为这些部位极容易被窃。

三、对扒窃犯罪的具体防范知识

（一）在公共汽车上如何防扒

（1）提前准备好公交 IC 卡或者零钱，事先要将钱款放在不易失落的部位，如内衣口袋、皮包内层等；尽量不要在上衣两侧的口袋中放置财物；上车前要检查口袋的纽扣或拉链；手机要放入包内，或握在手中。

（2）上下车时将背包或贵重物品放在胸前。在公交车上，女士的挎包不可用手挽；背挎包一侧肩的手不可去拉扶手，使挎包处于自由状态。在整个乘车过程中，一定要用手抓住挎包拉链的中间部位，以牢牢控制住挎包口；同时，将挎包尽量拉到身体前面，使整个挎包一直处于视野范围中，特别要注意旁边三番五次挤碰你的人。

（3）要注意周围小区域内人员的动作反应，如有人在车厢内前后走动，要留意其方向、幅度是否有主动接近自己的意思；同时，对手拿报纸、雨伞、塑料袋等物品，且多次重复上下车、行为反常的人要特别注意。

（4）不要让别人用身体、胳膊或所携带的提兜、衣物或书报等挡住自己的视线，在车门、座位处人多拥挤的时候，要注意对存放钱款部位的特别保护，防止钱款外露。

（5）乘客在乘车时尽量不要打瞌睡，尤其在往返于市郊的公交车上更不能放松警惕。一旦发现自己的钱财、手机失窃，应立即借手机拨打自己的手机。

（6）尽量不在公共场所佩戴贵重首饰。车厢里发生哄闹，要有意识地防护随身佩戴的金银首饰；不要在繁华场所中露财；行车时有意识地用手护住钱包、手机等贵重财物。发现自己的财物被盗，应立即请司乘人员关闭车门，以防小偷逃离现场，并立即向警方报案。

（二）乘坐火车时如何防扒

（1）事先应将零星物品集中装箱打成包裹，形成一定的体积，放在座位底下或行李架上，由于目标大，窃贼不太好提取。所带现款，冬季可放在内衣口袋内，夏季放进随身携带的皮包内层或用兜子束在自己的腰间。

（2）衣物脱挂于衣帽钩上时，应将衣服中的钱物转移。

（3）不要让别人衣帽与自己的同挂一个衣帽钩，防止窃贼借机偷走自己衣服内的财物。

（4）中途离开座位、铺位时，现款随身携带，并注意留心自己物品的放置情况，以便返回时加以观察比较。

（5）途中防止打瞌睡，同时应将现款置于自身较敏感部位。

（6）到站上下旅客时，不要轻易离开自己物件位置，密切注意自己的钱物，防止有人乘机偷包。自己下车前应先清点物品，检查现金存放的情况，做好下车过程中的安全准备。

（三）在商店、超市如何防扒

（1）事先要将钱款放在不易失落的部位，如内衣口袋、皮包内层等。

（2）在顾客拥挤的柜台前要特别对存放物、款的部位进行有意保护（如将皮包置于身体前侧，并用手加以防护）。

（3）在选购物品交付现款之后，一定要将多余的钱物仍放回不易被扒窃部位，尽可能不让人发觉放置位置，以不暴露目标为好。

（4）在购物过程中，注意观察周围有无不买东西但专往人堆中挤或向掏钱的人身边靠的人，对这种可疑对象应时刻注意其动向，防止其下手。

（四）如何防止掉包

窃贼拎包，多见于车、轮船和车站、码头。由于旅客各自携带的包裹数量多且形状相近，所以在搭乘火车、轮船或滞留在车站、码头时要特别留意自己的包裹。

（1）在码头、车、船上要设法将自己的包裹相对集中存放，并尽快固定在车、船的某一位置，而后再处理其他事项。

（2）如无固定设施，应将包裹放置于自己的座位底下，或留于自己的视线能顾及的范围内。

（3）自己的包裹尽量不要和别人的颜色相近或样式相同的包裹混放在一处。

（4）车、船停靠车站、码头时，要注意观察自己的包裹，防止被人故意提走或无意搞错，临车窗而坐的旅客应更加留心包裹被外面人从窗口拎走。

（5）下车船时应兼顾自己的各个包裹，切不可分批零散地转移物件，以免被其他乘客"顺手牵羊"。

（五）如何防止划包偷窃

划包案件是扒窃作案的一种形式。这种行窃方法技术性较强，危害性也大。为了预防划包案件的发生，外出时应注意以下几方面问题：

（1）增强提包的厚度或强度，有条件的可使用手提式保险箱，或者选择一些质料比较厚的皮包装载贵重物品，或者使用双层提包装载法，将贵重物品放在里面的小包内，这样即使碰上罪犯划包作案，犯罪分子也很难一下子划破两层提包获取财物。

（2）在人多拥挤的场合，应该设法将包置于自己的腹部，用手护着，这也可防止犯罪分子划包作案。

（3）钱款最好随身携带，如放包里应和其他物品混杂放置，不要将钱款放在包内的小袋、边角和底部位置。

第二节　抢夺、抢劫犯罪的预防与应对

抢劫和抢夺是近年部分省、市较为突出的一类刑事案件，在高校周边和校园内也有蔓延趋势。广大大学生只有不断提高自我保护能力，才能有效地防止人身伤害和财产损失，才能在遇到危险时采取恰当的防范措施，减少不必要的伤害。

实施抢劫、抢夺的犯罪分子往往都是一些惯犯，且作案都是有预谋、有计划的，其作案手法老道、凶残。大学生若遭遇抢劫，要保持精神上的镇定和心理上的平静，冷静分析所处环境，针对不同的情况采取不同的对策，以灵活的方式战胜对手。

【案例导入】

20××年11月11日下午5时40分左右，某高校的女大学生李某，在做完家教后，骑着自行车回学校。当李某路过海涛大道东南方向500米处时，突然从路边的树丛中窜出一名手持砍刀和木棍的男子，该男子一把将她连人带车推倒，然后抢夺她身上的挎包。歹徒抢走该女生的钱物后，继而丧心病狂地对她实施强暴，歹徒还用手机拍下了李某的裸照，并威胁她不准报警。

【案例点评】

抢夺抢劫案件在一定情况下往往容易转化为凶杀、伤害、强奸等恶性案件，严重侵犯大学生的财产及人身权利，造成大学生生命、健康及精神上的损害，具有较大的危害性。大学生涉世不深，缺乏社会经验，遇险被抢后大多数不敢反抗，往往成为犯罪分子的作案对象。地处城郊结合部的学校学生在校园附近遭抢的可能性会更大些。

【知识链接】

一、抢劫和抢夺的区分

抢劫，是指以非法占有为目的，以暴力胁迫或者其他强制手段，当场将公私财物据为己有的一种犯罪行为。对抢劫案件定性的关键是作案人是否采用了暴力、胁迫或者其他方法强行抢走财物。抢劫对社会具有较大的危害性、骚扰性，往往容易转化为凶杀、伤害、强奸等恶性案件。

抢夺，是指以非法占有为目的，趁人不备公然夺取公私财物的行为。抢夺案件发案突然，作案隐蔽，逃逸迅速。作案人虽未使用暴力、胁迫等手段，但作案人在实施抢夺行为时，极有可能造成受害人的人身损害。这类案件严重侵害了受害人的人身及财产安全，同样具有较大的危害性。

【知识小卡片】

抢劫罪的处罚

《刑法》第二百六十三条规定，以暴力、胁迫或者其他方法抢劫公私财物的，处三年以上十年以下有期徒刑，并处罚金；有下列情形之一的，处 10 年以上有期徒刑、无期徒刑或者死刑，并处罚金或者没收财产：

（1）入户抢劫的。

（2）在公共交通工具上抢劫的。

（3）抢劫银行或其他金融机构的。

（4）多次抢劫或者抢劫数额巨大的。

（5）抢劫致人重伤、死亡的。

（6）冒充军警人员抢劫的。

（7）持枪抢劫的。

（8）抢劫军用物资或者抢险、救灾、救济物资的。

抢夺罪的处罚

《刑法》第二百六十七条规定，抢夺公私财物，数额较大的，处 3 年以下有期徒刑、拘役或者管制，并处或者单处罚金；数额巨大或者有其他严重情节的，处 3 年以上 10 年以下有期徒刑，并处罚金；数额特别巨大或者有其他特别严重情节的，处十年以上有期徒刑或者无期徒刑，并处罚金或者没收财产。

　　鉴于抢劫作案人希望或准备以武力或类似性质的力量迫使被害人失去财物，或者希望在被害人不能反抗或无法反抗的情况下取得财物，行为恶劣，因此司法机关在对抢劫案件进行认定时，对侵害的财物数额没有要求，只看其是否以暴力胁迫或其他强制手段。然而司法机关在对抢夺案件进行认定时，对抢夺的财物数额要求较大。根据司法解释，抢夺公私财物价值人民币 2 000 元以上的，为"数额较大"。

　　抢夺案与抢劫案有明显的区别，但由于实际情况的复杂性，一些案件呈现出交织性，抢夺犯罪与抢劫犯罪之间互相转化。

二、校园抢劫和抢夺案件的特点

（一）时间上多选夜深人静

　　作案的时间常在行人稀少的中午、黄昏和夜深人静时。这时作案，人员走动较少，抢劫比较方便，不易被人察觉，逃匿也比较容易。

（二）地点上多选僻静之地

　　作案的地点常在校园内较为偏僻、阴暗、人少之处。一般为树林中、小山上、远离宿舍区的教学实验楼附近或无路灯的人行道、正在兴建的建筑物内，或校园周边地形复杂、人少及夜间无路灯的地段。这些地方灯光较暗或根本没有灯，加上有许多掩遮的建筑物或树木，不易被人发现，得手后也容易逃脱，抢劫时受害人难以看清其真实面目。

（三）目标上多选独行女生

　　作案人的目标一般比较明确，主要目标是那些没有按时作息的穿着时髦、携带贵重财物、单身行走的女生和弱小同学，看电影或晚自习晚归无伴或少伴的，谈恋爱滞留于阴暗无人地带的大学生情侣等。这些人身上一般均有贵重财物（如金银首饰、现金等），作案人在抢劫之前一般都掌握了他们的经济情况与行动规律。

（四）人员上多搭伙合作

　　近几年，随着校园内流动人口的增多，外地流窜人员作案的案件也在增多。这些案件严重侵犯了同学们的财产及人身权利，造成物质和精神上的损害，甚至威胁到生命安全。作案人一般为校内或学校附近不务正业、好逸恶劳的学生、小青年，为了抢劫财物这一共同目的，结成团伙，共同实施抢劫。他们一般熟悉校园环境，作案时胆大妄为，作案后迅速逃匿。作案时有明确的分工，有的充当诱饵专门物色抢劫对象，有的充当打手。

（五）手段上多采取暴力

作案人实施的抢劫手段通常有：胁迫型抢劫、诱骗型抢劫、暴力型抢劫、麻醉型抢劫等。作案人一般都带有凶器，采取暴力相逼。他们在作案之前总是先用凶器相威胁。一些凶残的犯罪分子在作案后往往惧怕受害人揭发举报，就用凶器加害受害人，酿成恶果。

【知识小卡片】

遭遇抢夺、抢劫时巧脱身的技巧

（1）耍赖法。突然倒在地上打滚耍赖，喊叫嚎哭，引来旁人围观，令歹徒惊慌失措，趁机报警。

（2）认亲法。当不远处有人时，可佯装惊喜万分，跑过去高呼"表哥"或"二叔"等，把歹徒吓走。

（3）掉包法。佯装乖巧，或突然装肚子疼，或突然提出要方便或找人借钱物，趁机脱身报警。

（4）放线法。佯装害怕，暂时答应对方条件，约定时间、地点交钱物，待对方离开后立即报警。

（5）抛物法。把书包或身上值钱的物品向远处抛去，并生气地说："给你！给你！全部给你！"当歹徒忙于抢、捡钱物时，快速脱身报警。

（6）恐吓法。佯装若无其事，理直气壮地说出一个亲友的名字来吓唬对方。

三、遭遇抢劫、抢夺时的基本处理方法

（一）奋力反抗，但要确保人身安全第一

犯罪分子实施抢劫作案，一般都做了相应准备，要么人多势众，要么以凶器相逼，有的学生由于生性刚烈，往往鲁莽行事，易被犯罪分子伤害。当大学生遭遇犯罪分子时，在确保自身安全的条件下，只要具备反抗的能力或时机，就应及时运用防卫术或借助有利地形，利用身边的砖头、木棒等足以自卫的武器与作案人僵持，发动进攻，制服作案人或使其丧失作案的心理和能力。

（二）无法抗衡时，尽速远离危险现场

俗话说"三十六计，走为上策。"当意识到无法与作案人抗衡时，应看准时机向有人、有灯光或宿舍区奔跑，边跑边呼救，争取别人救助，同时震慑作案人。犯罪分子由于心虚，一般不会穷追不舍，从而可有效避免劫案的发生。切不可打无把握之仗，将自己的生命当做

赌注。当遇到极其凶残的歹徒时，必须破财免灾，千万不能硬碰硬，以免造成不必要的人身伤害。

（三）冷静从容，记下作案人特征

大学生如遭遇抢劫，应从容不迫，注意观察作案人，尽量准确地记下其体貌特征，如身高、年龄、发型、衣着、胡须、特殊疤痕、语言及行为等；尽可能看清犯罪分子的逃跑方向及路线；还可趁其不注意时在作案人身上留下记号，如在其衣服上擦点墨水、泥土、血迹或在其口袋中装点有标记的小物件；等等。以便为公安机关侦破案件提供线索。

（四）巧妙周旋，临危不乱

当已处于作案人的控制之下无法反抗时，可通过讲道理，晓以利害，开启对方；或义正词严地怒目斥责对方，使其自我崩溃，自动放弃违法行为；或采用与作案人说笑，用幽默方式表明自己已交出全部财物，并且无反抗的意图，使作案人放松警惕，看准时机反抗或逃出控制。

（五）情况许可时，大声呼救

一般作案人作案后急于逃跑，受害人可利用犯罪分子的这种心理，与之保持距离紧迫不舍并大声呼救；或故意高声与作案人说话，设法让附近的师生知情，帮助喊人援助或拨打"110"报警。只要把握机会，及时呼救，一些抢劫案便可以得到有效的控制。

如果有制服犯罪分子的可能，应大胆采取反击措施。抢劫犯的目的是为了获取财物，必然要对受害人实施搜身搜包。加上犯罪分子求财心切，又想尽量缩短作案时间，往往只顾搜查，而忽视或者不能顾及受害人的反抗。只要具备反抗的能力或时机有利，就应抓住时机发动进攻，制服作案人或使其丧失继续作案的心理和能力。

（六）及时报警，详细报告

被抢后以最快的速度报警，报警时要准确说出案发时间、地点、案犯人数，尽可能说出作案人的特征、逃跑方向等，以便于公安、保卫部门及时组织力量布控，抓获作案人，继而阻止作案人继续加害他人。

四、对抢夺、抢劫案件的基本防范知识

（一）遵守校纪校规，避免晚出晚归

为确保学生的安全，各高校都有相应的纪律规定，如按时就寝、不得晚归等。但有少数同学纪律观念淡薄，不将校纪校规放在心上，晚归或夜不归宿，给犯罪分子作案提供了机会。

（二）妥善保管财物，财物分类存放

外出时最好不要携带大额现金和贵重物品，钱物不要置于手提包或挎包内；手机、IPAD等小件贵重物品不要挂在胸前，应放在衣袋内；女生尽量少戴首饰；切勿在公共场合翻弄、清点大额现金，如不得不随身携带，应将皮包、钱包、手表、移动电话及珠宝首饰等贵重物品藏在隐蔽处，避免引起犯罪分子的注意，成为他们实施抢劫的目标。

财物不要集中放在一个地方，以避免损失过大。钱包不要放在皮包里，值钱的财物不要放在同一个地方，现金也应分散放置于不同口袋（身上最好只带少量现金及信用卡）。

（三）结伴外出，远离偏僻场所

作案人实施抢夺和抢劫，目标对象多为单行的女子或是弱势群体。因此，为了保护自身安全，外出务必结伴而行，晚上最好不要外出。

为避免受到不法侵害，大学生尽量不要独自在偏僻、阴暗的林间小道、山路上行走，不到行人稀少、环境偏僻的地方，尽量避免在午休、深夜等路上行人较少的时间外出。若需深夜外出时，应尽量靠人行道内侧或路灯明亮侧行走，最好结伴而行或寻求保安人员协助。被陌生人跟踪或感受到威胁时，应迅速转入店家求援或往人多、灯亮的地方前进。不要租住校园周边地区的民房，以免在上下学往返居住地的路上遭到抢劫。

（四）时刻注意观察，预防被夺被劫

对于周围可疑车辆、人员要提高警惕，特别是对两人合坐一辆摩托车、行驶速度慢、骑车人东张西望、故意遮盖车牌等异样情况，要加强防范，以免遭到骑车歹徒袭击。返家途中遭人跟踪或在楼梯间发现有不明人员徘徊时，切勿轻易开门进屋，可按电铃请家人或邻居开门；若家中无人时，可暂在邻居或亲友家停留，或到附近人多处逗留，稍后回家。单独至停车场所取车，上车前宜先检查后座是否净空、邻车是否有人、周围是否有可疑人员徘徊，确定无安全威胁后，再开锁入座，并应随即将车窗关上、车门锁上。

骑乘摩托车、助动车时，不宜将皮包等贵重物品放置在车前篮、脚踏板处或吊于把手上，应放置在座垫下的行李箱内。骑乘机动车或驾车遇有自称为警察者拦车时，切勿轻易熄火下车或摇下车窗，应要求其出示证件，并做必要的查证。携带皮包，应横挎胸前挂于行路之内侧，并用手臂夹紧。发现有人尾随或窥视，不要紧张胆怯，可回头多盯对方几眼，或哼首歌曲，并改变原定路线，朝有人、有灯的地方走。

五、对常见抢夺、抢劫案件的具体防范

（一）对拦路抢夺或抢劫的防范

对广大大学生来说，防范拦路抢劫，要注意如下事项：

（1）夜间出行，特别是单独出行的女生，最好避开人员稀少、光线较暗的路段，尽量走灯光明亮、人多的路段。走路时要昂首挺胸，即使心里害怕也要装得满怀信心，使企图作案的人望而却步。

（2）外出前应先将身上的贵重财物妥善保管。不要随身携带，也不要带过多的首饰和现金，不要让手机等值钱物品过于显眼，穿衣服也不要太华丽、招眼。

（3）到银行存、取钱时，一定要有同学陪同，路上不要暴露现金，尽量不要走地下通道或者过街天桥，特别是在自动取款机取款时，要留意附近有没有人盯梢。

（4）到陌生地方时，晚上不要外出；如果不得不出去，则要尽量结伴同行。不要和陌生人搭腔；如有人盯梢或纠缠，尽快向人多的地方靠近，必要时可呼叫。

（5）如果夜晚去往偏僻的地方，不要步行或者骑自行车，要尽可能乘出租车（不要乘坐黑车），回来时尽量要求司机送往住地，尽量让车停在校内或宿舍楼下。

（6）不要随便和不熟悉的人到偏僻的地方去。

（二）对飞车抢夺或抢劫的防范

飞车抢夺或抢劫多数情况下是两个人骑一辆摩托车实施抢劫的行为。他们一般是看准行人挎在身上的皮包等物，寻机实施抢夺或抢劫。防范飞车的抢劫或抢夺，一般需要注意如下事项：

（1）如果携带皮包走路，应尽量靠近人行道内侧行走，靠左边走时挎包挂左肩，靠右边走时挎包挂右肩，并用胳膊夹紧或用手握紧；不要将包放在自行车篮里或摩托车踏板上，骑车者应把包带缠绕在车头上。

（2）财物不要外露，不要一边走一边旁若无人地打手机，手机最好装进口袋里而不要挂在腰间或脖子上。

（3）警惕停在银行、大型商场门口无牌照或外地牌照不熄火的摩托车，或者长时间在自己身旁慢速行驶的两人同乘一辆摩托车的人。

（三）对入室抢夺或抢劫的防范

入室抢劫多发生在大学生的上课时间，这时候大部分学生在教室，仅有一小部分学生因生病、逃课等原因留守在宿舍。当只有一个人或两个人在宿舍时，特别要注意如下几点：

（1）要注意进出宿舍的人。不要只低头做事，不理会进进出出的人。当看到有陌生人没打招呼就推开宿舍门并马上关上时就要提高警惕。对到宿舍门口的陌生人要提高防范意识，严加盘问，不要随便让其进屋。

（2）不要在宿舍里接待小商贩。对试图与自己表示亲近的陌生人，在无法确认其真实意图的情况下，不要随意接受其提供的饮料、茶水及香烟、食品等。

（3）不要将不明底细的人随便带到宿舍里，在校外也不要将自己的宿舍、所在院系、电话号码等随便告诉不熟悉的人。

（四）乘车时对抢劫或抢夺的防范

（1）乘车时不要轻易将金项链等贵重物品显露。

（2）不随便显露自己的钱包。

（3）不要将装有贵重物品的包放在地上或挂在窗口。

（4）在车中通过车窗买东西时，不要将钱包伸出窗外，尽量使用小额现金，并"一手交货，一手交钱"。

（5）在上下公共汽车时，要保护好随身携带的物品，背包应抱在胸前，不要背在身后。

（6）站在车门附近乘车时，应格外注意自己的随身物品，防止不法分子趁下车之际抢走物品。

（五）在宾馆、招待所时对抢夺或抢劫的防范

（1）住店时尽量少带大量现金，最好是使用信用卡；有寄存条件的旅店，应将贵重物品、巨额现金寄存在寄存处；没有寄存条件的，应妥善保管，不要显露。

（2）休息时注意锁好门，并上好门锁保险，关好窗；不要和身份不明的人同住一间房间；不要让不熟悉的人到房间串门、打扑克、聊天等；听到敲门声时应问明情况，有门洞放大镜的，应看清是否是熟悉的人。

（3）不要随便显露自己的财富；不和陌生人攀比；不随意接受陌生人的食品、饮料、香烟；不乱拉关系，不乱攀老乡。

（4）女生最好不单独住宾馆、招待所；遇到困难（如房间东西坏掉了）时，不要轻易叫陌生人帮忙，应和服务员取得联系。

（5）发现可疑人员跟踪、打探，不要轻易进房间，要做好防范并及时和保安人员联系以求得帮助。

（六）在银行取款时对抢夺或抢劫的防范

（1）到银行等地存取款时，最好是两人以上结伴同去。

（2）当取款人提完款准备离开时，要注意观察周围有无可疑人员尾随。

（3）提取巨款后最好乘坐出租车离开。

（4）遇到紧急情况应及时向警察、路人求救或拨打"110"报警。

第八章 饮食安全预防与应对

预防食物中毒不仅仅是卫生行政主管部门和高校相关职能部门的主要职责，而且也是每个在校大学生应该重视和注意的重要问题。

第一节 常见的食物中毒

世界卫生组织指出，尽管各国在食品种类、方便性和安全性方面都有进步，但由微生物污染引发的疾病案例不论是在发达国家还是在发展中国家都在上升。据估计，发展中国家每年约有 210 万人死于与食品和饮水相关的疾病。我国平均每年有将近 5 万人遭遇食物中毒，而每年死于食物中毒的有 300 多人。

"民以食为天，食以安为先"，饮食安全是保证大学生健康安全的重要一环。近年来，红心鸭蛋查出"苏丹红"、福寿螺吃出线虫病、多宝鱼检出违禁药物、面粉里"漂白粉"超标、粉丝中发现致癌物、奶粉中加入三聚氰胺等，都为我们敲响了食品安全的警钟。食物中毒事件的发生，直接影响大学生的身体健康，严重威胁大学生人身安全，因此必须高度重视饮食安全。

【案例导入】

某学校食堂办负责全校学生伙食管理，但由于管理不善，进的生猪肉存放在已经坏掉的冷冻箱内，致使存放了一个星期的生猪肉腐烂变质，毒素在生猪肉之中大量繁殖。某天早上五点多，炊事员小李首先从冷库中取出生猪肉，并切好入盆准备中午使用。接着，又用这把切肉的菜刀来切豆干，并将切好的豆干拌好佐料后入盆留做早餐食用。

然而，就在吃完早饭半小时后，200 多名吃了凉拌豆干的学生中有 20 多名感到肚子不适，头晕恶心，纷纷请假看病。后来又有 50 多名学生相继发作，不断请假到医院就诊。下午，许多学生面色苍白，出现昏迷现象。很多学生同时或相继发病，来势凶猛，且迅速达到高峰，累计四个班的 160 多名学生出现急性胃肠炎的症状。这次食物中毒，有两名深度昏迷的学生昏迷时间达半个月之久，幸好医院抢救及时才从把他们从死亡线上拉了回来。

【案例点评】

这是典型的细菌性食物中毒事件，其主要原因有三条：一是没有妥善保管好食品，对已经坏掉的冰箱没有及时维修；二是每年的 5~10 月应少吃或不吃凉拌菜，且凉拌豆制食品食用前要彻底加热；三是生熟菜刀没有分开，这次食物中毒就是生熟菜刀交叉使用造成交叉感染的结果。

【知识链接】

一、食物中毒的基本知识

食物中毒是指进食被致病性细菌及其毒素、真菌毒素、化学毒物所污染的食物，或误食含有自然毒素的动植物而引起的急性中毒性疾病。

依据病原学分类法，常见食物中毒的类型可分为以下四类。

（一）细菌性食物中毒

细菌性食物中毒是指食用了已被各种病原体污染的食品而引起的食物中毒。能引起食物中毒的病原体（细菌）主要有以下几个：

（1）沙门氏菌属。包括猪霍乱沙门菌、鼠伤寒沙门菌、肠炎沙门菌等。可污染的食品包括肉类、蛋类、奶类和豆类，水产品和其他食品也可被污染。

（2）致病性大肠杆菌。各类食品均可受其污染，多由于加热不彻底或生熟交叉感染而引起中毒。这类食物中毒常发生在卫生较差的食堂和家庭。

（3）副溶血性弧菌。该菌不耐热，无盐条件下不生长，故又称嗜盐菌。受污染的食品多为鱼、虾、蟹、贝类等海产品或咸菜，尤以生食海产品引起中毒者多见。

（4）葡萄球菌。引起食物中毒的多为金黄色葡萄球菌。受污染的食品主要为奶类及奶制品、含奶冷饮等。

（5）肉毒杆菌。该菌广泛存在于土壤、淤泥、尘土和动物粪便中。受污染的食品主要为臭豆腐、豆酱、豆豉、面酱等。其他罐头瓶装食品、腊肉、酱菜和凉拌菜等也可能被污染。

除肉毒杆菌引起的细菌性食物中毒临床表现为神经系统症状（如头痛、头晕、乏力、走路不稳、视力模糊、语言不清、吞咽困难、声音嘶哑等）外，其他四类细菌引起的食物中毒都表现为消化系统的临床表现和症状，包括恶心呕吐、腹痛腹泻、水样大便（有时伴有黏液或脓血）、体温升高等。这些症状和特征虽然不是确诊细菌性食物中毒的特异性依据，但结合检验诊断学手段则不难确诊。

（二）有毒动植物食物中毒

有毒动植物食物中毒是指食用了河豚、动物甲状腺、鱼类组胺、毒蕈、木薯、发芽马铃薯等所引起的食物中毒。最常见的有毒动物中毒是河豚中毒，最常见的植物食物中毒为毒蕈中毒。我国已知食用蕈 300 多种，毒蕈 100 余种。常见的毒蕈有毒伞、白毒伞、褐鳞小伞等。

毒蕈中毒后的表现为恶心呕吐、腹痛腹泻等消化系统症状；有的出现流涎、多汗、脉缓、瞳孔缩小等神经系统症状；有的出现黄疸、血尿、肝脾大、贫血等溶血型症状；有时出现黄疸、肝功能异常、肝萎缩、肝性脑病、肾肿大、肾坏死等肝肾损伤的症状。

此外，食用含氰甙果仁、鲜黄花菜、未煮熟的四季豆、未去皮壳的白果、粗制棉籽油等都会引发食物中毒。

（三）化学性食物中毒

化学性食物中毒是指食用了某些重金属、类金属化学物、亚硝酸盐、农药等引起的食物中毒。常引起化学性食物中毒的毒物有农药、砷化物、多氯联苯、亚硝酸盐等。发生此类食物中毒的原因有：食品在生产、加工、运输、储存、销售过程中受到这些化学性毒物的污染；环境中的化学污染物通过食物链和生物富集作用而转移到作为食品的动物体内；误服，如错将砷化物、亚硝酸盐当做食盐，将钡盐当做明矾等。化学性食物中毒的发生多属偶然或缺乏基本的化学常识，虽然在高校中比较少见，但少数精神病患者和心理调节不当的大学生会用之服毒自杀，故应加强对大学生的心理健康教育，严格加强有毒化学物的管理，防止此类食物中毒的发生。

（四）真菌毒素和霉变食物中毒

真菌毒素和霉变食物中毒是指因食入含有大量真菌毒素污染的食物而引起的食物中毒。引起此类食物中毒常见的霉变食物主要有：赤霉变病麦、霉变甘蔗、黑斑病霉甘薯等。

二、食物中毒的种类

饮食关系到人的生命安全，因此，每个人都要具备基本的饮食科学，否则，就会给自己及家人的健康带来危害。下面是几种常见的食物中毒：

（一）豆浆中毒

豆浆营养价值相当于牛奶，且价格便宜。但生豆浆中含有胰蛋白酶、皂素等物质，会引起中毒，只有在烧煮至90摄氏度以上时才可将其分解，因此食用时一定把豆浆完全煮熟。煮豆浆的方法：采用较大的、加盖的锅，只盛锅的2/3，煮开后持续5~10分钟。如果不加盖或盛得太满；当煮到80摄氏度左右时，会形成泡沫上浮，造成假沸现象。豆浆如不能完全煮熟，容易造成食物中毒；已煮熟的豆浆中，不要再加入生豆浆；不把熟豆浆装在盛生豆浆的、未清洗消毒的容器里。

（二）马铃薯中毒

马铃薯本身是无毒的，但是如储存时间过久或储存条件不当，就会有龙葵素积累。马铃薯发芽就是龙葵素产生的外在表现。当龙葵素积累到一定程度时，即使去掉薯芽也不能去毒。

发了芽的马铃薯中的龙葵素能溶解血球并刺激黏膜，如果食用了含龙葵素的马铃薯，在几分钟至几小时内，会出现咽部发痒、发干、胃部烧灼、恶心、呕吐、腹痛、腹泻、耳鸣、头晕、瞳孔散大等症状，严重者会体温升高，意识丧失。所以发了芽的马铃薯就得丢弃，不能再食用。一般未发芽的马铃薯也可能含有少量的龙葵素，因此在洗切时，最好将马铃薯放在水里浸30分钟后再烹炒，炒的时候最好放少量的醋，醋可以破坏马铃薯中的龙葵素。

（三）霉变花生中毒

霉变的花生中含有黄曲霉素，这种微生物具有很强的毒性。食用发霉的花生，会引发人体病变和中毒。黄曲霉素具有耐高温的特性，很难通过加热处理而将黄曲霉素杀死。切记：一是不买、不吃霉变的花生；二是家庭储存花生时，不要放在潮湿、晦暗的地方，要保持干燥和通风。

（四）毒蘑菇中毒

有毒蘑菇的种类很多，形态各异，由于采食不慎容易造成中毒事故。中毒的症状多为呕吐、腹痛、腹泻等，甚至死亡。

快速简易检验毒蘑菇的方法：将可疑蘑菇切成薄片，放在报纸上，挤压出汁液，待汁液晾干后，在汁液的痕迹上滴些浓盐酸。如果蘑菇含有毒素，20分钟左右，在滴过盐酸的汁液处就会显现蓝色；如果蘑菇毒素含量较少，汁液的痕迹处会先显现红色，然后逐渐变为蓝色。这是因为有毒蘑菇中的环状缩氢酸在浓盐酸的作用下，环状缩氢酸与纸中的木质素发生了变色反应，因而出现蓝色。

20 余种毒蘑菇可引起胃肠类型中毒，一般在吞食 10 分钟~2 小时后发病；有 20 余种毒蘑菇可引起神经精神型中毒，一般食后 0.5~6 小时发病；有 10 余种毒蘑菇可引起肝损害型中毒，潜伏 6~48 小时发病；还有数种毒蘑菇可引起溶血型中毒，一般食后在 6~22 小时发病。一般情况下，颜色越鲜艳的蘑菇毒性越强。

（五）扁豆类中毒

四季豆、刀豆、扁豆均含有对人体有害的物质，适当加热处理，其毒素被破坏即可安全食用。煮食的方法为：清洗干净，倒入开水锅内煮软，捞入冷水盆内冷却，根据需要切成丝或碎末，投入烧热的锅内急火煸炒，不断翻动，直到豆腥味排尽，可起锅；或将扁豆清洗干净，切成丝或碎末，倒入锅内煸炒片刻，加水焖软直至扁豆变色，豆腥味排尽，再起锅。

（六）海产品中毒

存在于海产品中的嗜盐菌，能够引起食物中毒。其中毒的主要原因有以下几个：

（1）烹调时未烧透，细菌未完全杀灭。

（2）烧熟后存放不当，以致被嗜盐菌污染。

（3）再次食用前未充分加热杀菌。

（4）吃了不清洁或变质的海鱼、海贝产品。

（七）其他中毒

1．酒精中毒

正常情况下，微量饮酒对于促进新陈代谢及体力的恢复具有一定的积极作用，过量饮酒则会损伤神经系统的正常活动。当一个人血液中的酒精浓度达到 2‰~5‰时，他将处于兴奋的状态之中，出现多言、多动作、头晕、恶心等现象，这就是醉酒的表现。醉后往往失去理智，做出很多令人不愉快的事情。

一次大量的饮酒，很可能出现急性酒精中毒，甚至造成死亡事故；长期慢性嗜酒，也会造成慢性酒精中毒。当一个人血液中的酒精浓度超过 5‰时，他将陷入重度中毒状态，出现昏迷不醒、面色苍白、皮肤潮湿、呼吸缓慢、脉搏快而强、体温下降等症状。此时，应立即送医院抢救，以防意外。

2．甲醇中毒

以工业酒精兑酒造成中毒，原因是工业酒精中含有大量的甲醇。食用酒精虽也含有微量的甲醇，但国家有关法律规定，市场出售的酒类，甲醇含量不得超过 0.04 克/100 毫升。

一些不法分子为了牟取暴利，用廉价的工业酒精兑酒，一些酒厂管理不严，误将工业酒精当做食用酒精兑酒，致使受害者甲醇中毒。甲醇为无色、透明、易燃液体，略有乙醇气味，易与水、乙醇混溶。用工业酒精兑制的白酒和正常白酒很难用感官鉴别，只能用理化检验方法才能得出正确结论。

3. 鼠药中毒

毒鼠的药类较多，常见的有敌鼠钠盐、磷化锌、安妥等。人误食之后会有生命危险。人误食敌鼠钠盐后，会发生咯血、血尿、便血，黏膜及皮下广泛出血。急救原则是催吐。若属磷化锌中毒，在半小时至数小时内即出现口腔及胃部烧灼感，咽喉部麻木、口渴、恶心和呕吐等胃肠系统症状，呼出的气体和呕吐出来的东西有磷化锌特有的蒜臭味。发现中毒后应立即用手指刺激咽喉部催吐。严禁让中毒者吃蛋黄、肥肉等油类食物，以防加速磷化锌的吸收。

若属安妥，则会感觉稍有点香味，成年人吃 5 克安妥就可能中毒死亡，小孩更敏感。误食了安妥以后，可让中毒者连喝几杯盐水，然后催吐，一直到吐出来的东西像清水一样为止。禁让中毒者吃油类食物。

4. 鱼胆中毒

鱼胆中毒者在服食鱼胆后 0.5~14 小时内，会出现胃肠道症状，表现上腹部、脐周、下胺等部位的疼痛，频繁地呕吐，反复地拉黄色水样或稀烂不带脓血的大便，容易与一般的胃肠炎相混淆。

比较严重的鱼胆中毒患者，除了上述胃肠道症状外，还会有肝脏损害的表现，如肝肿大、肝区触痛、叩击痛，皮肤、眼巩膜发黄，血清转氨酶升高；肾脏的表现如腰痛，肾区叩击痛，少尿、无尿、蛋白尿、显微镜下见到尿中有红细胞和管型等；心血管系统的损害，如血压升高或降低，面部、下胶或全身水肿；神经系统的损害，如头痛、嗜睡、神志模糊、抽搐昏迷等；有些鱼胆中毒者还可能出现发热、休克、DIC（弥散性血管内凝血）等病理过程。鱼胆中毒的急救措施有以下几个：

（1）由于鱼胆中毒尚无特殊的解毒疗法，病情的发展又可能导致多个器官的功能衰竭，甚至导致患者死亡，故发生鱼胆中毒时，应赶紧送医院就医。

（2）如果距离医院较远，则可在寻找交通工具或联系救护车的同时，针对腹痛、呕吐、腹泻等症状，就近找卫生员或备有药物的邻居，予以口服颠茄之类的胃肠道解痉止痛药物。

（3）因患者频繁吐泻可能会出现体内失水，有输液条件者可给予静脉补液，无输液条件者也可口服淡糖水、金银花水、生甘草水、生水等。如果距离近即送医院诊治。

【温馨提醒】

食物中毒有何基本症状？

食物中毒属于食源性疾病，虽然诱发中毒的病源物质各异，但疾病的症状却十分相似，一般具有以下几个特征：

1. 不具有传染性

人与人之间没有传染性，食物中毒是因为直接食用某种食物所致。

2. 病程短，潜伏期短，突发性强

（1）潜伏期非常短，基本上是消化、吸收食物所用的时间，大约几分钟或者几小时即会出现症状。

（2）食物中毒往往没有预兆，是在食用某种食物后，突然发作的。

3. 具备相同的临床特征

常有像恶心、呕吐、腹痛、腹泻等消化道疾病的症状。食物中毒患者往往都是上吐下泻，疑似急性肠胃疾病的症候，同时伴有中上腹部疼痛。

4. 病情与食物有关

发病者大多食用过相同的有毒食物，没有食用过该类食物的人不发病。

5. 季节性和地域性比较明显

食物中毒的发病时间多集中在夏天，即七、八、九三个月份。食物中毒跟有毒动物和植物的分布、生长成熟期、饮食习惯、适合细菌繁殖的环境条件等密切相关。例如，在夏天，天气炎热，适合各种微生物生长繁殖，食物中的细菌数量较多，食物容易腐败变质，加上人们喜欢吃凉食，很容易引起食物中毒，是细菌性食物中毒的高发期。而冬春季节多容易发生亚硝酸盐中毒事件。

6. 发病率和病死率相对较高

人类生存需要天天摄入食物，食物中毒的发病率较高，发病速度一般很快，来势凶猛，因此病死率相对来说也比较高。

三、饮食的预防

预防食物中毒的关键是把好"入口关"。在日常生活中因食用被细菌及毒素污染的食物而引起的食物中毒较为多见，大学生饮食安全要重点预防细菌性食物中毒。同时，应注意以下几点：

（1）尽量在学校的食堂用餐。

（2）如果在校外摊位或小店用餐，要察看其卫生条件，尽量不要在露天的摊位上用餐。

（3）购买熟食一要看颜色，二要嗅味道，变质的熟食一律不吃。购买和食用定型包装食品时，要认真对待"有效期"和"保质期"，要看清生产日期，对于过期的、涨袋的、包装变形的盒装食品和盖子鼓起的罐装食品不要购买食用。建议不要购买散装的白酒和植物油。

（4）养成良好的个人卫生习惯，生食的蔬菜、水果在食用前应充分浸泡和清洗消毒，在烹调食物和进餐前要注意洗手，接触生鱼、生肉和生禽后必须再次洗手。妥善保管好食品，避免苍蝇叮爬。

（5）不吃隔夜菜，不喝隔夜汤，更不要吃腐烂变质的蔬菜，防止亚硝酸盐中毒；加工、储存食物时要做到生、熟分开；隔夜食品在食用前必须加热煮透后方可食用。

（6）瓜果、蔬菜生吃时一定要洗净、消毒；肉类食物要煮透，防止外熟内生；禽蛋必须煮沸 10 分钟以上才可食用。

（7）毒蘑菇、未煮熟的扁豆（四季豆）、发了芽的马铃薯都会引起中毒，白果不宜多食。

（8）当心冰箱储藏食物引起的食物中毒。使用冰箱一定要做到生、熟食品分开储存，以防止交叉感染。保存时间不宜过长，鱼和肉类夏天不能超过 5 天。

（9）不要采摘、捡拾、购买、加工和食用来历不明的食物、死因不明的畜禽或水产品以及不认识的野生菌类、野菜和野果。有病的或病死的禽畜肉类千万不能吃。

（10）妥善保管有毒有害物品，农药、杀虫剂、杀鼠剂和消毒剂等不要存放在食品加工经营场所，避免被误食、误用。

（11）不可过量饮酒，防止酒精中毒。

四、饮水安全知识

水是生命之源，大约占人体重量的 70%，水能够维持身体的各种生理机能，包括承担多种物质运输功能，并参与身体的代谢。人可以 7 天不吃东西，但如果 3 天不喝水，就会有生命危险。饮水在很大程度上关系着我们的生命健康。通常，保证饮水安全要注意以下问题。

（一）不应喝的水

（1）生水。防止生水中的细菌进入人体，导致腹泻等问题。

（2）重复烧开的水。重复烧开的水里面的钙、镁、氯等金属成分含量增高，长期喝这种水，容易患肾结石。另外，重复烧开的水中，亚硝酸盐的含量增高，喝这种水容易影响血液的氧气输送能力。而且亚硝酸盐在肠道里容易和仲胺相互作用，生成的亚硝酸胺能够致癌。

（3）没有标签、文字说明、生产厂家的瓶装水。这种没有经过检验的瓶装水，很可能是灌装的生自来水，喝过以后可能会有腹泻等问题。

（4）未经过验证的水源。旅游或出门在外，最好自备瓶装水，不要在野外取水饮用。再干净的山泉水也是暴露在荒野的空气中，带有很多肉眼看不见的微生物和寄生虫。它可能含有不利于人体健康的矿物质或者细菌含量超标，切勿直接饮用。

（5）隔夜水。尽量喝一次烧开、放置时间不超过 24 小时的水。隔夜水尤其是隔夜茶不要喝，放置时间太久的水也不能喝。开水放久了以后，里面的含氮有机物就会不断分解成亚硝酸盐。况且，存放太久的开水，难免会被细菌污染，这时候含氮有机物分解的速度更快，生成的对人体有害的物质也更多，往往会影响血液输送氧气的能力。

（二）使用饮水机应注意的事项

目前，很多学校的教室里以及学生公寓内都配置了饮水机。但因为饮水机不容易清洗，很多从空气进入饮水机内部的细菌在里面大量繁殖，里面的水也就受到了污染，经常饮用这样的水就会对饮用者的身体健康造成一定的危害。在平常使用饮水机时应注意以下几点：

（1）饮水机里的水务必要烧开。为了尽可能杀灭饮水机里的细菌，最好把饮水机调整到加热状态，等到水完全烧开以后再饮用。饮水机里的冷水、温吞水都可能含有一定的细菌，不要直接饮用。

（2）定期清理饮水机。一要清理掉积存下来的水垢，二要使用专业的消毒剂，例如二氧化氯进行消毒。也可以请专业的饮水机修理人员来帮助清洁消毒。饮水机最好每个月进行一次消毒杀菌处理。

（3）从正规渠道购进桶装水。现在一些桶装饮用水厂家并没有对饮用水进行严格的消毒。按照要求，水桶的桶盖都要经过严格消毒，因为很多送水工人用手抓握桶盖，很容易造成污染。如果这些桶盖的设计不合格，密封性不好，空气中的细菌和附着在桶盖上的细菌很容易进入桶内，造成水污染。

第二节　食物中毒预防与应对

发生食物中毒后，应将中毒者迅速送往医院救治。对一般的食物中毒者，如离医院很远，短时间内无法到医院救治，可先自行救治后再赶赴医院。

【案例导入】

20××年9月22日，广州市某经贸学校、某专科学校的93名学生出现以腹痛、腹泻为主的胃肠不适症状，当地政府及相关部门非常重视，立即将这些学生送往医院进行救治。事后，这些学生已全部痊愈出院，并返回学校上课。经过市、区卫生部门现场进行病学调查，初步判定造成这些学生身体不适的原因是进食了不洁食物。

【案例点评】

当食物中毒事件发生后，需要及时进行紧急救治，送往医院或者卫生站进行就诊，大学生需要掌握一定的现场急救知识，使中毒的同学尽快脱离生命危险。

【知识链接】

一、食物中毒的处理措施

一旦发现有中毒症状时，应立即采取如下措施：

（1）立即停止食用可疑有毒食物。为防止呕吐物堵塞气道而引起窒息，应让病人俯卧，以便于吐出食物。在呕吐中，不要让病人喝水或吃食物，但在呕吐停止后应马上补充水分。

（2）尽快将病人送附近医院救治或联系 120 急救。当患者出现脸色发青、冒冷汗、脉搏虚弱时，要马上送医院，谨防休克症状。在专业医务人员接诊之前，如患者腹痛剧烈，可取仰睡姿势并将双膝变曲，有助于缓解腔肌紧张。同时给患者腹部盖毯子保暖，有助于血液循环。病人出现抽筋、痉挛症状时，马上将病人移至周围没危险物品的地方，并取来筷子，用手帕缠好塞入病人口中，以防止其咬破舌头。

（3）留取患者呕吐物和大便样本，供医生检查。注意保护好中毒现场，就地收集和就地封存一切可疑食品及其原料，禁止转移、销毁。

（4）配合卫生部门调查，落实卫生部门要求采取的各项措施。

二、集体食物中毒的处理

如果发生集体食物中毒事件，应该立即向学校主管领导反映情况，并上报当地防疫部门，及时联系当地医院，准备联合急救。一旦发生集体食物中毒，应立即作如下初步处理：

（1）学校医务人员应立即赶到现场，针对发病人员的具体情况，分清轻重缓急，组织抢救病人，必要时立即将病人转送当地医院。

（2）对可疑食物应暂时封存，禁止继续食用或出售。

（3）立即向当地卫生防疫部门报告，听候处理。

（4）收集可疑食物的剩余部分、原料、半成品，病人排泄物、洗胃水和血液，容器、炊具等，送当地卫生防疫部门检验，以明确中毒原因。

（5）走访食物中毒病人及相关人员，调查食物中毒的污染源、污染途径，以便提出有效的预防措施。

（6）立即销毁被污染的食物，对炊事用具和病人用过的物品进行严格消毒。

三、食物中毒的现场救护

（一）催吐法

进食的时间在 2 小时内，如果发觉出现中毒症状，可以先用催吐的方法，将尚未完全消化吸收的有毒食物排出体外。

（1）食物中毒患者在意识清醒的情况下，可以自行用手指、筷子等刺激咽喉部位，反复刺激，直至将胃里剩余的食物全部吐出来。

（2）用 20 克食盐兑 200 毫升开水，待水冷却后一次性饮完，引发呕吐反应。如果效果不明显，可以重复饮用盐水，直至将胃里的剩余食物全部吐出。

（3）将 100 克新鲜生姜捣碎，口服鲜姜汁，然后用 200 毫升的温水冲下去。

（4）严重的食物中毒者，必须立即送往医院进行洗胃，以防毒素被迅速吸收。洗胃可以用温水，也可以用高锰酸钾溶液或者 2% 的碳酸氢钠清洗。

（5）河豚中毒者，需要紧急催吐，如果耽误了急救，患者在 4 小时之内会有生命危险。毒蘑菇中毒患者，也要先催吐。由于这两种病源物质对人体危害极大，往往有生命危险，因此必须在催吐后送往医院急救。

（二）补充液体及电解质

在确认发生食物中毒以后，应及时送诊，并适当补充开水，或者注射生理盐水、葡萄糖。食物中毒患者都有类似急性肠胃道疾病的特征，有剧烈的呕吐和腹泻症状。上吐下泻很容易导致患者脱水，或者是体内电解质失衡或紊乱。其症状是口干、眼窝深陷、四肢冰凉、皮肤失去弹性、脉象微弱，出现低血糖或者低血压现象。生命征象变弱，患者容易休克。因此，要及时给食物中毒者补充水分。鉴于患者上吐下泻，不能直接饮水，最好直接采用点滴静脉注射法。

（三）导泻法

如果患者进食受污染的食物时间已超过 2 小时，但精神仍较好，则可服用泻药，促使受污染的食物尽快排出体外。因为胃里的食物已经充分消化，这时候催吐能有效改变症状的几率变小，用刺激身体排泄的方法可减少毒素的吸收。

（1）可以服用果导片等泻药。

（2）服用可以导泻的中草药。例如，服用生大黄、熟大黄或番泻叶。生大黄的药性比熟大黄的药性更猛烈。一般可以用 20~30 克的大黄或 15 克的番泻叶，一次性煎服。心脏不太好的食物中毒者最好不要服用番泻叶。

（3）对于年老体弱者，不适合用药性猛烈的大黄，可以用开水冲服 20 克的元明粉，以达到催泻的效果。

（四）解毒

（1）误食腐败变质的海鲜类食物（如鱼、虾、螃蟹等）引起的食物中毒，可以用 200 毫升的开水兑 100 毫升的食醋口服。

（2）食用了腐败变质的肉类，可以给中毒者灌服鲜牛奶或其他含蛋白质的饮料，或是服用藿香正气丸。

（3）误食毒草类的中毒者，可以服用甘草紫苏汤或甘草绿豆汤。

（五）饮食要清淡，避免一些刺激胃的食物

（1）在食物中毒患者尚未停止上吐下泻前，需要靠生理盐水和葡萄糖注射液来维持必需的能量。

（2）在患者呕吐症状结束后，切忌进食油腻食物。油腻食物很容易刺激胃部，引起呕吐，不利于患者的康复。最好吃一些清淡的流质食物，在病情好转之后，可以慢慢吃一些半流质食物，随着症状的减轻，逐渐转入正常的进食。

第九章　交通安全预防与应对

当前交通安全已经成为我国一个非常突出的安全问题，应引起大学生的高度重视。交通安全是指人们在道路上进行活动、玩耍中，按照交通法规的规定，安全地行车、走路、避免发生人身伤亡或财物损失。

第一节　常见交通事故及其特点

交通事故不仅是由不特定的人员违反交通管理法规造成的，也可以是由于地震、台风、山洪、雷击等不可抗拒的自然灾害造成。

交通事故已成为"世界第一大杀手"，而中国是世界上交通事故死亡人数较多的国家之一。高校大学生作为社会的组成部分，同样不可避免地受到了交通事故的困扰。近年来，在大学生周围发生的交通事故一直保持着上升趋势。其中，由于大学生自己不遵守交通法规而发生的交通事故占了相当比例，这不仅给学生个人及家庭带来灾难，对国家来说也是巨大的损失。

【案例导入】

20××年7月17日下午，粤赣高速河源市东源县灯塔路段发生一宗严重交通事故，一辆载着某职业技术学院（汽车学院）35名赴河源支教学子及两名老师的大客车，在雨天中不慎与高速公路的护栏发生碰撞，造成大客车侧翻，18名大学生在事故中不同程度受伤，其中9人重伤。

【案例点评】

车祸猛于虎。每一次车祸的发生，总是伴随着财产的损失和人员的伤亡。作为社会骄子以及国家栋梁之才的大学生，因自身、交通设备环境以及肇事者等原因在交通事故中造成伤害或是死亡，实在令人惋惜。大学生需要时时注意交通安全，加强安全意识，遵守安全交通规则，不搭乘无牌无证的面包车、摩托车等，不酒后驾车。

【知识链接】

一、交通事故的定义

《中华人民共和国道路交通安全法》（以下简称《交通安全法》）第一百一十九条规定："交通事故是指车辆在道路上因过错或者意外造成的人身伤亡或者财产损失的事件。"

车辆，是指机动车和非机动车。所谓"机动车"，是指以动力装置驱动或者牵引，上道路行驶的供人员乘用或者用于运送物品以及进行工程专项作业的轮式车辆。所谓"非机动车"，是指以人力或者畜力驱动，上道路行驶的交通工具，以及虽有动力装置驱动但设计最高时速、空车质量、外形尺寸符合有关国家标准的残疾人机动轮椅车、电动自行车等交通工具。道路，是指公路、城市道路和虽在单位管辖范围但允许社会机动车通行的地方，包括广场、公共停车场等用于公众通行的场所。

在交通事故中，责任人主观上必须表现为非故意，即是因过错或过失。如果行为人出于故意伤害他人或者造成他人财产损失的目的，则该行为已超出了交通事故法律、法规所调整的范畴，属于其他违法行为。过失是指行为人应当预见到其行为可能会发生危害结果，却因粗心大意没有预见，或者虽预见但轻信能够避免，以致发生了交通事故。如果行为人没有过失，但其行为造成了一定损害，在某些情形下也要承担一定责任。因为车辆驾驶人，尤其是机动车驾驶人驾驶车辆具有高度危险性，根据民法通则等法律、法规的规定，对这些具有高度危险性的行为实行无过错责任原则，所以车辆驾驶人或所有人即使没有过错也要承担一定的责任。

【知识小卡片】

酒后驾车处罚相关新条例

2013 年 12 月 18 日最高人民法院、最高人民检察院、公安部印发关于办理醉酒驾驶机动车刑事案件适用法律若干问题的通知。

饮酒驾驶：饮酒驾驶机动车辆，罚款 1 000~2 000 元、记 12 分并暂扣驾照 6 个月；饮酒驾驶营运机动车，罚款 5 000 元，记 12 分，处以 15 日以下拘留，并且 5 年内不得重新获得驾照。醉酒驾驶：醉酒驾驶机动车辆，吊销驾照，5 年内不得重新获取驾照，经过判决后处以拘役，并处罚金；醉酒驾驶营运机动车辆，吊销驾照，10 年内不得重新获取驾照，终生不得驾驶营运车辆，经过判决后处以拘役，并处罚金。

饮酒后或者醉酒驾驶机动车发生重大交通事故，构成犯罪的，依法追究刑事责任，并由公安机关交通管理部门吊销机动车驾驶证，终生不得重新取得机动车驾驶证。

二、交通事故的分类

交通事故通常划分为轻微事故、一般事故、重大事故和特大事故四类。

（1）轻微事故，是指一次造成轻伤1~2人，或者机动车事故财产损失不足 1 000 元，非机动车事故不足 200 元的事故。

（2）一般事故，是指一次造成重伤1~2人，或者轻伤 3 人以上，或者财产损失不足 3 万元的事故。

（3）重大事故，是指一次造成死亡 1~2 人，或者重伤 3~10 人，或者财产损失 3 万元以上不足 6 万元的事故。

（4）特大事故，是指一次造成死亡 3 人以上；或者重伤 11 人以上；或者死亡 1 人，同时重伤 8 人以上；或者死亡 2 人，同时重伤 5 人以上；或者财产损失 6 万元以上的事故。

三、大学生发生交通事故的主要类型

近年来，随着经济发展，有车族越来越多，而道路建设跟不上车辆的增长，造成交通事故以及交通堵塞问题日趋严重，而大学生交通事故的发生率也呈不断上升趋势，大学生在校园内外发生的交通事故类型主要有以下几种。

（一）行走时被撞

（1）在正常行走时被撞。学生在绿灯放行的情况下步行通过人行横道，被闯红灯的汽车撞伤、撞死；学生在车站站台候车，被酒后驾车者撞伤、撞死；学生在校园人行道上行走，被违章汽车撞伤、撞死等。

（2）违反交通规则时被撞。有不少学生交通安全意识淡薄，不看红绿灯横穿马路；过马路不走斑马线；在交通拥挤的道路中间逗留、戏耍等。

（3）被非机动车撞伤。现在很多学校地广人多，宿舍离教室较远，在校园内自行车很受大学生欢迎。时常有自行车事故发生，受伤者和肇事者都是学生。有的大学生认为校园内没有红绿灯，可以不分上、下行道，可以骑快车；有的明知自己的自行车刹车不好，却自认为控制得住，结果发生了交通事故。

学生在校内行走时要眼观六路，尽量靠马路边上行走，在上坡或拐弯处多驻足观看。不管是在校内还是在校外，学生在步行或骑自行车穿过马路时，一定要驻足观望马路两头车辆的过往情况，走行人专用通道，严格按指示灯或现场交警的指挥通行。

（二）自驾车时与其他交通工具相碰撞

被撞伤、撞死的大学生，有的是本身违反交通规则，要承担一定的责任；有的是机动车驾驶员违章驾驶造成的，例如学生在非机动车道路上正常骑自行车，被后边违章驶入非机动车道的汽车撞上。

大学生违章驾驶机动车发生交通事故致伤、致死是近年来出现的新情况。有的学生醉酒后驾车，致使车辆翻到沟里或路边，造成驾驶人和乘车人死伤。还有的学生无证驾驶无牌照摩托车，或后座上带人飙车，或因驾驶技术不佳、违章，致使发生事故，造成乘车人死伤。

大学生在学习车辆驾驶的时候，首先要认真学习交通法规、认识相关交通标志；其次要熟练掌握驾驶技术，学会应急处理。最重要的是，任何时候都不要违章驾驶。

（三）乘坐交通工具时发生事故致伤、致死

大学生因乘坐公交车、面包车、轿车等交通工具发生交通事故的现象屡见不鲜。有时甚至造成群死、群伤事件，教训十分惨重。

四、交通事故的特点

道路交通事故具有突发性强、发生率高、连锁性强、伤亡人员多、救援难度大等特点。

（一）突发性强

由于交通事故发生过程中驾驶员从信息感知器官感知到危险情况到交通事故的发生经历的时间极为短暂，往往短于驾驶员的反应时间与采取相应措施所需时间之和，这使得交通事故的发生表现出突发性的鲜明特点，给人的感觉就是一瞬间。

（二）发生率高

从世界范围来看，几乎每时每刻都在发生道路交通事故。

（三）连锁性强

车祸危害具有很强的连锁性，不仅车辆本身可能车毁人亡，还可能殃及四邻，祸及无辜。随着我国公路质量的逐步改善，特别是高速公路建设的飞速发展，行车速度越来越快，导致多车相撞的恶性交通事故越来越多。

（四）伤亡人员多

世界每年平均 1 万人中就有 1 人死于车祸，每 1 000 辆汽车中就有 1 辆撞死人。公路交通事故的死亡率为 2.7%~22.1%。据估算，进入 21 世纪以来，世界每年因车祸死亡人数达 100万人，伤残数达 3 000 万人。因此，加强对交通安全的防范意识显得非常重要。

（五）救援难度大

（1）救援车辆受阻。车祸发生后，往往会引起人员围观和交通阻塞，造成交通秩序混乱，甚至可能因此而引发新的车祸。这些情况都直接影响到抢救力量的快速行动和投入。

（2）险情隐患突出。车祸发生后，往往会潜藏多种险情隐患，如车体内的油箱、机具以及车载危险品都有可能发生爆炸而再生灾祸，稍有不慎都可能危及伤员和抢救人员的生命安全。

（3）次生灾害多。汽车相撞所造成的交通事故，常伴随火灾事故的发生。装载危险化学品的车辆一旦发生交通事故，可能导致大量有毒有害物质外泄，造成更大的人员伤亡，并严重污染生态环境。

鉴于以上特点，一旦发生交通事故，后果严重，大学生需要提高警惕，遵守交通规则，安全驾驶，不要拿自己和他人的生命开玩笑。

五、发生交通事故的原因

大量的事实表明，目前我国正处在交通事故多发的高峰期。发生交通事故的原因十分复杂，是人、车、路、环境、管理、法制等多种因素共同作用的结果。具体可以归纳为人为因素、车辆因素、道路因素、环境因素等四个方面。

（一）人为因素

1. 思想麻痹，安全意识淡薄

许多大学生刚刚离开父母和家庭，缺乏社会生活经验，头脑里交通安全意识比较淡薄。其主要表现形式有：

（1）注意力不集中。表现为边走路边看书，或边听音乐，又或左顾右盼，心不在焉。

（2）在路上进行球类活动。大学生精力旺盛、活泼好动，即使在路上行走也是蹦蹦跳跳、嬉戏打闹，甚至有时还在路上进行球类活动，更增加了发生事故的危险。

（3）骑快车。一般高校校园面积都比较大，宿舍与教学楼、图书馆之间的距离比较远，许多大学生购买了自行车，夜间或下课时骑着自行车在人海中穿行。部分学生自认为骑车技术高超，甚至骑着自行车与汽车比快，殊不知就此埋下了祸根。

2. 交通安全知识缺乏

许多大学生只注重学习学校规定需要考试的几门课程，而很少主动学习交通安全知识，甚至有的大学生连基本的交通安全常识都不甚了解。学校方面也没有专门将交通安全方面的课程列入正常的教学计划中，大学生只能被动地从校保卫部门的提醒中获得这方面的知识。大学生应从自身主观因素上下工夫，主动学习交通安全知识，自觉遵守交通法规，尽可能地预防和避免交通事故的发生。

3. 遵守交通规则的自觉性差

有些大学生在日常的学习和生活中没有养成良好的自觉遵守法律、法规的习惯，自制能力和自觉性较差，无视交通信号和交通警察指挥而经常做出横穿马路，不走人行横道线、人行道，在校园内道路上踢球、拍球、嬉笑打闹，在马路上边走边聊天等违反交通法规的事情。

4. 驾驶人员操控不当

驾驶员操作不当引发的道路交通事故所占比例最高。这些因素包括调度（信号）失灵、违章操作（下坡发动机熄火、空挡滑行、刹车长时间处于制动状态）、酒后驾车、无证驾驶、违章超车、强行并线、载货超宽、超重、超高等。

而不少初考驾照者在没有完全掌握交通安全知识的情况下就上路，成为诱发交通事故的又一大因素，被称为"马路杀手"。由于大学生往往是新手，驾驶经验明显不足，遇到紧急情况时往往惊慌失措，导致操控不当，容易引发交通事故。

（二）车辆因素

车辆是现代道路交通中的主要元素，车辆状况的好坏直接影响着道路交通的安全。机动车在行驶过程中制动系统、转向系统、行驶系统和电气系统中的某一个构件失效或性能不良均可造成交通事故，因车辆原因导致的交通事故又称为机械事故。

车辆造成事故的原因主要是车辆性能差、机件失灵。每年全国因机动车机件故障发生交通死亡事故约占全部死亡事故的2%以上。

（三）道路因素

道路原因主要表现在道路设施不完善或年久失修；道路两侧的山体滑坡、塌方、落石、泥石流等掩埋道路，甚至冲毁桥梁堵塞隧道；混合交通、平面交叉、标志不全、路面障碍、道路不符合标准、洪水直接冲毁路基和桥梁墩台等，这也是导致交通事故的重要因素。

（四）环境因素

环境因素主要指气象条件和道路环境，如气温、狂风、暴雨、大雪、浓雾，以及昼夜差别、地理环境、社会环境、交通秩序等。

第二节　对交通事故的预防及现场处置

【案例导入】

2010年10月16日21时40分许，李启铭（又名李一帆）酒后驾驶黑色迈腾轿车在河北大学新校区（位于保定市北市区）生活区，将女生陈晓凤、张晶晶撞伤，陈晓凤因抢救无效死亡。由于目击学生称李启铭撞人后称"我爸是李刚（保定市北市区公安局副局长）"而使此案受到社会的广泛关注。

【案例点评】

酒精是个隐形杀手，醉酒后驾驶就成为悲剧的开始。醉酒的人在行驶过程中一般交通意识较为淡薄，视线模糊，稍有不慎，就会造成车祸人亡，带来严重的后果。为保证自身和他人的生命财产安全，大学生应该在平时的学习、生活中，注意学习和掌握交通事故的预防知识，掌握一定的现场处理常识。

【知识链接】

一、大学生常见交通事故的预防

学生骑车或步行所遭遇的道路安全事故主要是与汽车、摩托车等机动车相撞造成的，有些是机动车司机违章造成的，如司机闯红灯，将车驶入非机动车道等；也有些是行人不按交通信号灯指示行走或违章翻越隔离带进入机动车道等造成的。

（一）从高校的角度而言

1. 广泛开展交通安全知识的宣传教育

学校应安排一定课时的交通安全讲座和选修课程，同交警部门一起宣讲交通法律知识和安全知识，提高学生知法、守法的自觉性。同时设立交通安全宣传栏，利用广播、网络等媒体传播交通安全知识，广泛开展交通安全宣传教育活动。

要广泛动员、教育全体教职员工进一步增强工作责任感和自觉性，以教育学生、提醒学生和帮助学生为己任。加强与交警的协调联动，完善对学生的教育、宣传等源头管理机制。

2. 完善学校周边道路的交通安全设施。

交警部门要结合师生出行的特点，全面排查学校周边地区的交通安全隐患点，及时联合有关部门制定整改方案，认真加以解决。

（1）针对师生出行规律，科学调整警务方式，合理调配警力，特别是对校园周边路段的堵点、乱点、事故多发点和人流车流高峰时段要采取定点、定岗措施，加强交通管控力度。

（2）联合相关职能部门从严查处学校周边地区从事非法营运的车辆。

（3）通过组织学生志愿者上路维护校园交通秩序、劝导交通违法行为等形式，落实长效管理措施。

（4）将校方就师生出行问题提出的专门方案及时向当地党委、政府做专题汇报，在党委、政府的统一领导下加以落实。

（二）从大学生自身的角度而言

1．增强交通安全意识

由于机动车驾驶员违规行车造成大学生无辜被撞伤、撞死的事故屡屡发生，这样的教训是十分惨痛的，因此大学生必须增强自我保护意识，警惕和防止他人的过失对自己造成伤害。

出行时要集中精力，不仅要瞻前，而且要顾后，眼观六路，耳听八方；发现违章车辆向自己驶来时要主动避让，防止伤害到自己；不开车况不好的车上路；开车不超速。与前车保持安全距离；遇到路况复杂、天气不好时，要处处加以小心，及时避让，以免受到意外伤害。

2．掌握基本的交通安全知识

要了解道路通行中的交通信号灯、交通标志、交警指挥手势的含义。要了解道路通行中的一般规定，机动车、非机动车、行人和乘车人的通行规定以及高速公路的特别规定。要了解交通事故处理中保护现场、抢救受伤人员、报警、交通事故的调解和诉讼，以及向保险公司理赔等方面的知识。

3．认真遵守交通法规

增强交通安全意识，掌握基本的交通安全常识，落实到具体行为中就是要自觉遵守交通法规。只有自觉遵守交通法规，才会少发生或不发生交通事故。相反，如果不遵守交通法规，存有侥幸心理，甚至明知故犯，如违章驾驶、骑车带人、逆行、闯红灯、行人过马路不走人行横道或过街天桥等，这些情况都非常容易引发交通事故。

（1）在道路上行走时，应走人行道，无人行道时靠右边行走。不与机动车抢道，不突然横穿马路、翻越护栏，过街走人行横道；不闯红灯，不进入标有"禁止行人通行"、"危险"等标志的地方。

（2）骑车出行前要先检查车况是否良好，保证没有问题后方可上路。应在非机动车道内行驶，遇到没有划分车道的地方要靠右边行驶。通过路口时要严守信号，停车不要越过停车线；不要绕过信号行驶，不要骑车逆行，不双手离把骑车。不攀附其他车辆，不在人行便道上骑车。在横穿4条以上机动车道或车闸失效时，须下车推行。骑车转弯时要伸手示意，不要强行猛拐。

（3）乘坐市内公共交通时要等车停稳后才依次上下车，不挤不抢，车辆行驶中不得把身体伸出窗外。乘坐长途客车、中巴车时不能贪图便宜乘坐车况不好的车，不得乘坐"黑巴"、"摩的"，因为这些车辆缺乏安全保障。乘坐火车、轮船、飞机时必须遵守车站、码头和机场的各项安全管理规定，不准携带易燃、易爆等危险品。

（4）注意行走与运动安全。很多学生养成了边走路边看书或听随身听的习惯，有些大学生喜欢在非运动场所（例如校道上）进行一些诸如带球跑、打排球和羽毛球的体育活动，还有些大学生喜欢在校园里骑飞车，殊不知许多校园交通事故正是发生在这样的不经意之间。

学生要从保护自身安全的角度出发，在走路时不看书，不戴耳机；经过路口、弯道时注意力要集中，尤其要多留意过往车辆；不要在校道上进行体育活动，更不要在道路上追逐打闹，避免机动车辆给我们带来不必要的伤害。

二、发生交通事故的现场处置

在道路交通事故发生后，如果受到伤害，不论轻重都应在力所能及的情况下，尽量采取一些必要的应急措施，以减轻损失。事故发生后，应采取的主要急措施有以下几个。

（一）及时报案

无论是在校外还是在校内，一旦发生交通事故后，首先应想到的是及时报案。千万不能与肇事者"私了"。若在校外发生交通事故，除及时报案外，还应该及时与学校取得联系，由学校出面处理有关事宜。

（二）现场自救和互救

如果有人员受伤，应立即采取必要的自救措施。如果出血量达到人体血液量的 1/3 时即有生命危险，所以应尽快采取止血措施。此外，如头部或腰部被撞伤，在救护车辆到达之前应尽量避免身体活动。

（三）认清肇事者和肇事车

一定要确认肇事者及肇事车辆，可根据驾驶证确认驾驶人的姓名、住址，并进一步查清工作单位、居住地点及电话号码。如果驾驶车辆的肇事者拒绝出示驾驶证或工作证，且不肯告知其姓名时，则一定要记住车辆的车牌号码、车身颜色、厂牌型号及车辆有什么特征等信息，并不准车辆离开现场，立即报告道路交通事故处理机关，请求民警帮助。

（四）保护现场、搜集证据

事故现场的勘查结论是划分事故责任的依据之一，若现场没有保护好，会给交通事故的处理带来困难，甚至造成"有理说不清"的情况。因此在事故处理人员到达之前应保护交通事故发生时的原始现场，车辆、物品及事故痕迹都不能变动，如非移动不可的要注意标明位置。同时，应保护好与事故有关的现场物品和对自己有利的各种证据材料，不要让无关人员搬动现场任何东西。发生交通事故后，当事人故意破坏、伪造现场、毁灭证据的，承担全部责任。

（五）接受诊断，并向事故处理机关申报

如果在道路交通事故中受伤，首先要诊断清楚伤情，并应积极接受和配合治疗，有经济承受能力的应主动垫付医疗费。在伤情好转后，要准备好有关资料向事故处理机关申报，要

求结案。

（六）认清驾车人员，防止车辆逃逸

若肇事者想逃脱一定要设法控制，如果自己不能控制，可以发动周围的人帮忙控制；若实在无法控制，也要记住肇事车辆的车牌号码等特征。如已不可能记清车牌号码时，也应将汽车种类、型号、颜色等马上告知事故处理机关。此外，还可以请求过往车辆帮助追赶肇事车辆，迫其停车。

【温馨提醒】

交通安全"十要诀"

（1）不准携带易燃易爆等危险物品乘车。

（2）维护乘车（船）秩序，不争先恐后。

（3）汽车行驶途中，不要将头、手伸出窗外。

（4）行驶途中，不要编结毛线。

（5）未停稳不要急于上、下车（船）。

（6）乘坐小客车、小轿车时，系好安全带。

（7）乘坐飞机、轮船时，应了解紧急疏散通道（门），熟悉救生衣的使用方法。

（8）乘坐飞机时，要系好安全带；飞机起降时，不要使用移动通信设备。

（9）不要站在火车的车辆连接处或坐在船舷栏杆上。

（10）乘坐二轮摩托车必须头戴安全头盔，不准倒坐和侧坐。

第三节　交通安全预防与应对策略

2003年10月28日，全国人大第五次会议通过并公布了《交通安全法》，这是我国第一部关于道路交通安全的基本法律。国务院在2004年4月30日公布了《中华人民共和国道路交通安全法实施条例》，对《交通安全法》的具体实施作出了具体规定，并且明确宣布，过去国务院及其有关部门发布的相关的交通法规同时废止。2007年12月29日第十届全国人民代表大会常务委员会第三十一次会议审议通过了《关于修改〈中华人民共和国道路交通安全法〉的决定》，对《交通安全法》进行了第一次修正；2011年4月22日第十一届全国人民代表大会常务委员会第二十次会议审议通过了《关于修改〈中华人民共和国道路交通安全法〉的决定》，对《交通安全法》进行了第二次修正。

【案例导入】

20××年12月30日，在某市新107国道和相济路交叉口附近，一辆在新107国道东半幅由北向南逆向行驶、载有10人的面包车与一辆运土的无号牌自卸货车相撞，造成5人当场死亡，5人被送往医院救治，随后1人不治身亡，死者中2人为某职业技术学院女生。

【案例点评】

逆向行驶或驾驶无牌无证车辆均属违章驾驶行为，惨案的发生系由驾驶员主观违章导致。大学生在乘坐汽车的过程中，如发现驾驶员出现逆向行驶等错误驾驶行为，应主动制止或要求下车，以避免悲剧的发生。

【知识链接】

一、交通安全的基本常识

（一）交通信号灯识别

交通信号灯分为：机动车信号灯、非机动车信号灯、车道信号灯、人行横道信号灯。

1．机动车信号灯和非机动车信号灯

（1）绿灯亮时，准许车辆通行，但转弯车辆不准妨碍直行的车辆和被放行的行人通行。

（2）黄灯亮时，已越过停止线的车辆可以继续通行。

（3）红灯亮时，禁止车辆通行。在未设置非机动车信号灯和人行横道信号灯的路口，非机动车和行人应当按照机动车信号灯的标示通行。右转弯的车辆，在不妨碍被放行的车辆和行人通行的情况下，可以通行。

2．车道信号灯

（1）绿色箭头灯亮时，允许本车道车辆按指示方向通行。

（2）红色叉形灯或者箭头灯亮时，禁止本车道车辆通行。

3．人行横道信号灯

（1）绿灯亮时，准许行人通过人行横道。

（2）绿灯闪烁时，禁止行人进入人行横道，但已进入人行横道的可以继续通过，或者在道路中心线处停留等候。

（二）交通标线

马路上，用漆画的各种各样的颜色线条是"交通标线"。

"车道中心线"指的是道路中间长长的黄色或白色直线，它用来分隔来往车辆，使车辆互不干扰。

"车道分界线"指的是中心线两侧的白色虚线，它规定机动车在机动车道上行驶，非机动车在非机动车道上行驶。

"停止线"指的是在路口四周的一根白线。红灯亮时，各种车辆应该停在这条线内。

"人行横道线"指的是马路上像斑马纹那样的白色平行线。行人在这里过马路比较安全。

（三）隔离设施

交通隔离设施主要有行人护栏和隔离墩或绿化隔离带。

行人护栏是用来保护行人安全，防止行人横穿马路走入车行道和防止车辆驶入人行道的。隔离墩或绿化隔离带是设在车行道上用来隔离机动车与非机动车或来往车辆的。

（四）汽车的大光灯与刹车灯

汽车前面的两只"大眼睛"叫"大光灯"。夜幕降临，司机打开"大光灯"就能照亮道路。汽车尾部有两只"红色的眼睛"，叫"刹车灯"。当驾驶员刹车时，这两只"红眼睛"立刻发亮，它告诉行驶在后面的车辆，注意保持距离。此外，汽车尾部还有两只"白色的眼睛"，叫"倒车灯"，汽车倒车时会发出白色光线，有的还会发出"倒车，请注意"的叫声，提醒我们要及时避让。

（五）让特种车辆先行

特种车辆担负着特殊紧急任务。交通法规规定，一切车辆和行人都必须让执行任务的警车、消防车、救护车和抢险车先行。

交通警告标志

十字交叉路口标志	Y形交叉路口标志	环形交叉路口标志	向左急弯路标志
连续弯路标志	上陡坡标志	右侧变窄标志	双向交通标志
注意信号灯标志	注意行人标志	注意儿童标志	注意落石标志
堤坝路标志	村庄标志	隧道标志	渡口标志
注意危险标志	注意非机动车标志	事故易发路段标志	无人看守铁路道口标志

交通禁令标志

交通指示标志

二、行路的安全常识

　　行路是人类最基本的、一种比较自由安全的交通方式，但绝不能麻痹大意，忽视它不安全的一面。行路时要集中精力，避免发生意外事故。交通法规作出了不少保护性的规定，但同时也要求行人履行一定的交通义务。

　　（1）行人不得进入高速公路。高速公路是专供机动车高速行驶的公路，行人进入高速公路极易被高速行驶的车辆撞伤或撞死。为此，高速公路外围都会设置严密的隔离设施，防止行人进入。同时《中华人民共和国高速公路交通管理办法》规定，行人进入高速公路造成自身伤亡和财产损失的，正常行驶的机动车一方不负交通事故责任和法律责任。

（2）行人在道路行走时，有人行道的要走人行道；没有人行道的要走非机动车道；人行道和非机动车道都没有的，横过车行道时，如果没有人行横道、过街天桥或地道的，须在保证安全的前提下，直行通过，不准在车辆临近时突然横穿，要紧靠道路的右侧行走。没有人行道的路段，行人以能安全通行的空间为准，一般指从道路边缘（含路肩）算起往路中不超过 1 米的范围内。车辆在此空间内通行，遇行人时不得侵犯行人的安全通行空间。列队通行道路时，每横列不得超过二人，须紧靠车行道右边行进。

（3）行人横穿道路时，要在划定的人行横道内通行。在通过有交通信号的人行横道时，要按信号行进，不能闯红灯。在没有人行横道的道路上横穿时，要注意观察左右来往车辆，在确认安全的情况下快步直行，不要斜行慢走或猛跑猛停，不要在车辆临近时突然横穿。有人行过街天桥或地下人行通道的，行人须走人行过街天桥或地下人行通道。在马路上行走不要边走路边看书，要注意观察行车情况。

（4）在有隔离护栏、花圃的路段，通过没有交通信号控制的人行横道，须注意车辆，在保证安全的前提下，直行通过，不准追逐、猛跑；行人要在缺口处横穿，不要钻跨、倚坐隔离护栏或踩踏花园。

（5）行人通过铁道路口时，要遵守道口信号指示，听从看守人指挥。铁道护栏关闭、红灯亮、音响器发出报警时，行人必须停在停车线以外，无停车线的停在距离铁轨 5 米以外。通过无人看守的道口，须停步张望，在确认安全后方可通行。

（6）行人要遵守交通标志、标线的规定，行经设有禁止行人进入的交通标志的路段时，应严格遵守，不得进入。

（7）行人不要在公路上扒车、追车、强行拦车或扔东西砸车，也不能在马路上打球、溜冰、嬉戏等。

（8）雾天、阴雨天行路时要格外小心，最好穿颜色鲜艳的衣服或雨衣。夜间行走时最好准备一个手电筒用于照明。

（9）滑板、旱冰鞋等滑行工具难以掌握方向和紧急制动，因此，不得在道路上使用滑板、旱冰鞋等滑行工具。

三、乘坐公共汽车安全常识

在日常生活中，人人离不开交通工具，便利的交通工具给人们提供快捷，特别是城市人多拥挤，各种车辆来往频繁，在乘坐公共交通工具时应注意以下问题：

（1）乘坐公共汽车、电车和长途汽车须在站台或指定地点依次候车，待车停稳后，先下后上；在道路上搭乘机动车，应当从车身右侧上车，不得强行上下或者攀爬行驶中的车辆；乘车时要注意文明礼貌，谦和文雅，自觉购票，避免因拥挤、上下车等事与人争吵。

（2）不在车行道上或交叉路口处招呼出租汽车，应当在非交叉路口处的行人道上招呼出租车。

（3）不携带易燃、易爆危险物品乘车。

（4）车辆行驶中，乘车人不能将身体的任何部位伸出车外，更不能跳车。

（5）乘坐货车时，不站立，不坐在车厢、栏板上。

（6）车辆行驶中，不与驾驶员闲谈，不得有妨碍驾驶员安全操作的其他行为。

（7）车辆在高速公路行驶时，乘车人不站立，不随便向车外抛物品，前排乘车人应系安全带。

（8）高速公路上，车辆因故障不能离开车道或者发生交通事故时，乘车人必须迅速转移到右侧路边上。除执行任务的交通警察外，禁止任何人在高速公路上拦截车辆。

【知识小卡片】

什么是"黑车"？

"黑车"是没有运营资格，不被国家允许的、以赢利为目的的车。"黑车"的车身上没有任何出租车标志。

"黑车"多是一些报废车、拼装车或车况非常差的车辆，而"黑车"司机也多是一些驾驶技术不够娴熟的人员，同时也存在着强揽旅客、甩客及敲诈勒索的情况，这些都给乘客的安全埋下了隐患。另外，"黑车"很少投保，车主的赔偿能力也有限，所以当发生交通事故时，索赔难度非常大。

正规出租车的车身一般会印有企业名称、车辆编号等，安装有统一的出租车牌照，例如，北京市出租汽车的牌照均以"京B"开头。正规出租车均安装有计价器，仪表盘旁边安装有驾驶员服务监督卡等。正规出租车不仅安全系数高，并且一旦发生事故，可从出租汽车公司得到相应的赔偿。

四、乘飞机的安全常识

在乘坐飞机时，应认真听取乘务人员的讲解和安全示范，了解应急设备的使用方法，系好安全带，在遇到紧急情况时，听从乘务人员的安排，不私自乱动救生设备。飞机开始迫降或紧急着陆时，乘客应采取如下措施：

（1）迅速取下身上的尖锐物品（如假牙、眼镜、高跟鞋等），并将其放在前排左翼背后的口袋中，以免身体受撞击时造成意外伤害。

（2）保持正确坐姿。臀部紧贴椅面，两脚紧贴地板，背前弓，双手在膝下握住，头贴住膝盖。

（3）如有软垫物，应充分利用。可将枕头垫在下腹部，将充气救生衣围在头四周，用毛毯包头，人盘坐在椅子内，以避免或减轻夹撞引起的伤害。

（4）在工作人员的组织下，从紧急出口处用坐姿跳到充气逃生滑梯上，迅速离开。

（5）如果飞机迫降在海面上，应迅速穿上救生衣。飞机上的其他软垫物，如座椅、充气逃生滑梯，可当做救生物急用。

（6）如果飞机迫降在地面时，没有起火、爆炸的危险，不要离开飞机。因为飞机比人的目标大，容易被营救人员发现，且飞机也是不错的藏身、栖身之地。

（7）如果机舱内氧气不足或气压调节装置发生故障，应立即戴上氧气罩。

（8）如舱内出现烟雾，应立即用湿毛巾或湿手帕（可用饮料浇湿）捂住鼻子和嘴巴，并听从乘务员的统一指挥。

五、乘坐轮船时的安全常识

（1）在乘坐轮船时，应选择具有营运资格的客船和轮渡船，若遭遇大风、大浪及浓雾天气则不应乘船。

（2）上、下船时服从工作人员的指挥，上船后留心观察救生设备的位置，不在甲板上追逐打闹。

（3）要了解备用救生衣（具）的存放位置，熟悉安全通道及通往甲板最近的逃生口。

（4）遇到危险时要做好自我保护，稳定情绪，寻找救生工具。

（5）一旦落水要保持体能，可双腿并拢屈到胸部，两肘紧贴身旁，两臂交叉放在救生圈前，使头部和颈部露出水面，并及时呼救。

（6）若游船撞到礁石或其他船只有下沉的迹象，应穿上救生衣，利用手机、信号弹或燃烧的衣物发出求救信号。若情况十分危急，需要弃船，请在工作人员的指挥下，按顺序离开事故船只。

（7）若是海上遇险，则应学会利用各种途径获取食物或者淡水，想方设法维持自己的生命。在离开大船时，应尽量穿得暖和一些，最好选择毛织品，可以拿一些巧克力等热量较高的食品，条件许可再带上手电。离开大船时，切记穿上救生衣，并给救生衣充气。

（8）如果不得不跳进水里，应迎着风向跳，以免下水后遭到漂来的漂浮物撞击。双臂交叠在胸前，压住救生衣。双手捂住口鼻，以防跳下时进水。眼睛望前方，双腿并拢伸直，脚先下水。不要向下望，否则身体会向前扑进水里，容易使人受伤。如果跳的方法正确，并深屏一口气，救生衣会使人在几秒之内浮出水面。如果救生衣上有防溅兜帽，应该解开套在头上。跳水一定要远离船边，跳船的正确位置应该是船尾，并尽可能远跳，不然船下沉时涡流会把人吸到船底下。跳到水里后，要屏气并捏住鼻子，避免呛水。在放松身体的同时，试一试能否踩到水底，因为很多河流并不是很深。为了节省体力，应脱掉沉重的鞋子，扔掉口袋里沉重的东西，不要贪恋财物，不要有侥幸心理。

六、骑车的安全常识

（一）骑自行车的安全常识

骑自行车"十不准"：

（1）不准双手离把，撑伞骑车。

（2）不准互相追逐，扶肩并行。

（3）不准转头猛拐，曲线行驶。

（4）不准与机动车抢道。

（5）不准在马路上、人行道上学骑自行车。

（6）不准在马路上表现车技。

（7）不准攀扶机动车辆。

（8）不准抢红灯。

（9）不准逆向行驶。

（10）不准乱停自行车。

（二）驾驶摩托车的安全常识

（1）驾驶摩托车前一定要仔细查看车况，不骑"带病"车。

（2）要戴好安全头盔，不穿肥大的衣服。

（3）严禁无证驾驶和酒后驾驶，身体不适时或吃药后不要驾驶摩托车。

（4）驾车时要集中精力，保持良好心情，不开"怄气"车和"好汉"车。

（5）靠右行驶，尽可能保持匀速，减少急加速和突然停车，预防突发事件。

（6）遇到交叉路口一定要换挡减速慢行，确保安全后通过，遇弯路时减速慢行，防止侧滑（此时禁止使用前刹车，否则车辆容易失控飞出）。

（7）超车时一定要开转向灯，不要紧贴被超越车辆。

（8）雨雪天气时，地面摩擦阻力小，制动距离相对要长，一定要减速慢行，制动操作要柔和，避免急刹车。

（9）夜晚行车一定要打开夜间灯，减速慢行。

（10）行车中感觉摩托车有异常时，马上停车检查。停车后要检查灯光、电器有无异常；检查发动机等有无渗油或异常声音；关闭油箱开关；远离火源，不要靠近摩托车点火吸烟。

七、驾车的安全知识

（1）系好安全带。在车祸事故中，因没有系安全带而造成的死亡率要比系安全带的死亡率高出数倍。

（2）驾驶车辆注意力要集中。不要被身旁的乘客干扰，或被路边的景物分散注意力。同时要避免疲劳驾驶。

（3）不要盲目地跟随路面标志及标线。在弯道或上下坡路段更要小心谨慎，来车往往是在视线看不见的另一边。

（4）保持安全跟车距离，尤其不要紧跟在大型车辆后面。距前车越近，越看不到前方的路况，遇有突发状况时就难以躲闪。

（5）不要只把视线盯着前车的尾巴。随时观察前面的道路状况，遇到危险时才能有时间与空间采取更好的躲避措施。

（6）定期检查轮胎老旧磨损情况。因为在湿滑路面，磨损轮胎的防滑力大打折扣。

（7）经常查看后视镜。在改变行进路线或超车时，这是一定要有的动作。

（8）不要占用非机动车道。即使保持在安全限速范围内，在拥挤的非机动车道，也容易发生意想不到的状况。

（9）夜间行驶要特别小心。在没有路灯的路段，往往会有猫狗之类的动物突然跑出来，引发司机下意识的躲避反应。

（10）十次车祸九次快，切记世界上还有比你更快的车与驾驶者。

（11）切记不酒后驾车，特别是不醉酒驾车。

（12）在高速路上行驶的车辆需要停车排除故障时，驾驶人应当立即开启危险报警闪光灯，将机动车移至不妨碍交通的地方停放；难以移动的，应当持续开启危险报警闪光灯，并在来车方向设置警告标志等措施扩大警示距离，必要时迅速报警。

八、交通事故的急救常识

交通事故的抢救主要包括院前急救和院内急救两部分。院前急救在我国属于薄弱环节。据研究，交通事故造成的死亡，约50%发生在事故的瞬间；约35%发生在受伤后的一两个小时内；约15%发生在受伤后7天左右。因此，及时、正确的院前急救，能挽救许多生命，并能减轻疼痛，防止伤情恶化，预防并发症和残疾的发生。

（一）身体不同部位受伤的急救常识

一旦发生交通事故，进行伤情判断和简易急救是很重要的，如果处置得当可以大大减轻伤者的痛苦和提高救助的成功率。

1. 胸部剧痛、呼吸困难——肋骨骨折刺伤肺部

在交通事故中，撞击是驾驶员最易受到的伤害。被方向盘撞到胸部后，如果伤者感觉到剧痛和呼吸困难，应该怀疑肋骨发生骨折。肋骨骨折之后，如果碎骨进入肺叶，刺破肺泡，可能形成血气胸，引起肺栓塞，甚至导致死亡。如果车速过快、撞击力量过大，在撞车的瞬间，收紧的安全带也可能造成肋骨骨折。如果怀疑骨折，不要贸然移动伤者身体，避免碎骨对内脏造成新的伤害。

2. 腹部疼痛——肝脾破裂大出血

大多数轿车的方向盘比较靠下，发生撞击时，肝脏和脾脏等器官最易受到伤害。假如肝脾破裂，发生大出血，伤者会腹痛。但大多数伤者能够忍受疼痛，神智仍会清醒。伤者要判断待在车里是否安全，如果车子有起火等隐患，就要离开车。但动作要缓慢，下车后不要长距离走动。

3. 肢体疼痛肿胀——骨折

骨折后最忌讳自己乱动或是被别人错误包扎。骨折后，骨的每一次移位都有可能影响以后的恢复。搬动伤者前一定要确定伤肢不会发生相对移动，否则血管和神经都可能在搬动时受损，影响以后的痊愈。如果请别人帮助包扎伤肢，最好找木板或是较直、有一定粗度的树枝，同时用三根固定带将两至三块木板在伤肢的上中下三个部位横向绑扎结实。

4. 出血——外伤

撞击或其他原因可能会使司机的头颈部或胸部等受外伤。颈部的血管是最重要的部分，最好先检查颈部是否出血。在大量出血时最好能用毛巾或其他替代品暂时包扎，以免失血过多。等到医务人员到来后再仔细处理伤口。有的出租车司机很有经验，会在车上放上毛巾等物品。私家车主也不妨借鉴，方便在紧急情况下派上用场。

5. 脖子疼——颈椎错位

发生车祸时，坐在副驾驶座位上的乘员危险性更大，因为司机会在遇到危险时本能地躲避，而将副驾位置置于直接撞击的地方，所以系好安全带对副驾乘员来说更为重要。副驾驶座位乘员的颈部容易在车祸中受到损伤。如果感觉自己的颈椎或腰椎受到了冲击，应坚持请专业医护人员搬动。人的脊柱中有很多神经，这些神经如果在不当的搬动中受损就很有可能形成永久性的伤害，甚至瘫痪。所以，在搬动颈部损伤病人的时候要非常小心，要在有硬板担架的情况下用平铲的方式才能搬动，还要用颈托等固定。

（二）交通事故的现场急救

救助的一般原则是：一般先救危重伤员，后救一般伤员。

1．昏迷伤员的搬动

将重伤员从车内搬动、移出前，应在原地旋转颈托或进行颈部固定，以防止颈椎错位。当现场没有颈托时，可用硬纸板、厚帆布代替。对昏倒在座椅上的伤员，安放颈托后，可将其头颈部及躯干一并固定在靠背上，然后拆卸座椅，与伤员一起搬出。对那些被抛离座位之外的危重、昏迷伤员，应在原地放置颈托，包扎伤口。搬动时要轻柔，腰臀部要托住，将伤员平放在木板或担架上。

2．不同伤情的急救方法

（1）抢救呼吸中断者应抬其下颚，使呼吸道畅通无阻。如果受伤者仍不能呼吸，就要进行口对口的人工呼吸。如果上述人工呼吸仍不起作用，就要检查嘴和咽喉中是否有异物，并设法排除，继续进行人工呼吸。

（2）抢救失血受伤者可通过外部压力，使伤口流血止住，然后系上绷带。

（3）抢救休克受伤者时将病人安置到安静的环境，检查脉搏与呼吸；头与双下肢均抬高，维护重要脏器供血供氧，使休克停止；低温者保暖，高热者物理降温。

（4）抢救烧伤者时应迅速扑灭衣服上的火，脱下烧着的衣服，全身燃烧时，可向其喷冷水；用消过毒的绷带包上烧伤口，反复检查呼吸和脉搏；防止热损耗，可饮盐水（1 杯水中放 1 匙食盐）；不可使用粉剂、油剂、油膏和油等敷料；脸部烧伤时，不要用水冲洗，也不要拿衣物覆盖。

（5）骨折处置时不要移动身体的骨折部位，小心用消毒胶片包扎，并按发生后的状态保持部位静止。脊柱可能受损时，不要改变受伤者姿势。

（6）进行头部损伤救护时，如果伤员神志清醒，呼吸脉搏正常，损伤不太严重，可进行伤部止血、包扎处理。若伤员出现昏迷，要保持呼吸道畅通，并密切注意呼吸和脉搏。

（三）交通事故自救与救人

1．汽车车祸自救与救人

（1）若在车辆发生事故前的瞬间能发现险情，可以采取以下自救措施：紧紧握住面前的扶手、椅背，同时两腿微弯，用力向前蹬地，这样即使身体有被碰撞的可能，也能缓解身体前冲的速度，从而减轻受伤害的程度；如果车祸发生得十分突然，来不及做缓冲动作，可迅速抱住头部并缩身成球形，这样可以减少头部、胸部受到撞击。

（2）车祸发生后应迅速检查车祸现场，积极寻找伤员，并对重伤员进行优先救助处理。

（3）对呼吸、心搏骤停的伤员，应立即清理其上呼吸道，进行人工呼吸。

（4）对昏迷伤员，迅速解开其衣领，采取侧俯卧位。如遇舌头后坠时，可将舌尖牵出，也可将伤员的头部后仰，以保证呼吸道畅通，防止窒息。

（5）对创伤出血，可临时采用指压止血法，也可利用身边现有材料如三角巾、手绢、布条等，折成条状缠绕在伤口上方，用力勒紧来止血。

（6）对骨关节伤、肢体挤压伤和大块软组织伤，应灵活采用木棍、树枝、玉米秸、铁锹等固定；对已离断的肢体应妥善包扎，送往医院以备再植。

（7）对大面积的烧伤，可用较清洁的衣服、雨衣、布单保护创面，黏在伤面上的衣服可不脱掉。

（8）运送伤员应力求迅速。受伤后至手术时所间隔的时间与死亡率成正比，危重伤病员每延迟 30 分钟，死亡率就增加 3 倍。因此运送伤员应力求迅速。

2．水上交通事故自救与救人

船舶在江河湖海里航行时，也存在着安全隐患，如出现碰撞、火灾、爆炸、触礁、搁浅甚至翻沉等，乘客的安全都会受到严重的威胁。

（1）要做好自身保护。稳定情绪，寻找救生及漂浮工具，漂浮在水中不要轻易游动，除非是要接近附近的船只或可攀附的漂浮物。在水中采取正确的姿势对保存体能很重要，双腿并拢屈到胸部，两肘紧贴身旁，两臂交叉放在救生衣前，并使头部和颈部露出水面。坚持时间越长，获救机会越大。

（2）跳水逃生前不要慌张，要观察船只及周围情况，要避开水上漂流硬物。如船只正在下沉，千万不要在倾倒的一侧下水，以防被船体压入水中难以逃生。

当船上发生火灾时，要用湿手巾或湿棉织品捂住口鼻，向起火的上风位置逃避烟火，在上风（即迎风）一侧下水逃生。如果遇到没有燃烧的漂油时，必须将头部高高仰出水面，紧闭嘴巴，防止油进入鼻口，同时还要注意不要让油进入眼内。落水后往下沉时要保持镇静，紧闭嘴唇，咬紧牙齿，憋住气，不要在水中拼命挣扎，应仰起头使身体倾斜，保持这种姿态就可以慢慢浮出水面。

（3）要搞清船舶出事的准确位置，并通过各种方式（呼喊或摇动色彩鲜艳物等）发出求救信号。

（4）对于海上求生者来说，千万不要喝海水。海水含盐量比淡水大很多，饮用海水身体反而失水更快，更易感到口渴，严重的会出现腹胀、幻觉、神智昏迷、精神错乱等症状。同时在求生过程中要尽量节省食物，在没有充足淡水供应时，更应注意少进食或尽可能不进食，以免大量消耗体内水分。

（5）解救水上交通事故中的溺水人员，可采取以下方法：

①用救生圈：在救生圈上系一根绳子，将救生圈掷给溺水者，将他拖至船边或岸边。如绳不够长或无长绳时，应先将救生圈抛给溺水者（有明显水流的情况下，应抛向溺水者的上游处），接着迅速跳入水中游向溺水者，帮助其抓住救生圈，然后拖拉着溺水者游向岸边或船边。

②用竹竿：在溺水者离船（或岸）较近时，可用竹竿将其拖近施救。

③用绳索：先在绳索一端系一鲜明漂浮物，另一端结一个套握在手上，然后将绳子掷在溺水者前方，以便溺水者抓住将其拉回。

④用木板：在无其他救生器材的情况下，可将木板抛给溺水者，也可挟扶木板游向溺水者，将其拖带上船（或上岸）。

3. 火车事故自救

乘坐火车有时也会出现意外事故，如火车脱轨、起火等。尽管这些情况的出现是极少数的，也应引起注意。

（1）火车出事前通常没有什么迹象，不过有时旅客会察觉到一些异常现象（如紧急刹车），这时应充分利用出事前短短几分钟或几秒钟的时间，采取一些自救的措施：

①离开门窗或趴下来抓住牢固的物体，以防碰撞或被抛出车厢。

②身体紧靠在牢固的物体上，低下头，下巴紧贴胸前，以防头部受伤。

③如座位不靠门窗，则应留在原位保持不动；若接近门窗就应尽快离开。

（2）火车出轨向前时，不要尝试跳车，否则身体会以全部冲力撞向路轨，还可能发生其他危险，如碰到通电流的路轨、飞脱的零件，或掉到因火车蓄电池破裂而流出的残液上。

（3）火车停下来后，看清周围环境如何，如果环境允许则在原地不动，等待救援人员到来。此外不论怎样，要大声呼救，想办法尽快将遇险的信息传递出去。

【温馨提醒】

什么情况不宜乘车？

有下列情况不应乘车，以免发生危险：

1）发现车辆破损、声音异常时。

2）发现驾驶员精神状态不佳、酒后驾车时。

3）发现车辆不正常运行、客货混载、违章超载时。

4）发现客车有其他违反操作规程时。

5）遇恶劣天气如大风、大雨、大雾、大雪时，不坐汽车长途跋涉。

6）病中无人陪伴时不要乘车。

7）黑车和非客运车不要乘坐。

第十章　自然灾害预防与应对

　　自然灾害是指由于自然异常变化造成的人员伤亡、财产损失、社会失稳、资源破坏等现象或一系列事件。它的形成必须具备两个条件：一是要有人类破坏自然，导致自然异变作为诱因；二是要有受到损害的人、财产、资源作为承受灾害的客体。

　　"自然灾害"是人类依赖的自然界所发生的异常现象，自然灾害对人类社会所造成的危害往往是触目惊心的。它们之中既有地震、火山爆发、泥石流、海啸、台风、洪水等突发性灾害；也有地面沉降、土地沙漠化、干旱、海岸线变化等在较长时间中才能逐渐显现的渐变性灾害；还有臭氧层变化、水体污染、水土流失、酸雨等人类活动导致的环境灾害。这些自然灾害和环境破坏之间又有着复杂的相互联系。人类要从科学的意义上认识这些灾害的发生、发展并且要尽可能减小它们所造成的危害，这已是国际社会的一个共同主题。

第一节　地震的安全防范

　　在所有的自然灾害中，地震被称为"头号杀手"，是一种危害性极大的灾害。不是所有的地震都具有同样的威力，有时震级很小，我们甚至感受不到地壳在运动。可是，当地震以足够大的破坏力发生在人们难以承受的地方时，就会造成房屋倒塌，人员伤亡。

【案例导入】

　　2008年5月12日14时28分04秒，四川汶川、北川，8级强震猝然袭来，大地颤抖，山河移位，满目疮痍，生离死别……西南处，国有殇。这是新中国成立以来破坏性最强、波及范围最大的一次地震。此次地震重创约50万平方公里的中国大地！

　　国家统计局将汶川大地震造成的损失指标分三类，第一类是人员伤亡问题，第二类是财产损失问题，第三类是对自然环境的破坏问题。据民政部报告，此次地震已确认69 197人遇难，374 176人受伤，失踪18 209人。抢险救灾人员已累计解救和转移1 485 697人，因地震受伤住院治疗累计96 451人（不包括灾区病员人数）。

【案例点评】

震撼全国的汶川大地震造成的人员伤亡数量非常庞大，让人痛心。一个个城市顷刻之间几乎成为废墟。地震带来的不仅仅是物质上的伤害，精神上的伤害更是让人们痛不欲生。而地震的发生很大程度上是不可预测的。为此，大学生需要以此为警醒，掌握地震的安全知识，及时做好地震的防范措施，熟知自救以及互救知识和技能，争取把伤害减到最小。

【知识链接】

一、地震的基本知识

地震是指地下岩层受应力作用颤动，从而产生破裂造成的地面震动。它的表现形式是大地（地壳）的快速而剧烈的颤动。地球上每天都在发生地震，一年约有 500 万次，其中约 5 万次人们可以感觉到；可能造成破坏的约有 1 000 次；7 级以上的大地震平均每年有十几次。

与旱灾、水灾、风灾、泥石流、山崩、农作物病虫害等灾害相比，地震具有突发性强、破坏性大、社会影响深远、防御难度大等特点。

地震主要分为两类：一类是构造地震，它主要是地下深处的岩层错动、破裂而引发的；另一类是火山地震，它主要是由火山喷发引起的。此外，还有因地下溶洞或矿井塌陷、水库蓄水或油田抽注水而诱发的地震等。

在这两类主要的地震中，构造地震是全球规模最大、发生频率最高的一类地震，占全球地震的 90%以上。构造地震也是危害性最大的地震，它主要以直接破坏和间接破坏的方式，造成建筑物倒塌、人员伤亡、生命线工程（水、气、电、通信、交通等）受损、地基沙土液化、山崩、滑坡、良田毁坏和导致火灾、洪水、毒气泄漏及疫病的发生，给人类的生存空间和人类社会带来极大的威胁和严重的破坏。

二、地震的预防

掌握一定的地震知识，可在地震发生时采取有效的措施，避免不必要的伤亡。平时大学生应该了解家庭、学校和办公室所处的地质构造情况，掌握基本的地震防御办法，注意身边自然界的异常现象。另外，不要听信和传播地震谣言。

（一）室内防震措施

（1）把屋子里悬挂的东西和放在柜子顶上的东西全部拿下来，放到地面比较稳固的地方，防止大地震动时掉下来砸伤人。

（2）把床摆到离窗子远一点的地方，窗上的玻璃要用胶条贴起来，以免玻璃震碎了掉下来扎伤人。

（3）易倒地的家具要固定在墙壁上，尤其是较高、重叠二三层等重心很高的家具要特别加以固定，较高的家具上面不应堆放笨重物品，以免震时倒地伤人或成为逃生的障碍物。

（4）固定桌面上的贵重物品（如计算机等），系紧或加固悬挂物（如灯具、挂钟镜框和厨房用品等）。

（5）卧室，尤其是老人或儿童的卧室，尽量少放家具和杂物，尤其不要放高大物品。

（6）有条件的家庭，可设计一个室内避震空间。如重点加固一间居室或在床上增设结实的抗震框架等。

（7）每个家庭成员都要熟悉电、水、气阀门的位置，掌握正确的关闭方法。不要把易燃、易爆物或农药、有毒物品放在屋内。

（8）居所如果有存放的酒精、汽油、煤油等易燃物品，一定要清理到屋外，放到安全的地方，防止大震袭来时发生火灾。

（9）对居所能导致明火的设备和厨具做一个全面的检查，要注意有无故障，管道有无老化和泄漏。若有故障等现象应及时予以修理。火源的上方及四周不能存放可燃物，浓酒或食用油应搁置在离火源较远的地方。

（10）要准备灭火器。有条件的可预备消防用水，如可在浴室中存水，或用水桶存水，既可在火灾发生时急救，又可当成震后的饮水储存。

（二）室外防震措施

（1）正门、楼道、走廊不堆放杂物，以利人员疏散。

（2）选择疏散避震的安全场地。场地应就近、宽敞，应避开高大建筑物、电线杆、砖墙、路灯和变压器。

（3）发布临震预报的地区，应按政府安排，在指定地点修建临时防震棚。

（4）在外期间注意卫生、防火。

（三）准备措施

储备饮用水等，遵守和维护社会秩序。强烈地震可能使供电、供水、供热、交通、生活必需品供应、信息传播、医疗卫生等系统中断。为了在短时间内生存上有保障，应准备一到两个"防震包"，备好维生素、纱布、绷带、眼药以及急救药品等基本生活用品。

因为是备用应急，所以应按保质期及时更换食品和水。另外，还应准备小铁铲、钳子等工具，可以在自救或救人时发挥作用；最好准备一个哨子，可以帮助救援人员发现自身被埋的地点。

（四）居住安全的房屋

地震发生时，如果房屋不牢，很有可能坍塌，因此要选择居住安全系数高的住房。要判断自己的房屋是否有足够的安全性，如自己所住的房屋属于劣质房和危房，一定要搬出另找住处。如自己没有经验，也可向有关部门咨询，或向组织反映，以求对住房进行修补、加固等。有条件的可居住在防震篷内。

（五）提前召开防震会议

如果所处地区为地震多发地区，可召开防震会议，会议一定要明确地震时每个人分担的任务。如电源由谁负责关闭、谁携带"防震包"出门等，都要有仔细的安排，并牢记在心。另外，要确定震时的躲避场所，还要准备联络方法，约定一个室外集合的地点。

【知识小卡片】

大震前有何前兆？

由于地下岩层受到挤压或拉伸，使地下水位上升或下降；或者使地壳内部气体和某些物质随水溢出，而使地下水冒泡、发浑、变味等。

有这样一首歌谣来描述井水对地震的征兆："井水是个宝，前兆来得早，天雨水质浑。天旱井水冒，水位变化大，翻花冒气泡，有的变颜色，有的变味道。"震前一两天，牛、马赶不进圈，乱蹦乱跳，嘶叫不止，烦躁不安，饮食减少；一些猪羊不吃食，烦躁不安，乱跑乱窜；狗狂叫不止；鸡不进窝，惊啼不止；鸭不下水；家兔乱蹦乱跳，惊恐不安；鸽子在震前数天惊飞，不回巢；蜜蜂一窝一窝地飞走；老鼠反应最灵敏，在震前一天至数天，突然跑光了，有的大老鼠叼着小老鼠搬家；有些冬眠的蛇游出洞外上树；鱼惊慌乱跳游向岸边，翻白肚等。

地光和地声是地震前夕或地震时，从地下或地面发出的光亮及声音，是重要的临震迹象。

四、地震发生后的自救与互救

自救与互救在抗震救灾中有极为重要的意义，无论有无救援力量到达，广大灾民自救与互救都是不可缺少的救生措施。被倒塌建筑物压埋的人，只要神志清醒，身体没有重大创伤，都应该坚定获救的信心，妥善保护好自己，积极实施自救与互救。

（一）自救原则

（1）克服恐惧心理，坚定生存信念，自谋策略，尽快脱离险地。如不能自行脱险，应保持镇静，捂住口鼻，防止被倒塌建筑物的灰尘窒息。

（2）清除压在身上的物体，支撑可能坠落的重物，创造生存空间。

（3）不要大声呼叫，以减少体力消耗。在周围十分安静或听到上面（外面）有人活动时，用砖、铁管等物敲打墙壁，向外界传递消息。

（4）搜寻可食用的饮水、食品，节约使用，延续生命，静待援救。

（5）几个人同时被埋压时，要互相鼓励，共同计划，团结配合，必要时采取脱险行动。

（6）寻找和开辟通道，设法逃离险境，朝着有光亮、更安全宽敞的地方移动。

（二）互救原则

幸免于难的人员在救助亲人、邻里、同事和其他被埋人员时应做到以下几点：

（1）注意探听被埋人的呼喊、呻吟、敲击器物的声音。

（2）根据房屋结构，先确定被埋人员位置，再行抢救，防止再次受伤。

（3）先抢救建筑物边沿瓦砾中和其他容易获救的被埋人员，扩大互救队伍。

（4）先抢救医院、学校、旅馆等人口密集人群。

（5）勿用利器刨挖。实施抢救时首先应使被埋者暴露头部，清除口内尘土再行抢救。

（6）对被埋较长时间的幸存者，有条件的应先输送食品、饮料，再边挖边支撑，注意保护其眼睛。

（7）对颈、腰椎受伤者，切忌猛拉硬拽，应待其暴露全身后，慢慢将其移至硬木板担架上。

（8）对一息尚存的危重伤员，应现场急救，再送医疗点或医院。

五、地震发生时个人避险方法

地震发生时，每个人可能处于不同的场合，而在每种场合下应对的措施是不一样的，现分成在室内、室外和车内逃生的三种情况加以介绍。

（一）室内逃生方法

在室内有很多种场合，有些措施是基本相同的，但也要根据不同的情况灵活采用。然而，无论在什么情况下，有些基本原则应该掌握。如：熄掉室内的明火、保证安全出口的畅通、在室内找安全的地方躲避、千万不可从高处跳下等。

1. 在宿舍、教学楼、图书馆等校内场所遇到地震

一定要保持镇定，听从老师或有关工作人员安排，有序撤出，切莫拥挤外逃。来不及撤离时，最好用枕头、书包保护好头部，闭上眼睛，躲在床铺或书桌下面。要蹲下或坐下，尽量蜷曲身体，降低身体重心。抓住桌腿等身边牢固的物体，以免震时摔倒或者因为身体失去控制而发生位移，使自己暴露于坚硬物体下而受伤。

2. 在单门独院的房屋内遇到地震

这一类房屋通常是木造或砖木结构，也不太高，因此，如果房屋倒塌，其倒塌向下的力量不是很大。如果发生地震，可视情况紧急躲在坚固的桌子或床下，即使天花板掉落，也不至于将桌子或床压破。而衣柜或书架等易倒下的地方是禁区，有可能被压在底下，或受到上面坠下物的直接打击或挤压的危险。

发生地震时，不能慌张地向屋外逃，因为瓦片、玻璃如果落下来，会使你意外受伤。相比之下，在这类房屋的里面比在外面安全，而且，这类房屋通常不会顷刻间整体倒塌。若在二楼，不要沿楼梯往一楼跑，或由窗户跳下去。因为倒塌的二楼极可能是覆盖在一楼上的，因此，此时的二楼比一楼更加安全。一定要关闭火源。因为在这类房屋中发生火灾的危险比地震本身还要可怕。另外，确保安全出口很重要，在躲过第一次地震后，应迅速逃出室外，以躲避可能发生的余震和房屋事后倒塌。

3. 在洗浴中途遇到地震

一般情况下，浴室空间狭小，有柱子和墙壁支撑，其安全性要高于客厅及卧室。由于洗浴时是赤裸的，在奔跑时极有可能被玻璃或瓦片砸伤。所以如果没有更好的机会，应就近在浴盆或墙角蹲下，用硬物保护头部。若无硬物，也可用浴巾保护头部。但切记：要露出眼睛，警惕地观察四周的情况，并机智地采取躲避措施。在厕所中的情况与在浴室相同。但应将门打开，防止震后门打不开而失去逃生的机会。

4. 在睡梦中遇到地震并惊醒

应迅速躲进床下，并扯床上的被、褥、枕头等物品保护头部。

5. 在高层公寓内遇到地震

在高层公寓内遇到地震时，千万切记不能往外跳。一般现代的高层公寓耐震性都很高，若不是震级很高的地震，一般不会整体倒塌。在高层公寓内逃生的基本原则与在单门独院的房屋内大致相同。但有所不同的是，高层公寓的卫生间相比来说非常安全，因此在卫生间内躲过地震的高峰是个不错的办法。躲过后，再伺机逃到室外离建筑物较远的空旷处。若万一打不开门，只有等待救援的到来。高层公寓逃生时，禁止使用电梯。因为一旦停电，便会被困在途中，失去逃生的希望。

6. 在办公楼内遇到地震

这种情况与在高层公寓内相似。可就近躲在办公桌下。如果离走廊近，人流不多，也可跑到走廊上躲避。但切记：如果办公室人很多，出口又很小，人群极易发生踩踏事故。另外，在办公室内要避免待在容易倒下的橱窗、产品陈列柜、资料架或玻璃窗旁边，以防被物品砸伤或被玻璃划伤。与从高层公寓内逃生一样，不可往外跳，也不可乘电梯。

7. 在百货公司和超市内遇到地震

这类建筑物在建造时所考虑的耐震性要超过公寓和写字楼。因此一般不用担心倒塌。不过，商品柜和展示橱窗却容易倒下，因此，在这种场合下遭遇地震，迅速找到安全的地方是逃生的关键。楼梯平台、厕所、柱子附近是比较安全的地方。眼睛要时刻注意天花板上的坠物，并躲避。当地震高峰过去后，应在人流高峰后再沿着步行楼梯外逃，切不可在人流拥挤的狭窄通道内硬挤，以免发生踩踏事故。

8. 在电影院和剧场内遇到地震

一定要记住太平门的位置。可就近躲在椅子下面，或前后两排椅子之间，并用手护住头部。这种场所由于人多，很容易陷入混乱状态。因此切不可盲目跟着人群流动，以免被踩踏致伤致死。待人群情绪稳定后，再视情况采取逃生行动。

（二）室外逃生方法

当城市发生地震时，室外最主要的危险是招牌和玻璃等物的坠落以及建筑物倒塌引起的砸伤。现代城市越来越拥挤，建筑物与建筑物之间的间距也越来越小，这种危险与室内相比也毫不逊色。

1. 在商业街或繁华路段遇到地震

在这种路段，建筑物一般会很集中，广告牌、招牌很多，一旦发生地震，招牌、广告牌及玻璃会如下雨般地掉落，所以一定要往路中央的地方跑。切不可跑回商场等建筑的大厅内，因为这种大厅柱子很少，天花板上的建材与吊灯很易坠落，大厅内的商品陈列及大型展示窗等极易倒下。如果附近是银行等钢筋混凝土建筑，也可在门口附近稍微等待一下，等门口坠物基本停止后，再向路中央跑。如果正处于拱廊、造型或雕塑的旁边或下面，绝对不要蹲在那里，应赶快跑开。

2. 大楼和大楼之间遇到地震

如果大楼和大楼之间距离较远，呆在大楼的中间是很安全的。但如果大楼与大楼之间距离很近，那会很危险。可视情况暂时进入大楼，在入口处躲避天上落下来的玻璃等，但不能进入太深。如果就近没有入口，就只能待在道路中央。如果有树，可在树下躲避。

3. 在体育场或露天广场等处遇到地震

如果发生地震时，正在体育场或露天广场等人员聚集的地方，最重要的逃生原则是不能挤到入口或出口，或跟随人流拥挤。由于现场混乱，这类场所最容易发生踩踏致伤事故。最好逃到场地中央。如果在看台高处，也不妨原地不动，一般体育场看台是极其牢固的。

除此之外，如果在公园、寺院、山林等城市空旷地带，那当然是非常幸运的。但如果在上游有水库的河边，也要防止水库堤坝崩裂后造成的洪水。如果有这种情况，应尽快逃离河岸。另外，在海边也不安全，因为地震可能引起海啸，这时应朝远离海滩的地方逃跑，并找一处开阔的高地躲避。

【知识小卡片】

如何甄别地震谣言？

（1）正确认识国内外当前地震预报的实际水平，人类目前作出的较大时间尺度的中长期预报已有一定的可信度，但短时预报和临时预报的成功率还相对较低。

（2）要明确在我国发布地震预报的权限在政府，任何其他单位或个人都无权发布地震预报消息。对待地震谣传，要做到不相信、不传播、及时报告。

（3）学习地震常识，消除恐震心理。

（三）车内逃生

1. 在列车或电车上遇到地震

铁轨的耐震性极好，因此地震时的列车或电车是相对安全的地方。但如果遇到这种情况，不可惊慌失措，更不能冒险跳出车外。注意外面的铁路输电线是否已落在地上，以防触电。

2. 在地铁上遇到地震

地震时地铁是非常安全的地方。逃生的关键是不能跟着人流拥挤。有些铁轨上可能有输送电流，要防止触电。如果正在月台上，逃生的方法与地下商场或地下通道相同。要注意头部上方是否有沙土落下。

3. 在公共汽车上遇到地震

不能跟其他乘客拥挤，因为车内是较安全的，拥挤反而可能造成事故。待车停稳后，再有秩序地下车，找一处安全的地方躲避。

4. 正在驾驶小车时遇到地震

若感觉汽车在莫名其妙地摇晃，应想到可能发生了地震。这时不要急于刹车，应逐渐减慢速度，并停在路边，以防后车追尾。车门不要上锁，可打开一条小缝，防止车顶被砸后车门无法打开。不能存着"开车去避难"的想法，因为在地震中开车是非常危险的事情。

5. 在高速公路上遇到地震

高速公路上的处理方式与一般城区处理方式相同。但由于在高速公路上汽车速度很快，容易形成追尾的连环事故，因此采取刹车方式时要格外小心稳妥。若在高架桥上，则应慢速驶离高架桥。

第二节　洪水的安全防范

洪水灾害是我国发生频率高、危害范围广、对国民经济影响最为严重的自然灾害。据统计，20世纪90年代，我国洪灾造成的直接经济损失约12 000亿元人民币，仅1998年就高达2600亿元人民币。水灾损失占国民生产总值的比例在1%~4%之间，为美国、日本等发达国家的10~20倍。洪水的安全防范对于人民生命和财产安全具有重大意义。

【案例导入】

自2010年10月1日起，海南省大部分地区遭暴雨洪涝灾害，局部地区降雨量高达1 200多毫米，平均降雨量达800毫米，创海南49年来历史新高。暴雨造成海南一些县、市山体滑坡，交通堵塞，许多民房倒塌，一些乡镇或县城被水淹没，经济损失严重。据不完全统计，在被淹村庄中，万宁317个，海口40多个，文昌122个，澄迈近100个，琼海超200个，其余市县均有不同数量的村庄被淹。据海南省三防办主任杨运暹介绍，除去上述灾情外，还有农作物94.34千公顷受灾，受灾人口164.83万人，房屋倒塌580间。据民政部统计，截至2010年10月7日8时，初步统计直接经济损失达7亿元。

【案例点评】

俗话说，洪灾似猛兽。洪灾的发生往往会毁坏农田，破坏建筑物，造成人员伤亡和巨大的经济损失。然而，人类无法阻止暴雨、洪水、泥石流、滑坡等自然灾害的发生，但是可以根据自然规律做好减灾防灾工作。

在雨季、汛期，大学生外出时需要特别注意暴雨、山洪、泥石流、滑坡等自然灾害的发生。灾害发生时，大学生应听从学校和地方政府的指挥与安排，积极投身到抢险抗灾中。

【知识链接】

一、洪灾基本知识

洪灾是由于江、河、湖、水库水位猛涨，堤坝漫溢或溃决，使洪水入境而造成的灾害。洪灾除对农业造成重大灾害外，还会造成工业甚至生命财产的损失，是威胁人类生存的十大自然灾害之一。洪水有几种，如山区河流出现河水量猛增，水位急剧上涨等现象称为山洪；暴雨引起山体或岸壁的崩坍，大量泥石连同水流下泄，则称为泥石流；水库溃坝，存蓄的大量水体突然泄放，使下游河段的水位流量急剧增长称为溃坝洪水。洪水常常威胁沿河、滨湖、近海地区的安全，造成巨大灾难。

洪灾的危害不仅导致人类的伤亡和生态环境的改变，而且还可能引起疾病的暴发和流行，给人民的生命财产带来巨大的伤害。

二、洪灾的预防

（一）学习防洪知识

学习防洪的相关知识，加强并完善自身环境内的防灾措施，发现异常征兆，如堤坝渗水、出现"管涌"、水位异常猛涨等，应及时向有关部门报告。

（二）做好防洪准备

准备必要的医疗用品，妥善安置贵重物品，准备必要的衣物、食品、矿泉水，做好自救和救援的准备，将人、畜等尽早转移到安全的地方。

（三）远离可能发生洪灾的地点

在汛期当气象台预报有连续暴雨或有台风袭击时，处在易受洪水淹没的低洼、滞洪地带或湖泊、海边、河边的人群，要提高警惕，随时注意水位的变化，及时了解洪水的情况，采取适当的措施。必要时，要及时离开可能发生洪灾的地区，避免或减轻洪水的危害。

三、遇到洪水的自救

（1）如果水面上涨时，躲在学校或比较坚固的室内比较安全，不要轻易往外跑。如果位于洪水无法进入的、真正密闭的建筑物内，其门窗等都无缝隙，则是相对安全的。同时，可以在沿门槛和窗底放好装满泥土的沙袋或塑料袋，尽可能将洪水拒之门外。

（2）关闭电源和煤气。

（3）准备好饮用水、应急食物和保暖衣服。保存好各种尚能使用的通信设施，以便与外界保持良好的通信联系。

（4）饮用水要储存在拧紧瓶盖的塑料瓶和其他密闭性好的容器中，防止漏水或被污染。

（5）如果有手电、口哨、镜子、色彩艳丽的衣服或旗子，则把它们放在一个木箱中，以便将来可以用来做信号。酒精炉等简易炉具也很有用，可以用来加热食物、饮水和取暖。另外，燃料、火柴、打火机以及蜡烛也十分有用。

第三节　其他自然灾害的安全防范

台风、雷电、大雾、高温、泥石流、滑坡等也都是来自大自然的威胁。对于自然界的灾害，也许目前我们还没有办法根除它，甚至无法预知它何时到来，但是可以采取一些有力的防范措施，将财产及人身伤害程度减到最小。

【案例导入】

2010年10月21日，台风"鲇鱼"袭击我国台湾，台湾岛东北部暴雨成灾，更造成苏（澳）花（莲）公路沿线落石塌方不断。载有19名大陆游客的创意旅行社游览车，消失在苏花公路。尽管台当局陆海空全力搜寻救援，但是19名大陆游客不幸全部罹难。

【案例点评】

台风和热风暴主要是借助大风对人和物造成伤害，因此，在大风来临之前，最好能够待在室内，避免外出遭受台风袭击。

大学生出外旅游时，也要注意观察天气情况，确保没有台风、龙卷风等天气再外出。尤其是前往台湾、海南等有过台风袭击事件发生的省份或城市时，需要特别注意。

【知识链接】

一、台风灾害的安全防范

（一）台风的危害

台风（或飓风）是产生于热带洋面上的一种强烈热带气旋。其称谓随着发生地点和时间的不同而不同。在印度洋和北太平洋西部、国际日期变更线以西，包括南中国海范围内发生的热带气旋称为"台风"；而在大西洋或北太平洋东部的热带气旋则称"飓风"。台风发生的规律及其特点主要有以下几个方面：

（1）季节性。台风（包括热带风暴）一般发生在夏秋之间，最早发生在五月初，最迟发生在十一月。

（2）台风具有旋转性，其登陆时的风向一般是先北后南。

（3）由于台风的风向时有变化，台风中心登陆地点较难准确预报。

（4）台风具有严重的损毁性。台风对不坚固的建筑物、架空的各种线路、树木、海上船只、海边农作物等破坏性很大。另外，强台风发生时，也易造成人员伤亡。

（5）强台风发生常伴有大暴雨和大海潮。

台风共有6个级别，最高级别为超强台风，风力16级或以上；其次是强台风，风力14~15级；台风，风力12~13级；强热带风暴，风力10~11级；热带风暴，风力8~9级；热带低压，风力6~7级。

（二）台风灾害防范

在台风登陆时，为确保人身及财产安全，应做好以下应对措施：

（1）千万不要下海游泳。台风到来时海浪极其凶猛，在海滩游泳是十分危险的。

（2）不要打赤脚，最好穿上雨靴，防雨的同时也起到绝缘作用，预防触电。走路时应仔细观察，以免踩到电线。通过小巷时应特别留心，台风天气易导致围墙、电线杆倒塌事故的发生。走在高大建筑物下注意躲避高空坠物。尽量少走高层楼房之间的狭长通道，因为狭长通道会形成"狭管效应"，风力加大，会给行人带来危险。

若发生事故，应拨打"120"求助，不要擅自搬动伤员，因为搬动不当，会对骨折患者造成神经损伤，严重时会发生瘫痪。

（3）尽可能远离建筑工地。有的工地围墙经过雨水渗透，可能会松动；还有一些围栏可能会倒塌；一些散落在高楼上没有及时收集的建筑材料，如钢管、榔头等，可能会被风吹下；路过有塔吊的地方要更加注意安全，因为如果风大，塔吊臂有可能会折断。在经过脚手架时，最好绕行，不要在下面行走。

（4）不要在广告牌和老树下长时间逗留。有的广告牌在强大风力的作用下有可能倒塌。

（5）强风中尽量少骑自行车。顺风虽然不会对骑车造成太大危险，但是，一旦侧风向骑行，很有可能被大风刮倒，造成摔伤。

（6）台风来临前应将阳台、窗外的花盆等物品移入室内，切勿随意外出，应把门窗捆紧拴牢，特别应对铝合金门窗采取防护措施，确保安全。

（7）将容易被风卷走的东西搬进房子里或在原地固定住，如花盆、晾衣架等，以免砸伤路人。检查屋瓦和楼顶防水层。门窗要关锁妥当，尤其是迎风一面的门窗。如风势猛烈，可用木板或沉重的家具顶住向内开的窗户。玻璃窗贴上胶布，以免玻璃被击碎时碎片伤人。

（8）准备好蜡烛、火柴和手电筒，在大风造成停电时以备急用。如果有煤油灯等，也可拿出来准备应急。

二、雷电灾害的安全防范

（一）雷电的危害

雷电是伴有闪电和雷鸣的一种放电现象。雷电一般产生于对流旺盛的积雨云中，因此常伴有强烈的阵风和暴雨，有时还伴有冰雹和龙卷风。

当人遭受雷电袭击的一瞬间，电流迅速通过人体，严重者可导致心跳、呼吸停止，脑组织缺氧而死亡。另外，雷击时产生的火花也会造成不同程度的皮肤烧灼伤。雷电击也可使人体出现树枝状雷击纹、表皮剥脱、皮内出血等，还会造成耳鼓膜或内脏破裂等。雷击易发生在以下场所或设施上：

（1）缺少避雷设备或避雷装置不合格的高大建筑物、储罐。

（2）没有良好接地的金属屋顶。

（3）潮湿或空旷地区的建筑物、树木。

（4）由于烟气的导电性，烟囱特别易遭雷击。

（5）建筑物上有无线电设施而没有避雷装置，或没有良好接地的地方。

（二）雷电灾害防范

在雷电天气，应着重做好以下防范措施：

（1）关闭家用电器，拔掉电源插头，防止雷电从电源线入侵。

（2）不要靠近窗户，尽可能远离电灯、电线、电话线等引入线。在没有安装避雷装置的建筑内应避开钢柱、自来水管和暖气管道，以防雷电电流经这些金属管道窜入人体。雷雨天尽量少洗澡，切忌使用太阳能热水器。

（3）身处室外时，尽量寻找低洼之处（如土坑）藏身，或者立即下蹲，降低身体高度。不要在空旷的野外停留。远离孤立的大树、高塔、电线杆、广告牌等。不要在户外使用手机。如多人共处室外，相互之间不要挤靠，以防雷电击中后电流互相传导。

（4）若有人员被雷击中，应立即采用心肺复苏法抢救。

三、大雾灾害安全防范

（一）大雾的危害

在水汽充足、微风及大气层稳定的情况下，当接近地面的空气冷却至某种程度时，空气中的水汽便会凝结成细微的水滴悬浮于空中，使地面水平的能见度降低，这种天气现象称为雾。雾是对人类交通出行影响最大的天气之一。由于有雾时的能见度大大降低，以致很多交通工具都无法使用或效率低下，如飞机停飞，汽车、轮船行驶缓慢等。

（二）大雾灾害防范

由于雾是空气中的小水珠附在灰尘上形成的，所以大雾天气时，空气中灰尘非常多，对人类的健康构成很大的威胁。因此，在大雾天气时，应尽量减少户外活动时间，更不应进行室外体育锻炼。尤其是一些患有支气管哮喘、肺炎等呼吸系统疾病的人，会出现正常的血液循环阻碍，导致心血管病、高血压、冠心病、脑溢血等。在户外时应戴上围巾、口罩，保护好皮肤、咽喉、关节等部位，中老年、儿童、身体虚弱的人更应重点防护。

四、高温灾害安全防范

（一）高温的危害

气温在 35 摄氏度以上时即可称为"高温天气"。一般来说，高温通常有两种情况，一种是气温高而湿度小的干热性高温；另一种是气温高、湿度大的闷热性高温，俗称"桑拿天"。

出现高温天气时，应适时收听收看天气预报，及早做好预防高温的准备。气象台发布的高温预警信号分为 3 级，分别以黄色、橙色、红色表示。其中，高温黄色预警信号的标准是连续三日最高气温在 35 摄氏度以上；高温橙色预警信号的标准是 24 小时内最高气温升至 37 摄氏度以上；高温红色预警信号的标准是 24 小时内最高气温升至 40 摄氏度以上。

人体在高温环境下，体温调节机制会暂时发生障碍，容易导致中暑。闷热还可导致人体血管扩张，血液黏稠度增加，易发生脑出血、脑梗死、心肌梗死等症状，严重的可能导致死亡。除此之外，过强的紫外线容易导致皮肤病或皮肤癌，因此应尽量减少午后高温时段的户外活动，注意防暑降温。

（二）高温灾害防范

在高温环境下，人体代谢旺盛，能量消耗较大，而闷热又常使人睡眠不足、食欲不振，造成人体免疫力下降，此时应注意不要将空调温度调得过低，以免感冒。

在高温高湿环境下，细菌、病毒等微生物大量滋生，食物极易腐败变质，会引起消化不良、急性胃肠炎、痢疾、腹泻等疾病的发生。因此，在购买食品时应看清生产日期、谨慎选择；当食品未能及时食用完应将其放入冰箱；放入冰箱后，也应在短时间内食用完毕。若发现食品有变质现象，应马上丢弃，不应再食用。另外，从室外高温环境中进入室内，应避免直接面对空调或电扇降温，或大量食用冰镇食品，否则极易引发腹泻。

【知识小卡片】

有人中暑怎么办？

人体长时间受到烈日暴晒或在又热又湿的环境里易引发中暑，患者一般会出现皮肤苍白、心慌、恶心、呕吐等症状，如果不及时处理，就会出现高烧、抽搐、昏迷等严重情况。解除中暑的方法有以下几个：

（1）患者应迅速移到阴凉、通风处，坐下或躺下，宽松衣服，安静休息。

（2）患者应喝些加糖的淡盐水或清凉饮料，补充因大量出汗而丢失的水分和盐。

（3）患者若出现高烧，可用冷水擦身，在前额、腋下和大腿根处用浸了冷水的毛巾或海绵冷敷。

（4）患者病情严重时注意其呼吸、脉搏，并尽快拨打急救电话或送医院。

五、泥石流灾害安全防范

（一）泥石流的危害

泥石流是指在山区发生的由暴雨、洪水或其他自然灾害引发的山体滑坡并携带有大量泥沙以及石块的洪流。泥石流具有突发性以及流速快、流量大、物质容量大、破坏力强等特点。泥石流常常会冲毁公路铁路等交通设施甚至村镇等，造成巨大损失。泥石流流动的全过程一般只有几个小时，短的只有几分钟。一些人类工程活动，如滥伐森林造成水土流失，开山采矿、采石弃渣等往往也为泥石流提供大量的物质来源。

（二）泥石流灾害防范

为防止泥石流伤及自身，应从以下几个方面加以应对：

（1）在沿山谷徒步时，一旦遇到大雨应迅速转移到安全的高地，不要在谷底过多停留。

（2）注意观察周围环境，特别留意远处山谷中是否有打雷般的声响，如听到，应高度警惕，这很可能是泥石流将至的征兆。

（3）发现泥石流后，应立即向与泥石流成垂直方向的两侧的山坡高处爬，绝对不能往泥石流的下游走。

（4）应选择平整的高地作为营地，不要在山谷和河沟底部扎营。

六、滑坡灾害安全防范

（一）滑坡的危害

滑坡是指斜坡上的土体或者岩体，受河流冲刷、地下水活动以及地震等因素的影响，在重力作用下沿着一定的软弱面或者软弱带，整体或分散地顺坡向下滑动的自然现象。

滑坡常常给工农业生产以及人民生命财产造成巨大损失，甚至是毁灭性的灾难。滑坡会摧毁农田、房舍，伤害人畜，毁坏森林、道路、厂房以及农业设施和水利水电设施等。

在发生滑坡前，常会出现以下异常现象：

（1）堵塞多年的泉水突然复活，或者泉水（井水）突然干枯等。

（2）滑坡体范围内的动物惊恐异常，植物变态。如猪、狗、牛惊恐不宁，老鼠乱窜不进洞，树木枯萎或歪斜等。

（3）听到有岩石开裂或被挤压的声响，说明岩石深部有变形与破裂发生。

（4）滑坡体四周岩（土）体出现小型崩塌和松弛现象。

（二）滑坡灾害防范

当滑坡体的前部出现横向及纵向放射状裂缝，证明滑坡体向前推挤并受到阻碍，表明此时已进入临滑状态。滑坡体前缘坡脚处土体出现凸起现象，这是滑坡明显在向前推挤。

当身处滑坡体上，遭遇滑坡发生时，首先应保持冷静，迅速向山体两侧方向跑，千万不要向上或向下跑。若遭遇高速滑坡无法逃离时，更不能慌乱，在滑坡呈整体滑动时原地不动或抱住大树。

【温馨提醒】

如何调适灾难心理？

面对灾害事件，人们应该具有对自己心理进行调适的能力，促使人们采取适当的措施来避免灾难的威胁。

坦然面对和承认自己的心理感受，不必刻意强迫自己抵制或否认在面对灾害时可能产生的恐惧、担忧、惊慌和无助等心理。

启动科学的心理调节措施，进行一些能让自己放松的良好习惯或活动，例如听音乐、看小说、写日记、外出散步等。

不要失去对家人、朋友和社会的信心，与此同时，用自己的信心去鼓励和激发亲人、朋友，形成积极乐观的精神力量。

七、龙卷风灾害安全防范

（一）龙卷风的危害

龙卷风是在极不稳定天气下由空气强烈对流运动而产生的一种伴随着高速旋转的漏斗状云柱的强风涡旋，其中心附近风速可达每秒 100~200 米，最高达到 300 米，而 12 级风的风速也只相当于每秒 30 多米。龙卷风的水平范围很小，直径从几米到几百米，其持续时间一般仅几分钟，最长不过几十分钟，但其破坏性却相当严重。在龙卷风经过的地方，常会发生大树连根拔起、车辆被掀翻、建筑物被摧毁等情况，有时还把人卷走。

（二）龙卷风灾害防范

当发生龙卷风侵袭时，应做好以下防范措施：

（1）若房屋带有地下室，应立即进入地下室，躲在坚实的桌子下面。千万不要躲在重物的附近，以免龙卷风破坏了房屋，使得重物倒塌压在身上。

（2）在没有地下室的房屋中，应避开所有的窗户，立即进入一间小的位于中间的房子，如厕所、储物间或位于楼房最底层的内部过道。脸朝下，用手护住头部，尽可能蹲伏在地板上。用厚的垫子，如床垫或毯子盖在身上，以防掉落的碎物砸伤自己。

（3）不要进入电梯，否则一旦停电则有可能被困在电梯内。

（4）当龙卷风来袭，如果正行驶在路上，应尽可能使车辆沿着与龙卷风所经路线的垂直方向行驶，以远离龙卷风。如果不可能，则应将车停靠在路边安全的地方，尽快进入附近的建筑物中。如果附近没有建筑物，则应平躺在地上，脸朝下，用手护住头部。切记不要躺在汽车或树的附近，以免它们被龙卷风吹倒时砸伤自己。

第十一章 网络安全预防与应对

随着电脑的普及以及互联网的发展，越来越多的大学生成为新的网民。大学生正处于学习和成长阶段，涉世不深而且好奇心强，缺乏随机应变和自我保护的能力，相对于其他人群，更容易被别有用心的人利用和欺骗。因此，面对这个丰富多彩的网络虚拟世界，如何正确地利用网络资源，加强自我保护就显得尤为重要。

第一节 信息与网络安全事故的表现形式及其特点

随着计算机技术的迅速发展，基于网络连接的安全问题也日益突出。因此计算机安全问题，应该像每家每户的防火防盗问题一样，做到防患于未然。

【案例导入】

20岁的美国亨特学院华裔学生张某20××年7月涉嫌诱拐两名女生，且通过网络散播其裸体照。此事败露后，张某被捕，且被控多项罪名，不过，法官当时准他以2 500美元保释。然而，当纽约市警察局计算机犯罪调查科在对被告的计算机及光盘作进一步调查后发现，还有其他几百名受害者。而纽约重案组进一步的介入则发现，被告涉嫌诱拐来自23所不同学校的女生，警方所知的受害者中，100多人来自被告就读的学院，196人来自另两所大学。

张某惯常使用的手法是通过目前极受欢迎的网站 www.facebook.com 物色对象，入侵受害人的计算机，登录对方的私人网页，获得他人背景资料后，便以受害人的身份联络她的朋友，并以各种借口，先要求对方传给他一些个人照片，继以进一步要求对方的比基尼或内衣照，最后则要求更大胆的裸体照，如果对方不从，张某则会把先前到手的普通照片合成为裸照，威迫对方就范，否则就把合成的裸照通过互联网散播。

【案例点评】

本案例中，张某将他人照片资料放在网络上传播，给当事人带来了极大的伤害，造成了严重后果，属于侵犯个人隐私。

【知识链接】

一、网络安全的概念

网络安全是指网络系统的硬件、软件及系统中的数据受到保护，不因偶然的或者恶意的原因而遭受到破坏、更改或泄露，系统能够连续、可靠、正常地运行，网络服务也不中断。网络安全从其本质上来讲就是网络上的信息安全。网络安全具有以下 5 个方面的特征：

（1）保密性。信息不泄露给非授权用户、实体，或供其利用。

（2）完整性。数据未经授权就不能进行改变。即在存储或传输的过程中，能够保证信息不被修改、不被破坏和丢失。

（3）可用性。它是指信息可被授权实体访问并按需求使用的特性，即当需要时能否存取所需的信息。例如网络环境下拒绝服务、破坏网络和有关系统的正常运行等都属于对可用性的攻击。

（4）可控性。对信息的传播及内容具有控制能力。

（5）可审查性。出现安全问题时提供依据与手段。

【温馨提醒】

Internet 有什么安全隐患？

（1）Internet 是一个开放的、无控制机构的网络，黑客经常会侵入网络中的计算机系统，或窃取机密数据和盗用特权，或破坏重要数据，或使系统功能得不到充分发挥直至瘫痪。

（2）Internet 的数据传输是基于 TCP/IP 通信协议进行的，这些协议缺乏使传输过程中的信息不被窃取的安全措施。

（3）Internet 上的通信业务多数使用 Unix 操作系统来支持，Unix 操作系统中明显存在的安全脆弱性问题会直接影响安全服务。

（4）在计算机上存储、传输和处理的电子信息，还没有像传统的邮件通信那样进行信封保护和签字盖章。信息的来源和去向是否真实、内容是否被改动以及是否泄露等，在应用层支持的服务协议中是凭着君子协定来维系的。

（5）电子邮件存在着被拆看、误投和伪造的可能性。使用电子邮件来传输重要机密信息会存在很大的危险。

（6）计算机病毒通过 Internet 的传播给上网用户带来极大的危害，病毒可以使计算机和计算机网络系统瘫痪以及数据和文件丢失。

二、网络安全事故的表现形式

网络安全事故是指因上网人员行为不慎而导致的网络活动安全事故。按上网人员行为的主动性和被动性来划分，可分为网络违法犯罪事故和网络社交安全事故。

（一）网络社交安全事故

随着互联网络日益进入人们生活中的各个方面，网络社交活动也成为日益盛行的新型社交方式，在大学生中更是如此。网络世界的虚拟性，决定了网络社交具有与现实社交相异的许多特性。大学生在进行网络社交活动时，要注意规避风险，免遭伤害。

1. 网瘾综合征

网瘾综合征也叫互联网成瘾综合征，简称 IAD，即所谓的"网瘾"，是一种现代心理疾病。患者因为缺乏社会沟通和人际交流，将网络世界当做现实生活，脱离时代，与他人没有共同语言，从而出现孤独不安、情绪低落、思维迟钝、自我评价降低等状况，严重的甚至有自杀意念和行为。

2. 网恋陷阱

在网络交往中，由于网络交往的双方一般只是通过对方的语言以及自己的直觉、想象来感知和认知对方，极易因对对方了解得不全面以及自己直觉和想象的偏差，导致对对方的美化。正处于青春期的大学生很容易因为这种对对方形象的美化以及个人情感的冲动而陷入虚幻的网恋之中。

网恋一旦被别有用心的人利用，它就好似一个玫瑰式的陷阱，给受害的当事一方带来巨大的身心伤害。我们要充分认识网络世界存在着的虚拟性和险恶性，对网络恋情多一份清醒，少一份沉醉，时刻保持警惕性。

3. 网上购物陷阱

随着网络时代的发展，网上购物也悄然进入人们的生活，它有着快捷便利、信息量大、价格相对低廉等方面的优势。网上购物这种对传统观念造成冲击的新兴消费方式越来越受到人们的喜爱，同样也成为当代大学生的一种时尚。然而，并不是所有的网上购物都是安全的，经常有一些不法商人利用目前电子商务体系的不完善进行网上欺诈活动。

4. 网络求职陷阱

随着高等教育由精英教育向大众教育的转型，大学生就业压力日益增大，网络求职也日益成为大学生毕业求职的重要途径。然而，随着网络求职需求的扩大，越来越多的骗子、违法犯罪分子也从中设置了重重陷阱。

面对竞争激烈的就业环境，作为求职者谁都不想放过待遇优厚的求职机会，但是面对鱼目混珠的求职市场,对于轻而易举的职位诱惑以及唾手可得的高薪机遇,还是应该小心为好。另外,在网络求职过程中,还应注意防范一些网站收集和盗取个人信息后出售牟利。

（二）网络违法犯罪事故

网络犯罪是指以网络为犯罪工具,或以网络为犯罪对象实施危害网络信息系统安全的犯罪行为。自从1994年我国发生第一例大学生张男电子邮件诈骗案以来,大学生利用网络技术实施犯罪的报道时有见诸报端。

1. 有害信息的传播

互联网有害信息,是指在互联网上可能对现存法律秩序和其他公序良俗造成破坏或者威胁的数据、新闻和知识。对于这些在互联网上编造、传播有害信息的行为,国家已颁布一系列相应的法律、法规予以严厉打击和遏制,在《互联网新闻信息服务管理规定》中对有害信息有了明确的规定。但是,在高校中仍存在为数不少的学生频频触"界"现象,对于这些现象,轻者则予以警告,重者则受到法律的制裁。按其性质和事故的情节轻重,主要分两大类。

第一类:犯罪行为。这类行为直接触犯了法律的有关规定,主要包括利用互联网捏造事实、散布谣言、攻击政府等行为。

第二类:一般违法行为。这类行为的情节较轻微,尚不构成犯罪,但在大学生中存在的情况较为普遍,主要包括查阅、复制或下载有害信息等。

2. 网络色情

网络色情,是指在网络上以性或人体裸露为主要诉求的讯息,其目的在于挑逗、引发使用者的性欲,表现方式有色情文字、声音、影像、图片、漫画等。大学生正处于身心成长的重要阶段,一方面是生理和心理逐渐成熟,性、情意识逐渐活跃;另一方面是社会经验欠缺,性、情克制力较差,很容易成为网络色情的受害者,甚至成为制造和传播网络色情的违法者。

3. 侵犯知识产权

据统计,"获取信息"是网民上网的最主要目的,但在"获取信息"的过程中,一些网民却忽略了侵犯知识产权的问题。大学生中,这一情况较为普遍,包括非法下载、使用他人享受著作权的软件、影视和音乐作品,抄袭他人论文,窃取他人技术成果等。

4. 侵犯个人隐私

随着网络技术的发展,人们在享受网络信息资讯的同时,个人隐私也遭到了前所未有的威胁。一方面,从事信息服务的经营者不遗余力地收集包括个人信息在内的各种信息;另一方面,用户有时不经意泄露的自己或家庭的私生活秘密被他人收集、利用和传播。为此,有关"网络隐私"的话题越来越引起社会各界的关注,大学生群体由于其特殊性也往往成为侵犯他人网络隐私的一大群体。

5. 网络病毒

网络病毒是指以干扰计算机操作，记录、毁坏或删除数据等为目的，可自行传播到其他计算机和整个 Internet 上，由设计者蓄意设计的软件程序。

目前计算机病毒的种类在 20 万种以上，在互联网的环境中潜伏、传播并造成危害。故意制作和传播计算机病毒则是一种违法行为。大学生不要凭借自己的计算机技术，出于好奇或者其他目的，在网络上制作和传播病毒。

6. 网络黑客

"黑客"是英文单词"hacker"的音译，其原意有两种：一是指精通电子计算机技术，善于从互联网中发现漏洞并提出改进措施的人；二是指通过互联网非法侵入他人的电子计算机系统查看、更改、窃取保密数据或干扰计算机程序的人。我们平常所讲的"黑客"侧重于第二个定义。

由于互联网的开放性，尽管网络软件开发商、网络服务商在各个层次上对网络安全问题进行了多方努力，但是互联网络系统仍然存在许多安全漏洞，给实施窃取信息、破坏活动和犯罪活动的"黑客"们提供了方便之门。大学生在使用互联网络时，除了要注意做好防范"黑客"侵入的相关措施外，还要清醒地认识到非法入侵他人计算机的行为是违法行为，不要以身试法。

第二节　信息与网络安全预防与应对策略

大学生是网络时代的主体人群，与信息安全息息相关，大到国家机密安全，小到个人信息安全，都是应该引起注意的问题。学习基本的信息安全常识和防护技巧，对维护个人的权益和国家利益来说都至关重要。

【案例导入】

2000 年 2 月，加拿大一位网名叫 Mafiaboy 的年轻人利用互联网流量发起自动攻击，导致多家著名网站（包括亚马逊、CNN、Dell、eBay 和雅虎等）瞬间崩溃，这就是后来被称作 DDoS 攻击的肇始。这个名叫 Mafiaboy 网民的真名叫 Michael Calce，后来被指控犯了 55 项罪名，法院判罚拘禁 8 个月。

1996 年 8 月 17 日，美国司法部的网络服务器遭到黑客入侵，并将"美国司法部"的主页改为"美国不公正部"，将司法部部长的照片换成了阿道夫·希特勒，将司法部徽章换成了纳粹党徽，并加上一幅色情女郎的图片作为所谓司法部部长的助手。此外还留下了很多攻击美国司法政策的文字。

【案例点评】

有很多方式可以发泄不满情绪，但是不应该利用自己的高知识和技能去攻击服务器。网络是为公众服务的，使网路瘫痪会使许多人蒙受利益上的损失或无法享受便捷的服务。要做一个有道德大学生，不做有害于国家利益和公共利益的事情。

【知识链接】

一、维护信息和网络安全的基本对策

（一）学习计算机网络安全法律法规，依法文明上网

国家相关部门针对互联网的使用制定了一系列法律法规。大学生在享受信息高速公路带来巨大便利的同时，应该自觉学习和了解与此相关的法律法规。《互联网新闻信息服务管理规定》第十九条规定：互联网新闻信息服务单位登载、发送的新闻信息或者提供的时政类电子公告服务，不得含有下列内容：

（1）违反《宪法》确定的基本原则的。

（2）危害国家安全，泄露国家秘密，颠覆国家政权，破坏国家统一的。

（3）损害国家荣誉和利益的。

（4）煽动民族仇恨、民族歧视，破坏民族团结的。

（5）破坏国家宗教政策，宣扬邪教和封建迷信的。

（6）散布谣言，扰乱社会秩序，破坏社会稳定的。

（7）散布淫秽、色情、赌博、暴力、恐怖或者教唆犯罪的。

（8）侮辱或者诽谤他人，侵害他人合法权益的。

（9）煽动非法集会、结社、游行、示威、聚众扰乱社会秩序的。

（10）以非法民间组织名义活动的。

（11）含有法律、行政法规禁止的其他内容的。

以上条文界定了互联网上公开登载信息所不允许的内容，一旦违反了规定，就有可能受到处罚。

在网上发布的信息瞬时即可在无数用户中传开，也可以即时了解他人公开发布的图片和留言。但是，大学生参与BBS和网络论坛的发言与讨论要受到许多网络法规的规范和约束。

首先，从互联网的相关法规中可以看到，BBS和网络论坛的信息发布来源是可以追查的，高校的BBS和许多大型网络目前也纷纷开始实行实名制，因此，用账号和昵称发言几乎等同于本人参与发言。

其次，要对自己在网上发布的言论负责，要做到不发布违反《互联网新闻信息服务管理规定》的内容。

最后，对繁杂的互联网信息，要注意加以鉴别，不要见到一些感兴趣的小道消息就随意进行扩散、传播。

（二）学习互联网计算机的安全知识，警惕计算机病毒和黑客

互联网上存在着病毒、黑客、数据安全等一系列的系统安全问题，应注意了解相关知识，掌握相关技术，采取保护措施。

1．及时安装操作系统补丁

目前，大多数的个人电脑使用的是美国微软公司的 Windows 操作系统，尽管每个版本的操作系统在推出之前，微软公司都作了严格的测试，但是随着推出时间的延长，这些操作系统的漏洞和缺陷就会逐渐暴露出来，病毒和黑客会利用这些漏洞来入侵计算机。而操作系统的开发公司会针对已发现的漏洞制作一些程序包发布给用户使用，用于纠正操作系统的缺陷，这些程序包称为操作系统补丁。因此，当计算机安装完操作系统之后，就要及时地安装操作系统补丁，最好是所有的补丁都安装上，以最大限度地保证计算机的安全。

2．安装防病毒软件并及时升级

防病毒软件可以对计算机磁盘进行扫描，也可以对计算机当前处理的文件和贮留内存的文件进行实时监控，发现病毒立即报警并引导用户进行杀毒处理，或者对感染病毒的文件进行隔离，从而在很大程度上避免病毒对计算机的危害。因此，每一台计算机，特别是上网的个人计算机都应该安装一个防病毒软件。

在安装了防毒软件，特别是商业化防病毒软件后，要注意及时对软件进行升级，使之具有防范最新病毒的功能。在一般情况下，一台计算机只安装一种防病毒软件即可，如果同时安装两种或者多种防病毒软件，会使计算机运行速度极大地减慢，甚至使系统无法运行。

3．在必要情况下安装网络防火墙并做好配置

使用校园网络、电信 ADSL 网络或者网吧网络的时候，学校网络中心或者服务运营商一般都会在本网的计算机和外网间建立一个防火墙。防火墙针对互联网的各种服务端口建立通信规则，从而保证正常服务的开设和访问，防止正常服务被恶意攻击。通常封闭非常用的端口，防止各种软件的漏洞被恶意使用。在这种情况下，子网中的计算机是相对安全的，当本机需要提高安全级别，或者防范来自本子网中的其他计算机的攻击和入侵的时候，就可以在本机上安装一个单机版的防火墙软件。

4．不访问不明链接，不下载和安装不明来源的软件

在网络论坛、网络聊天室、QQ 和 MSN 等即时通信软件以及电子邮件上，不时会给出一

些链接，并且用鼓动性的文字引导用户去点击访问。这时应该具有一定的警惕性，因为这些链接往往会将用户引向一个有问题的页面，这些页面可能是某些广告，也有可能传播一些不良信息，甚至会通过浏览器，将网络病毒、木马等小程序注入用户的计算机中，篡改用户的计算机设置或者窃取用户信息。

另外，当上网下载软件、文档、歌曲等文件时，最好的方式是从正规的网站下载，尽量不要从不知名的小网站下载文件，而且从网上下载的文件在本机使用之前，一定要先经过防病毒软件检查，确认没有问题之后才能使用，以确保个人计算机安全。

5. 保护重要数据，做好数据备份

目前，计算机已成为大学生学习中的重要工具。写作业、撰写论文普遍用计算机来完成，它代替了传统的笔和纸。用计算机来学习老师的课件、上网查找资料，部分取代了书本、讲义和图书馆。因此，计算机上的数据安全显得非常重要。电脑病毒、机器故障会造成电脑上重要资料、劳动成果的丢失，带来不可估量的损失。

为了防止这种情况的发生，除了要做好上述防病毒措施之外，一个最有效的解决办法就是做好数据的备份。可以将重要的数据复制到 U 盘、移动硬盘上，还可以刻录到光盘上进行保存。有的学校为学生提供了网络的文件空间，这样，还可以将重要数据通过 FTP 上传到自己的网络空间上进行备份。文件最好能够定期备份，备份的文件还要做好标记，方便日后查找。有了数据的备份，一旦机器上的数据因为意外情况的发生而丢失，重要文件就可以从备份中还原出来，将损失减小到最低程度。

6. 注意个人信息的保密，保护重要的账号和密码

在上网进行申请电子邮箱、申请网络论坛的发言账号等操作时，网站服务商往往要求用户注册个人信息。这些信息包括姓名、性别、年龄、职业、身份证号码、联系电话以及所在城市等信息，用于确认账号的使用者。在涉及的操作需要注册个人信息的时候要慎重，因为这些信息将提交到服务器端，由此个人信息的保密也就存在隐患，有可能被坏人利用。

对于重要的账号和密码，我们要采取措施保护，例如：密码设置不要过于简单，不要设置成自己生日等可能被别人猜到的数字；在登录完成操作以后，要顺手点击网站提供的"退出登录"功能，以此消除机器上的残留信息；不要在人多眼杂的情况下输入账号密码进行登录；输入账号密码的时候，要确认是在相应的公司网站进行登录，防止虚假的网站骗取个人的账号和密码；切忌在图书馆、网吧等公用计算机上登录自己的网上银行。只有注意好这些，才能防止账号密码的泄露，避免不必要的损失发生。

（三）合理使用地址资源，防止非法占用地址

一般来讲，上网的计算机都要有一个网络标识，即 IP 地址。在校园网中，计算机的 IP 地址由学校的网络中心负责分配。我们要按相关的规定，在网络中心申请 IP 地址并缴纳费用，

在上网时使用自己的 IP 地址。有意无意地占用他人的 IP 地址，就会造成其他的合法用户无法正常上网。如果占用的是特殊的地址，如网关 IP、服务器 IP 的时候，还会严重干扰整个网络的正常工作。这些行为按照相关的网络管理法规都将受到处罚。

（四）健全身心素质，恪守网络道德

"在互联网上，没人知道你是一条狗。"这句话是对互联网虚拟性、匿名性的最著名表述。尽管如此，网络世界作为现实世界在网络上的映射和延伸，同样具有现实世界的许多特性，现实世界的基本道德规范，同样适用于网络世界。

作为大学生，在网上的任何场合，都应保持言行和人格的统一。唯其如此，网络才能真正成为为每个生活于其中的人提供一个充分享受自由与乐趣的媒体世界和交流平台。

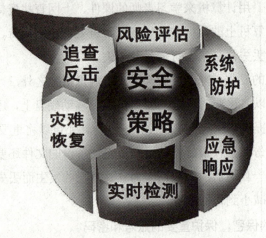

二、维护信息与网络安全的具体措施

（一）采取技术手段，防范网络入侵

由于网络使用者对网络安全的忽视，其所使用的网络很容易成为黑客或者一些人测试黑客技术的实验品。广大计算机用户要采取技术手段，对计算机网络入侵（计算机病毒）进行严密的防范和有效的处置。

（1）对网络上的共享软件不能随便下载使用。网络上病毒的入侵方式很多，并且非常隐蔽。它可能以一个合法的软件为载体，嵌入到该软件中去（即"特洛伊木马"方式），如故意编写的 Java 小程序、JavaScript、VBScript 等，当用户执行该合法软件时，病毒也会被载入系统中。

（2）当用户收到一些从陌生的地址发来的电子邮件时，千万不要轻易阅读该邮件，因为非法攻击程序就可能隐蔽其中。

（3）密码设置尽可能使用字母数字混排，单纯的英文或数字很容易被窃取（即通过程

序统计出来）。常用的密码设置不要相同，防止被人查出一个而了解一串。重要密码需经常更换，最好不要用出生年月、门牌号码、电话号码等作为密码。

（4）不要随便运行黑客程序，这类程序运行时会发送个人信息。

（5）在支持 HTML 的 BBS 上如发现提交警告，应先看源代码，因为这很可能是骗取密码的陷阱。

（6）在公用机房使用完计算机之后，要将账户和密码在计算机中删除，以防被不怀好意的人盗用。

（7）QQ 和 MSN 不要随便同意别人登录，不要在公用机器上设自己的 QQ 和 MSN，因为即使没有密码也很容易看到对话记录。

（二）运用信息确认和数字签名技术，确保电子邮件信息安全

确认技术用于防止非法伪造、假冒和篡改信息。接收者能够核实发送者，以防假冒；发信者无法抵赖自己所发的信息；除合法发信者外，其他人无法伪造信息。

Outlook Express 具有内置安全电子邮件。在使用电子邮件时，应根据不同情况采取相应的具体措施。

（三）计算机病毒的预防

（1）如要用软盘启动计算机，必须先进行检查，确认软盘无病毒。

（2）外来的机器和软盘要先进行病毒检测，在确认无病毒的情况下方可使用。如 U 盘最容易携带病毒使电脑感染。

（3）经常将硬盘上的重要文件进行备份，一旦系统或数据遭到破坏后能及时得到恢复。

（4）不要使用来历不明的程序或软件，也不要使用非法复制或解密的软件。

（5）要特别警惕各种计算机游戏软件，因为游戏软件是计算机病毒的主要载体。

（6）有条件的可以配制计算机防病毒卡。

（7）网络上的用户要遵守网络使用安全，不能在网络上随意使用外来软件。

（四）计算机病毒的处理

（1）当发现计算机感染了病毒时，应立即停止使用计算机。

（2）将正版的杀毒软盘放入软盘驱动器中。

（3）使计算机冷启动，并以软盘启动机器。

（4）使用杀毒软件对机器进行病毒查杀。

（五）网络安全受到威胁时的处理方法

当发现网络安全受到威胁时，应立即采取紧急措施，尽量把损失减少到最低程度。

（1）发现计算机受到黑客的监控时，应立即停止本机网络连接。网络一旦中断，攻击

者将无法发送信息到本机。然后找出驻留本机的监控程序，并将之消灭。

（2）发现私人账号及密码被他人盗用（如使用费突然增加，或别人发来的电子邮件经常收不到），应立即向系统管理员汇报，请管理员帮助寻找盗用者或重置密码。

（3）发现有病毒感染本机时，立即停止使用计算机，并进行杀毒。

（六）网上购物的安全措施

（1）选择合法的、信誉度较高的网站交易。网上购物时必须对该网站的信誉度、安全性、付款方式，特别是以信用卡付费的保密性进行考察，防止个人账号、密码遗失或被盗造成不必要的损失。

（2）不要轻信一些虚拟社区、BBS中的销售广告，特别是进行二手货物交易时要谨慎，不可贪图小便宜。

（3）避免与身份不明的商家交易，如需交易，可通过电话或其他方式向电子商务监管部门了解该商家的信誉度等基本资料。

（4）若网上商店所提供的商品与市价相距甚远或明显不合理时，要小心求证，切勿贸然购买，谨防上当受骗。

（5）消费者进行网上交易时，要妥善保存交易记录和相关票据。

【知识小卡片】

如何避免网络陷阱，防止网络欺诈？

（1）不要轻易相信互联网上中奖之类的信息。某些不法网站或个人利用一些人贪图小便宜的心理，向网民发布一些中奖信息，如E-mail、QQ号码中奖等，然后通过要求中奖人汇邮寄费、提供信用卡号或个人资料等方式，套取个人钱物。

（2）不要轻易相信互联网上来历不明的测试个人情商、智商、交友之类的软件，这类软件大多要求提供个人真实的资料，往往这就是一个网络陷阱。

（3）不要轻易用电话号码和手机号码在网上注册，一些网民在注册成功后，不但要缴纳高额的电话费，而且收到一些来历不明的电话、信息骚扰。

（4）不要轻易相信网上公布的快速致富窍门，"天下没有免费的午餐"，一旦相信这些信息，绝大部分都会赔钱，甚至血本无归。

（七）大学生在网上交友时的注意事项

（1）在聊天室或上网交友时，尽量避免使用真实姓名，不轻易告诉对方自己的电话号码、住址等有关个人真实信息。

（2）不轻易与网友见面。

（3）与网友见面时，要有自己信任的同学或朋友陪伴，尽量不要一个人赴约。约会地点尽量选择在公共场所，尽量选择在白天，不要选择偏僻、隐蔽的场所，一定要有足够的警惕性。

（4）在聊天室聊天时，不要轻易点击来历不明的网址链接或来历不明的文件。

（5）警惕网络色情聊天、反动宣传。

（八）浏览网页时的注意事项

（1）在浏览网页时，选择合法的大型门户网站。互联网上的各种网站数以亿计，良莠不齐，许多非法网站为达到其自身的目的，不择手段，传播不健康信息，甚至进行反动宣传。

（2）不要浏览色情网站。色情网站宣传不健康的性观念，内容露骨，易给大学生的身心健康造成伤害。色情网站多是计算机病毒的"潜藏"地点，易给计算机造成直接损害。

（3）浏览 BBS 等虚拟社区时，发帖时一定要注意内容的合法性，不诽谤他人，不发表反党、反政府的言论，注意用词的文明。

第三节　计算机网络安全法规

计算机技术的发展促进了社会的进步，使整个社会出现了新的面貌，人类开始步入信息社会。然而，社会的文明不仅取决于技术的进步，而且依赖于社会法律、法规的完善和伦理道德的教育。

【案例导入】

"熊猫烧香"是一种经过多次变种的蠕虫病毒变种，2006 年 10 月 16 日由 25 岁的中国人李俊编写，2007 年 1 月初肆虐网络。它主要通过下载的档案传染，对计算机程序、系统破坏严重。据李俊的家人以及朋友介绍，他在初中时英语和数学成绩都很不错，但还是没能考上高中，中专在某职业技术学校就读，学习的是水泥工艺专业，毕业后曾上过网络技术职业培训班。2004 年李俊到北京、广州的网络安全公司求职，但都因学历低的原因遭拒，于是他开始抱着报复社会以及赚钱的目的编写病毒。他曾在 2003 年编写了病毒"武汉男生"，2005年还编写了病毒 QQ 尾巴，并对"武汉男生"版本更新成为"武汉男生 2005"。

此次传播的"熊猫烧香"病毒，李俊先将此病毒在网络中卖给了 120 余人，每套产品要价 500~1 000 元人民币，每日可以收入 8 000 元左右，最多时一天能赚 1 万余元人民币，李俊因此直接非法获利 10 万余元。然后由这 120 余人对此病毒进行改写处理并传播出去。这 120

余人的传播造成 100 多万台计算机感染此病毒，他们将盗取来的网友网络游戏以及 QQ 账号进行出售牟利，并使用被病毒感染沦陷的机器组成"僵尸网络"，为一些网站带来流量。

【案例点评】

"熊猫烧香"事件曾轰动一时，最终李俊被缉拿归案，被判处有期徒刑 4 年。法网恢恢，疏而不漏，想要逃脱法律的制裁是不可能的。因此，要熟知计算机网络安全法规，加强自身基本素质，防止犯罪。

【知识链接】

一、计算机及网络安全保护管理规定

我国政府对信息安全和网络安全问题十分关注，积极推动网络安全管理和安全立法工作。近几年，陆续颁布了《中华人民共和国计算机信息系统安全保护条例》（以下简称《计算机信息系统安全保护条例》）、《中华人民共和国计算机信息网络国际联网管理暂行规定》（以下简称《计算机信息网络国际联网管理暂行规定》）、《计算机信息网络国际联网安全保护管理办法》、《中国互联网络域名注册暂行管理办法》、《中国互联网域名注册实施细则》等法规性文件，并在《刑法》中明确了计算机犯罪与计算机违法行为的区别，从而为我国的网络安全管理提供了法律依据。

《计算机信息系统安全保护条例》明确规定：任何组织或者个人，不得利用计算机信息系统从事危害国家利益、集体利益和公民合法利益的活动，不得危害计算机信息系统的安全。

我国对计算机实行 6 种安全保护制度，即安全等级保护制度、国际联网备案制度、信息媒体进出境申报制度、案件强制报告制度、病毒归口专管制度、安全专用产品的销售许可制度。对违反有关规定予以行政处分，构成犯罪的，依法追究刑事责任。

（一）计算机信息系统安全保护

为了保护计算机信息系统的安全，促进计算机的应用和发展，保障社会主义现代化建设的顺利进行，国务院于 1994 年 2 月发布了《计算机信息系统安全保护条例》。

《计算机信息系统安全保护条例》规定，计算机信息系统的建设和运用，应当遵守法律、行政法规和国家其他有关规定。计算机信息系统实行安全等级保护。安全等级的划分标准和安全等级保护的具体办法，由公安部门会同有关部门制定。计算机机房应当符合国家标准和国家有关规定。在计算机机房附近施工，不得危害计算机信息系统的安全。运输、携带、邮寄计算机信息媒体进出境的，应当如实向海关申报。计算机信息系统的使用单位应当建立健全安全管理制度，负责本单位计算信息系统的安全保护工作。

（二）计算机信息网络国际联网安全保护

《计算机信息网络国际联网管理暂行规定》和《计算机信息网络国际联网安全保护管理办法》对从事国际联系业务作了以下规定：

（1）何单位和个人不得利用国际联网危害国家安全、泄露国家秘密，不得侵犯国家的、社会的、集体的利益和公民的合法权益，不得从事违法犯罪活动。

（2）任何单位和个人不得利用国际联网制作、复制、查阅和传播下列信息：

①煽动抗拒、破坏宪法和法律、行政法规实施的。

②煽动颠覆国家政权，推翻社会主义制度的。

③煽动分裂国家，破坏国家统一的。

④煽动民族仇恨、民族歧视，破坏民族团结的。

⑤捏造或者歪曲事实，散布谣言，扰乱社会秩序的。

⑥宣扬封建迷信、淫秽、色情、赌博、暴力、凶杀、恐怖、教唆犯罪的。

⑦公然侮辱他人或者捏造事实诽谤他人的。

⑧损害国家机关信誉的。

⑨其他违反宪法和法律、行政法规的。

3）任何单位和个人不得从事下列危害计算机信息网络安全的活动：

①未经允许，进入计算机信息网络或者使用计算机信息网络资源的。

②未经允许，对计算机信息网络功能进行删除、修改或者增加的。

③未经允许，对计算机信息网络中存储、处理或者传输的数据和应用程序进行删除、修改或者增加的。

④故意制作、传播计算机病毒等破坏性程序的；

（三）《刑法》对计算机信息安全保护的相关规定

1997 年 10 月 1 日起施行的《刑法》第二百八十五条至二百八十七条就计算机犯罪进行了以下规定：

（1）违反国家规定，侵入国家事务、国防建设、尖端科学技术领域的计算机信息系统的，处三年以下有期徒刑或者拘役。

（2）违反国家规定，对计算机信息系统功能进行删除、修改、增加、干扰，造成计算机信息系统不能正常运行，后果严重的，处五年以下有期徒刑或者拘役；后果特别严重的，处五年以上有期徒刑。违反国家规定，对计算机信息系统中存储、处理或者传输的数据和应用程序进行修改、增加的操作，后果严重的，依照前款的规定处罚。故意制作、传播计算机病毒等破坏性程序，影响计算机系统正常运行，后果严重的，依照第一款的规定处罚。

（3）利用计算机实施金融诈骗、盗窃、贪污、挪用公款、窃取国家秘密或者其他犯罪的，依照本法有关规定定罪处罚。

二、树立依法保护网络安全意识，做守法的计算机网民

法律不是解决社会安定的唯一方法，不可能依赖法律来解决所有人类的社会行为问题。大量的公共社会行为标准是由伦理道德教育来解决的。结合实际开展道德规范教育，并配合行政法规和管理制度的约束，有利于促进社会的稳定，保证计算机信息系统的安全。高校是培养人才的地方，学习计算机知识和运用计算机的能力已成为当代学生知识结构中不可缺少的重要组成部分。因此，作为大学生，更应牢固树立依法保护计算机网络安全的意识，加强自身伦理道德修养，自觉遵守国家的法律法规，遵守学校的各项规章制度。

第十二章　求职择业安全预防与应对

当前，就业形势严峻，广大毕业生为了能早日找到一份满意的工作，通过各种方法和途径收集需求信息，发布个人简历，踊跃应聘，这是积极的就业态度。然而，由于各类型毕业生就业市场、人才招聘活动比较频繁，各种招聘信息鱼龙混杂，不法分子采取各种手段，欺诈毕业生及其家庭的钱财，甚至对毕业生本人的人身安全构成威胁。为维护合法权益，大学生在求职择业过程中，一定要提高求职择业安全意识和自我防范能力，不让违法犯罪分子利用大学生的急切心理而有机可乘，避免人身和财产遭受伤害和损失。

第一节　典型招聘骗局

一些不法分子利用学生缺乏经验和甄别能力差的特点，以及求职打工者的急切心理，设置各种招聘骗局，使大学生屡遭"暗算"以及人身财产安全受到侵害。

【案例导入】

王某是某大学的一名应届毕业生，为了尽早联系好工作，趁着寒假实习期在一家人才招聘网站上发布了个人求职简历，还留下了联系电话。不久，便接到一名自称"铁道部下属某后勤公司"的人力主管打来的电话，称王某的条件十分符合公司的招聘要求。随后又通过网上简单的答题，通知王某已通过考核被公司录用，而且还给出了优厚的待遇，工资每月 3 000 元，还提供住宿。

毕业后，王某从学校赶到杭州上班，一下火车便被两名中年女子接站，之后便到了一个居民小区。在一幢三室两厅的住房内，约十多名男女正聚集在一起上课。一名自称负责人的男子告诉她，这是进行岗前培训，并且暂时收管了王某的手机等物品。在接受"培训"的时候，王某就意识到了自己陷入了传销的陷阱里。随后，王某以生病、查看手机信息等借口，向父母发出求救信息，最终在当地警方的协助下，王某和被困的十几名大学生成功获救。

【案例点评】

本案例中，王某轻信了网上招聘信息，没有对"铁道部下属某后勤公司"进行进一步的核实，被对方给出的优厚待遇所诱惑，轻易地陷入了"传销"漩涡。不过，王某还是能够认清传销的违法性，及时依靠自己的智慧和父母的帮助从"传销"中解脱出来。

【知识链接】

一、高薪诚聘

一些"高薪诚聘"的诱人广告背后隐藏的却是不良职业，这类情况如今屡见不鲜。"高薪诚聘"的行骗对象主要有两类：外来务工人员和涉世未深的大学生。从表面上看，这类招聘似乎不设门槛，面试程序非常简单，博取高薪轻而易举，其目的是尽快骗人入套。求职者一旦掉入这类陷阱，损失的不光是钱财，还可能被误导从事非法的"地下"职业。在"高薪诚聘"的口号下，一般有这两种不良职业：

（1）色情服务业。一些广告打着招聘服务员等的名号，以高薪来吸引求职者，其实是从事不正当交易。大学生见到这类招聘，一定要提高警惕，不要盲目相信。

（2）传销 。高薪诱惑求职者加入传销行列也是近年来常见的招聘骗局。近年来大学生因求职受骗而落入传销圈套的案件时有发生，一些学生甚至被骗至外地，花了不少冤枉钱才明白是被骗搞传销，有苦说不出。

二、非法职介

非法职介主要指未经劳动部门、工商部门等批准而从事职介、中介的非法机构。不少非法职介打着介绍工作的名目，向求职者收取中介费、资料费等各类费用，却迟迟不给介绍工作，或提供不实信息。等到求职者明白受骗上当，交出去的钱却不能再要回来，而待劳动监察部门接到举报前去查处，非法中介多已人去楼空。非法职介行骗的惯用伎俩有以下 3 种：

（1）用美丽誓言骗取求职者信任。不少非法职介往往拍着胸脯保证求职者很快能找到工作，一周内上岗，月薪 3 000 元以上等，不少非法职介还拿出"道具"，如某某公司"急聘"的职位表、中介服务承诺书等，其目的就是骗取信任，继而骗取求职者的钱财。

（2）打着咨询公司、顾问公司等旗号，以"直聘"来诱使求职者上套。在报纸、网站上，一些招聘广告明确打出"非中介"、"拒绝中介"等字眼，但求职者过去应聘，仍要缴纳中介费、培训费、资料费、上岗费等，结果仍是迟迟不能上岗。

（3）与用人单位"勾结"，用虚假、过期信息蒙骗求职者。一些非法职介为了假戏真做，甚至找用人单位做"搭档"，提供过期的或虚假的招聘信息给求职者，然后合伙行骗。一些黑职介的招聘信息甚至是从网上或报纸上摘抄的。

三、招聘收费

时下的招聘单位中，常有一些打着招聘的名头骗取钱财。一般来说这类单位总是常年在网上、报纸上发布"豆腐块"招聘广告，求职者前去应聘，便以"上岗费"、"信息费"等各种名目收钱。当然，这类公司为了获取求职者的信任，还会编造种种"正当"的理由，如提供培训、工作担保等，变相收取钱财。与非法职介不同的是，这类公司的骗术相对更隐秘。这类公司采用的骗钱术主要有以下 3 种：

（1）先培训，后上岗。一些公司在招聘时告诉求职者要上岗就得先经过培训，培训合格拿到证书后才能上岗。而求职者交了培训费、考试费、证书费等种种费用，经过了几天像模像样的培训，却被告知未通过考核不能上岗，或公司突然不知去向。还有一些求职者拿到了所谓行业从业资格证，却发现不但无岗位可上，而且证书也是早已废弃的，有的甚至根本就是伪造的。这类骗子公司通常会与一些培训机构联手，双方各取其利。

（2）要上岗，先交风险抵押金。至于收取所谓的"风险抵押金"，不法单位有种种说词。求职者往往信以为真，等交了抵押金，公司却不翼而飞。

（3）"按有关规定"收取信息费、资料费。一些单位利用求职者不懂相关规定的弱点，在招聘中以"按有关规定"名义收取信息费、资料费，捞了一笔钱后便逃之夭夭。一般来说，以这类名义收取的费用在几十到上百元不等，由于数额不多，求职者发现上当后觉得是吃了一点小亏，也就算了，反倒给这类不法机构找到了容身之地。

四、不合理条约，口头承诺不兑现

签约是一件慎重的事情，大学毕业生在求职时必须清楚所有的口头承诺都是无效的，也不可能完全兑现，一定要按照要求与用人单位签订就业协议，把双方口头商谈的内容全部写进协议。在签约之前多向学校老师或有经验的人取经，还要敢于向企业提问，认真了解企业的情况，充分论证后再签约。签约前还应反复检查，保证协议内容无歧义和遗漏。必要时大学毕业生还应勇敢地拿起法律武器，维护自己的合法权益。

五、招聘信息"注水"

"注水"简历多，"注水"招聘信息也不少。名为招聘会计，实则招聘业务员；新人永远被认为"试用期不合格"而遭辞退；明明只有一个职位空缺，广告上却写着招聘 5 人等，种种"注水"招聘让求职者深受其害。这类公司不直接以收取求职者钱财为目的，却变相让求职者免费为其提供劳动，或通过招聘向求职者销售产品等。这类骗局往往更加隐秘，骗局被识破的周期也比较长，且求职者受骗上当后也难以收集证据，相关部门监管比较困难。招聘信息的"注水"方式主要有以下几种：

（1）招聘岗位名不副实。只需 1 人的职位，招聘广告上写 5 人；面试时承诺月薪 5 000 元，其实背后有难于登天的条件等。还有一些单位为了在招聘会现场造声势、树品牌，便虚设岗位凭空打出"高薪"旗号，把一次小型的招聘策划成大规模的招聘活动，众多求职者见状争相前去应聘，但其简历可能转眼间就被扔进了垃圾箱。

（2）先购买产品后上岗。一些公司面试后与求职者约定：必须先购买一批产品，在规定期限内将产品全部推销出去，这样才能证明可以"胜任工作"，否则就不符合招聘要求，产品费用不退还。为了让求职者掏钱购买产品，现场可能会有"资深销售人员"以"月销售 10 万元"等现身说法，让求职者深信"通过考验即可踏入高薪行列"。

（3）试用期永远不合格。"对不起，经试用期考核，你不合格，被解聘了"的"外交辞令"经常被一些公司使用，而这些公司招聘的新人似乎永远不合格。这类公司在面试后也不与求职者签订任何有效的书面劳动合同，只是口头承诺。而一些求职者因为不懂相关法律法规，也缺乏维权意识，在试用期领着很少的薪水辛劳了几个月，最后常常被一句话打发走。在试用期上玩花样，除了上述招数外，还有的企业非法延长试用期。他们利用大学生不熟悉国家有关政策，找出种种理由延长试用期，以获取廉价劳动力。

【温馨提醒】

传销的特点

传销最主要的特点是"拉人头"。"拉人头"活动基本不依托商品，完全依靠下线人员缴纳的高额"入门费"维系运作，以发展人员多少作为提取报酬的标准，与各国普遍禁止的"金字塔"欺诈活动一脉相承。有的传销组织虽然有商品，但仅是骗人的幌子。上线用"商品"换取下线的高额"入门费"，然后层层瓜分；下线购买商品不是为了消费，而是为了获得加入组织的资格，继而可以发展别人，提取报酬。

【知识小卡片】

传销与直销

"传销"是指组织者或者经营者发展人员，通过对被发展人员以其直接或者间接发展的人员数量或者销售业绩为依据计算和给付报酬，或者要求被发展人员以缴纳一定费用为条件取得加入资格等方式牟取非法利益，扰乱经济秩序，影响社会稳定的行为。

"直销"是指销售人员以面对面的说明方式而不是固定店铺经营的方式，把产品或服务直接销售或推广给最终消费者，并计算提取报酬的一种营销方式。不同的公司，这些直接销售人员被称为销售商、销售代表、顾问或其他头衔，他们主要通过上门展示产品、开办活动或者是一对一销售的方式来推销产品。

二者的主要区别有以下几点：

（1）商品不同。传销的产品大多是一些没有什么品牌，属于质次价高的商品。而直销的商品大都为一些著名的品牌，在国内外有一定的认知度。

（2）加入的方式不同。传销是要求推销员加入时上线要收取下线的商品押金，一般以购物或资金形式收取"入门费"。直销指以面对面且非定点的方式，销售商品和服务的交易形式。

（3）营销管理不同。传销的营销管理很混乱，上线推销员是通过欺骗下线推销员来获取自己的利益。采用"复式计酬"的方式，即销售报酬并非仅仅来自商品利润本身，而是按发展传销人员的"人头"计算提成。直销的管理比较严格，推销员是不直接跟商品和钱接触的，自己的业绩由公司来考核，由公司进行分配。

（4）根本目的不同。传销的根本目的是无限制地发展下线，千方百计通过扩大下线来赚钱。而直销最终面对的终端是客户，通过商品交易来取得利润。

（5）报酬是否按劳分配。非法传销通过以高额回报为诱饵招揽人员从事变相传销活动，参加者的上线从下线的入会费或所谓业绩中提取报酬。而直销企业为愿意勤奋工作的人提供务实创收的机会，而非一夜暴富。每位推销人员只能按其个人销售额计算报酬，由公司从营运经费中拨出，在公司统一扣税后直接发放至其指定账户，不存在上、下线关系。

（6）是否有退出、退货保障。直销企业的推销人员可根据个人意愿自由选择继续经营或退出，企业为顾客提供完善的退货保障。而非法传销通常强制约定不可退货或退货条件非常苛刻。

（7）是否设立店铺经营。直销企业设立开架式或柜台式店铺，推销人员都直接与公司签订合同，其从业行为直接接受公司的规范与管理。而非法传销的经营者通过发展人员、组织网络从事无店铺或"地下"经营活动。

第二节 求职择业安全预防与应对策略

在目前就业难、择业难的大背景下，有些不法分子恰恰抓住大学生渴望就业的心情，进行诈骗。这就需要大学生在接到对方的电话时一定要多留意，做好相关电话号码等关键信息的记录，并一定要向老师、家长或者已经毕业在当地就业的学生咨询，以免上当受骗。

【案例导入】

某学院毕业生于某，毕业前夕往广州某一建筑设计公司投递了电子简历，几天后收到了对方的答复，并通过电话进行了简单的"面试"。当于某问及该设计公司的概况时，公司负责人推说，让他上网查阅并告诉了一网址。该负责人为了体现面试的正规性，还假意说，公司将对"面试"进行电话录音。面试完毕后，该负责人要求于某于4月1日前到单位进行一个月的实习，并要求带上身份证复印件、协议书（要求校方签字和盖章）、照片等准时到单位；并声称单位将安排专人到火车站接站。

于某拿协议书找本院负责老师签字时，被详细问及了有关情况，遂告诉了几名往年毕业在广州上班的学生的联系方式，并要求于某去之前一定要与其师兄、师姐们先联系，谨防上当，不要被传销等团伙利用。经当地的学生联系核实，该单位近期没有发布任何招聘广告，而是别人假借他们单位面试，纯属欺骗。

【案例点评】

这个案例的启示：①越是在面对较难得到的面试机会时，越要保持清醒的头脑，别让不法分子有空子可钻；②要建立相关的社会支持系统，针对大学生就业择业中易出现的问题进行整理并提供相应的咨询服务；③应通过不同形式对大学毕业生进行安全教育，帮助其提高甄别骗局的能力。

【知识链接】

一、招聘陷阱的预防与应对

学校就业信息网上发布的就业信息，都经过了严格核实，包括核实用人单位的工商许可证、营业执照以及通过电话向当地有关部门核实等，基本上确保了就业信息的真实性、准确性、安全性。对于通过其他渠道获得的就业信息，一定要想方设法，通过各种途径进行核实。

（一）防止以招聘之名盗取个人信息

当对方要求提供奇怪的证明材料时，一定要多留心眼，在任何情况下都不能向只有一知半解的"招聘单位"透露有任何个人隐私信息。一旦发现侵权迹象，应立即报案。

（二）防止以招聘之名非法敛财

调查显示，职场中最大的骗局当属收取保证金、押金，其比例占到了28.16%。有许多用人单位在雇佣学生时，以所谓流动性大、单位物资贵重等种种理由，违法收取大学生的押金、身份证、学生证等，甚至房产证。劳动和社会保障部《关于贯彻执行〈中华人民共和国劳动法〉若干问题的意见》第二十四条规定：用人单位在与劳动者订立劳动合同时，不得以任何形式向劳动者收取定金、保证金（物）或抵押金（物）。所以，那些任职初期需要先缴各种押金的公司是不合法的；而规模很小、态度恶劣却收取服务费的中介机构，一定是想骗取求职者金钱的非法组织。

（三）防止以招聘之名诱人犯罪

对这种骗术，求职者稍加思考就应有所怀疑。如果招聘者夸夸其谈，反复强调招聘职位轻松便能拿高薪，很有可能是在引诱求职者加入传销、色情及其他非法机构。

二、面试过程中，要时刻保持安全的警惕性

在求职过程中，大学毕业生更应保持高度的警惕性，擦亮眼睛，识别就业陷阱的迷惑。

（1）当前往面试的第一天或职前训练的前几天，要留意该单位是否刻意隐瞒工作性质及业务性质。

（2）面试地点偏僻、隐密或是转换面试地点的状况，或是要求夜间面试者，皆应加倍小心。面谈地点不宜太隐密，过于隐密地点不要去。对于用人单位面试的地点，如果不是学校就业指导中心发布的信息，或者用人单位约求职者到宾馆或其他非公开、非正式场合见面，绝对不能贸然前往。

（3）面试时，要注意以下环节：一是应详记该单位及主试官的基本情况及特征；二是对方所提工作内容空泛不具体时，不要被夸大言辞所迷惑；三是身份证、毕业证书及印章等证件，不宜给对方；不可轻易出示银行账户号码及密码，以免不法之徒有机可乘；四是主试官说话轻浮，暧昧不清，眼神不正常等都是危险的前兆；五是如果有不安全、不对劲的感觉或不正常的状况，要以某种借口迅速离开该单位为宜；六是拒绝不合理的邀约及要求；七是在面试时尽量不要随便喝饮料或吃东西。

（4）进行面试的过程中，如果遇到用人单位要交保证金或其他培训费用（如报名费、

训练费、材料费等）时，一定要慎重，千万不要为了保住工作而盲目交费。

（5）面试最好有同学陪同前往，并备有适当的防范器物。尤其是女性，要避免夜间到荒僻的地点面试。如果无法结伴而行，至少要将自己的行踪告知辅导员或同学，最好是让辅导员或同学知道面试的时间与地点。

（6）面试前后随时与学校辅导员、同学、家长保持联系，并告知面试场所地址及电话号码。

（7）要求提供亲友名单、身份证号码（或身份证复印件）均可能有诈财之患，要注意避免。

三、求职后，要谨慎行事，学会用法律保护自己

在找到合适的工作单位，双方达成就业意向后，大学毕业生需要签订就业协议书。就业协议书的签订在形式上宣告了就业工作花开有果，尘埃落定。但近年来，就业协议引发的纠纷屡有发生。有的大学毕业生正式到单位报到后，单位却一改初衷，擅自降低劳动报酬，变更原来双方约定的工作岗位，更有甚者以"试用期"（或见习期）为由不签订劳动合同，使得大学毕业生长期处于"试用期"，做最累的工作拿最低的报酬，从而利益受到侵害。因此，在签订就业协议以前，一定要反复斟酌，多方面考察，方可落笔。

（1）通过上网或其他途径查看，该单位（特别是企业单位、公司）登载的营业项目、报上刊登的项目、面试现场所见三者是否相符。

（2）登陆有关部门的网站查看，或与亲友交谈，看看该公司是否被列入黑名单之中。

（3）问问自己，面试的职务内容是否与自己找工作时的初衷相符，并且所获得的待遇是否合乎期待值。

（4）当面试当天或初进该单位的数天内，求职者即需要付给该单位一笔钱者，就要特别注意。

第十三章　大学生生理与心理健康教育

　　在校的大学生是最富有理想、生气，文化层次较高的青年群体。与西方国家的大学生不同，中国大学生的群体特征相对突出，表现在年龄段相对集中（一般在 18~23 岁之间）、学习和生活环境相对封闭、学习条件相似等方面。大学生的心理活动特征以其生理特征为基础，同时又受社会环境和教养方式的影响。因此，要了解大学生的心理健康问题，必须熟悉大学生的生理特征和心理特征。

第一节　大学生的身心特点与维护

　　根据有关数据统计，中国每年有 800 多万人非正常死亡，其中 80%应该属于责任事故；每年因自杀死亡者高达 28.7 万。数据表明，自杀已经取代突发疾病和交通意外，成为大学生意外死亡的第一大原因。因此，对于大学生的身心健康教育已经迫在眉睫。

【案例导入】

　　某大学一位刚入校 3 个月的 18 岁女生，家庭经济情况一般，有一弟弟读初中。从小父母对她的希望就是好好读书，长大能离开农村。在上大学前，她几乎没参加过其他劳动或活动，没有出过远门。她从小是个乖女孩，听老师的话听父母的话，听大人的话，与同龄相处较好。父母不愿她到陌生城市读书，出于经济原因考虑，她主动向父亲提出，填报相同专业中收费最低的本市某大学。上学第二个月后，她 3 000 多元的存款在校园内被骗。事后，她经常出现失眠、无食欲、焦虑、反应力减慢等现象，不能集中注意力思考、判断问题，情绪低落、愤怒、自责，并感到羞耻。她感到生活中处处都是危险，不相信其他人。一个人时，她眼前常会出现骗子的画面，梦中会有事件的一些场景出现；下晚自习时害怕一人单独走回宿舍。

【案例点评】

　　本案例中的女生独立处理问题的能力差，有过分内省的人格倾向，认为给家庭造成很大经济损失而耻辱。其正常学习和生活均受到影响。

大学生刚接触社会，正处于认识社会，形成对社会初步看法的关键时期，他们各方面承受能力都较差。受阅历的限制，这类危机事件很可能给他们造成精神上、心理上、经济上的伤害，以致形成对社会不正确的认知，甚至影响终生。因此要重视大学生对类似危机的干预，认识危机中新的生机，引导大学生正确面对危机，及时把握转机，促进其身心和谐发展，使个体获得成长和自我实现，最终走向成熟。

【知识链接】

一、生理特点

　　由于长期形成的教育习惯和学制等方面的原因，我国现阶段全日制在校大学生的年龄一般在十八九岁到二十二三岁之间，这个年龄正处在青年中期，是一个人身心机能不断趋于完善的阶段，也是身心发展的重要时期。具体来说，其生理特点主要表现在以下 6 个方面。

（一）外部形态成人化

　　经过青春期骨骼的迅速生长，突出地体现在身高和体重的急剧变化上。人一生有两次生长高峰，第一次是从出生到周岁，这一时期身高可增加 50% 左右，体重可增加一倍左右。第二次是青年期，男女青年平均每年的身高、体重增长较快。迅速的成长使青年人骨骼粗壮、肌肉发达，在体形上进入了成人的行列。大学生的青春活力和美感日益增强。

（二）身体系统、器官全面发展

　　青年期是生命力最旺盛的时期，身体的血管系统、呼吸系统、神经系统、内分泌系统都逐渐发育健全。心脏的重量猛增至出生时的 10 倍左右，有的人肺活量可达 4800 毫升；胃肠容量达到最大，食欲极佳；体温、脉搏、呼吸、血压发生明显变化；脑垂体加快各种激素的分泌，新陈代谢处于最佳状态。这些变化使青年人充满了生机和活力。

（三）机体功能处于最强健的阶段

　　随着身体外形和内部机能的发展与成熟，这一阶段心肺工作效率高，可调适范围大，力量素质、速度素质、耐力素质、灵敏素质得以不断提高。具有较强的免疫抗病能力，自我修复、自我预防的系统功能较强，不易被疾病侵袭。

（四）大脑发育趋于成熟

　　大学生的大脑和神经系统处于最发达状态。脑重量达到最大值，脑神经细胞的分化机能达到成人水平，大脑的第一和第二信号系统的功能已经完善。由于大脑的发达和完善，其智力也发展到高峰，主要表现为观察力、记忆力、思维能力、想象力、注意力都处于最佳状态。

（五）性特征变化突出

青春期是性萌发和性成熟最神秘、最敏感的时期，内分泌和性机能日趋成熟，男女性别差异明显。在青年中期，个体的生理发育已基本完成，已具备了成年人的体格以及各种生理功能，引发了大学生对异性的好奇和对爱情的向往。

二、心理特点

不同年级的大学生，由于所处的人文环境、学习条件等因素的变迁及所经历和发生的社会生活事件各有其特点，因此，大学生的心理发展历程大致可以划分为三个阶段：低年级阶段、中年级阶段和高年级阶段，亦即适应准备阶段、稳定发展阶段和走向成熟阶段。

（一）低年级大学生的心理特点

刚入学的一年级大学生，由于青春期后期独立性不完全，心理上一般仍留有"依赖性"、"理想化"和"盲目自信"等心理特征，表现为留恋长辈、家庭和中学环境，盲目地憧憬未来，容易将生活理想化。一旦感到大学生活不是"理想"中的情况，就会引起复杂的心理矛盾，主要表现在以下几个方面。

1．新鲜感与恋旧感的交织

新生未入学前，往往都将大学看得过于神秘，甚至有人把大学想象成"理想的天堂"、"生活的乐园"。特别是刚入大学时，新的校园环境、新的师友、新的学习内容、新的教学方法和手段以及新的教学设备……这一切都会使其产生一种新鲜感。与此同时，毕竟是远离家乡，人地两生，同过去在家有亲人在身边的生活大不一样，面对这种新环境，有些人一时还不适应，通常会留恋中学的生活。

2．唯我意识和集体意识的交织

现在的大学生很多都是独生子女，成长过程一般都是一帆风顺的，以自我为中心的性格比较普遍。而大学普遍以班级为单位，以集体宿舍为组合，在与他人的接触交往时，需要考虑他人的感受。大学注重全面发展和自我发展，强调集体荣誉和团结精神，因此，不少大学生在融入集体生活时，发现自己不受重视，感到孤独，心理上出现障碍。

3．自豪感与自卑感的交织

能够踏进大学校门的新生，往往是在千军万马挤高考独木桥中以胜利者的姿态出现的，充满自豪感。然而进入大学后，不少同学逐渐发现自己原来在高中时的优势不在了，摆在面前的是一种重新分化、改组的新局面。这种情况对人的意志是一种严重的考验，坚强者暗下决心，要默默地赶上去；软弱者可能自暴自弃，成为新集体的落伍者。

4．轻松感与紧张感的交织

经过激烈的高考竞争，苦战了好几年，上了大学的新生往往认为大学生活相对轻松，总该歇一歇，放松放松了。加之课程的增多和内容的加深，导致考试前特别紧张，只能临阵磨枪，以至于考试出现不及格的现象。这种情况是对他们盲目自满及依赖心理的一种否定，也打破了他们原来对大学生活抱有的不切实际的罗曼蒂克幻想。

（二）中年级大学生的心理特点

经过低年级大学生活的适应，随着年龄的增长、专业知识的深化、人际关系的扩大和对社会环境的普遍适应，大学生产生了自信感和随意感，大学生活变得全面、丰富和深入，自我独立性和自我表现的倾向开始突出。从这时起，在他们中间开始出现层次的分化，出现成绩好的学生和成绩差的学生。但总的来看，无论是在思想觉悟还是在学习工作方面都有所提高，主要有以下特点。

1．人生观、价值观、世界观趋于稳定和定型

大学时期，是一个人世界观、人生观形成的重要阶段。大学中年级学生经过社会主义政治、时事、马克思主义、思想道德素质等理论知识的进一步学习，通过对社会认识的逐步加深和对专业知识的深化研究，提高了独立思考的能力。有些大学生把对人生的追求自觉升华到具体的学习及建设有中国特色的社会主义实践中去。

2．思想活跃，兴趣爱好广泛

这一阶段的大学生对学习生活已经适应，又无毕业班的压力，学习生活丰富多彩，思想活跃，爱好广泛。他们不再满足于书本知识，而是采取多种形式开拓新的知识领域和业余文化生活阵地，参与各种学生社团，课外生活十分活跃。

3．学习态度和目标出现差异

进入大学二年级，绝大多数大学生专业方向明确，对未来考虑增多，开始职业定位。有的大学生认真学习本专业，打算在未来的岗位上作出贡献；有的大学生开始积蓄力量，创造条件，准备报考研究生继续深造；但也有少数大学生胸无大志，学习平平或较差，甚至犯错误、受处分。

4．同学间了解加深，独立能力日益加强

随着年龄的增长，独立生活能力普遍增强，同学间相互了解加深，建立了稳定的友谊关系。同时，结合所学的专业知识，通过各种途径，积极参加校内外社会实践活动，提高创造性劳动和独立工作的能力。

总之，中年级是大学生人生观、世界观形成的时期，也是进一步接触社会的时期，更是大学生能否成才的关键时期。

（三）高年级大学生的心理特点

高年级大学生基本上掌握了教学大纲要求的专业知识，世界观基本形成。但面临着毕业、就业的挑战，精神比较紧张，一般存在以下几种心理状态：

（1）紧迫感。临近毕业，感到时间不够用，仿佛还有许多知识还没有学到手，许多事情还没做完。对毕业实习、设计、论文期望都很高。

（2）忧虑感。面临毕业，高年级大学生主要忧虑的是就业问题。如何根据自己的实际情况选取合适的岗位？自己究竟喜欢从事何种职业？被分配的地方是否满意？工作单位是否有相应的福利？工作是否与专业对口？这些都是他们关注和担心的问题。由于大学生还不完全具备成年人饱经风霜后形成的稳定心理状态，所以在思想上还会发生较大的波动。

三、情绪对大学生的影响

（一）情绪会影响行为

例如，当心情放松的时候，我们会笑容满面，也可能会唱歌，主动帮助别人。可是，当情绪动荡不安的时候，我们就可能会乱丢东西，变得急躁。

（二）情绪会影响智力发展

积极的情绪有助于智力的发展，并令我们积极地生活、工作和学习，实现自己的目标，对生命充满希望。相反，消极的情绪会抑制智力水平的提高。例如，当处于积极的情绪状态时，读书会感觉记得多、记得快、记得牢；而处于消极的情绪状态时，会感觉记忆力不好，记不住东西。

（三）情绪也会影响人的身体机能

不同的情绪会对人的身体健康产生直接或间接的影响。科学研究表明，每一种情绪都可能会引起身体某个部位出现生理变化。积极的情绪可以使人忘掉忧愁，战胜悲伤，起到治病的作用；而过于强烈和过长时间的负面情绪反应可能诱发生理疾病。医学研究表明，长期情绪低落者容易患肝病和消化系统疾病。

（四）人与人的关系也会受到情绪的影响

积极的情绪有利于建立良好的人际关系，消极的情绪对人际关系有负面的影响。例如，容易生气的人，会令人感到不安，很难与他人沟通，比较难建立友谊；但笑容满面的人给人以亲切的感觉，比较容易接近。

四、大学生常见心理健康问题

有关数据表明，学业问题、人际关系问题、情绪问题、情感问题、就业问题、对互联网的依赖问题和特殊群体学生的心理健康问题是目前大学生中普遍存在的心理健康问题。

（一）学业问题

学习压力大、学习动力不足、学习目的不明确、学习动机功利化、学习成绩不理想、学习困难、考试焦虑等学业问题始终困扰着大学生。另外，有的大学生因专业选择不当，也会影响学习兴趣和学习成绩。

（二）人际关系问题

在大学生的人际交往过程中，一些不良的心理因素常会影响大学生人际交往的正常进行，使得有些大学生不敢交往，不愿交往，甚至不能交往，严重影响了正常的学习和生活。一般来说，有的大学生在人际交往过程中，出现一些困难或不适应是很正常的，但如果个体的人际关系严重失调，人际交往受阻，则表明个体存在某些不良的心理品质。人际关系问题主要表现在以下几个方面：

1．人际关系不适

进入大学后，远离原来熟悉的生活与学习环境，面对新的人际群体，有些学生显得很不适应。

2．社交不良

部分大学生缺乏在公众场合表达自己思想的能力与勇气。面对各种各样的活动充满了兴趣，却又担心失败，因此羡慕多而积极参与少，久而久之，开始回避参与，感叹"外面的世界很精彩，外面的世界很无奈"。

3．个体心灵闭锁

大学生缺乏人际交往经验，而自身在人际交往中的不自信又不利于增加自身的人际魅力，妨碍了良好的人际交往圈的形成。与此同时，由于个体间正常的交往不够，又易引发猜疑、妒忌等。

（三）情绪问题

情绪问题主要表现在以下几个方面：

（1）抑郁。以个体心中持久的情绪低落为主，常常伴有身体不适、睡眠不足等情况，心情压抑、沮丧，动作迟缓，思想闭塞，无精打采，对人冷漠、对己悲观，什么活动都懒得参加。

（2）情绪失衡。大学生的社会情感丰富而强烈，具有一定的不稳定性与内敛性，表现为情绪波动大。

（3）焦虑。大学生的焦虑多源于工作、学习、生活和人际交往方面所遇到的挫折。过度的或过于持久的焦虑会损伤大学生正常的心理活动，导致心理疾病的产生，如焦虑症、神经衰弱等，严重地影响了大学生的正常生活和学习。

【知识小卡片】

抑郁症简介

抑郁症是一种常见的精神疾病，主要表现为情绪低落，兴趣减少，悲观，思维迟缓，缺乏主动性，自责自罪，饮食、睡眠差，担心自己患有各种疾病，感到全身多处不适，严重者可出现自杀念头和行为。

抑郁症是精神科自杀率最高的疾病。抑郁症发病率很高，几乎每 7 个成年人中就有 1 个抑郁症患者，因此它被称为精神病学中的感冒。抑郁症目前已成为全球疾病中给人类造成严重负担的第二位重要疾病，对患者及其家属造成的痛苦、对社会造成的损失是其他疾病所无法比拟的。造成这种局面的主要原因是社会对抑郁症缺乏正确的认识和偏见，使患者不愿到精神科就诊。

在中国，仅有 2%的抑郁症患者接受过治疗，大量的病人得不到及时的诊治，导致病情恶化，甚至出现自杀的严重后果。另外，由于人们缺乏有关抑郁症的知识，对出现抑郁症状者误认为其是闹情绪，不能给予应有的理解和情感支持，对患者造成更大的心理压力，使病情进一步恶化。

（四）情感问题

爱情、友情、亲情是学生情感方面的 3 个重要问题。

1. 爱情困扰

爱情虽然在大学并非一门必修课，但大学生仍然从各个方面开始了自己的情感之旅。大学生中流传着"普遍撒网、重点培养、择优而谈"，"不在乎天长地久，只在乎曾经拥有"，"预约失恋"……爱情与婚姻分离成为一种较为普遍的现象。单相思、失恋、网恋的现象时常发生，引发的问题也很多。因此，正确处理爱情与学业的关系是大学生学习生活中很重要的学习内容。

2. 友情困扰

在处理个人情感问题上，分不清友情与爱情，不能很好地把握男女同学之间交往的尺度。

有的同学希望珍惜友谊，却又不经意地与友谊失之交臂。

3.亲情问题

近年来，大学生写家信的情况已不多见。即使通电话，也仅仅是"我一切都好"、"不用牵挂"之类的客套话。与此相反，恋人之间的短信越来越多，电话越来越频繁，与之形成鲜明的对比。

（五）就业问题

在严峻的就业形势下，大学毕业生由于受到自身教育、生理、心理、社会和家庭等因素的影响或制约，在就业过程中经常出现一些心理不适应的现象，走进一些心理误区，受到一些心理问题的困扰。

实际上就业过程也是一个复杂的心理过程。谋求到一份称心如意的职业，最大限度地发挥自己的优势和特长，实现自己的人生价值，几乎是每个大学毕业生的愿望，这种心理需求是正当的、合理的，也是无可厚非的。但在大学生的择业实践中，由于确立的目标不切实际，导致择业屡屡失败。

（六）对互联网的依赖问题

网络已成为一种新的时尚，有一定的知识水平和消费能力的年轻人，都有上网的经历。面对互联网构建的虚拟世界，当代大学生表现出了极高的认同度和参与热情。

据了解，大学生网民绝大部分属于"依赖性"上网者，而且女生多以上网聊天、看电视剧为主，男生多以参与多用户对抗游戏为主。不少大学生对网络表现了很强的依赖性，他们整天沉湎于网络这个虚幻的世界而不能自拔，以至于荒废了学业，淡漠了友情和亲情。大学生对网络的这种迷恋是一种精神依赖的表现，如同吸食鸦片一样。有的大学生上网时精神亢奋，下网后烦躁不安；为享受网上"乐趣"而不惜支付巨额上网费用；有些人宁可荒废学业也要与电脑为伴。

（七）特殊群体学生的心理健康问题

例如特困生心理健康问题。近年来，特困生的思想、学习、生活已引起社会各界的广泛关注，高校采取了"奖、贷、勤、免、补"等办法，广开渠道，解决困难学生的生活问题。不容忽视的是，困难学生不仅是经济困难，他们的心理问题也值得引起高度重视。特困生与普通生相比，更多地表现出自卑而敏感、人际交往困难、身心疾病突出和问题行为较多的状况。尤其是"双困生"，学业成绩不理想，家庭经济又很困难，心理负担更重。

五、大学生心理健康的自我塑造

管理心理学认为，人的心理状态虽然受社会生活环境的制约，但是，人们仍可以通过各种努力来进行调节，以维持心理平衡，达到心理健康的目的。保持健康的心理状态，对保持机体正常的生理机能和活动，促进身体健康起着重要作用。同时，健康的心理状态，对一个人在社会中的合理定位、积极开展人际交往和社会活动都具有非常重要的意义和作用。大学生可以从以下几个方面进行心理健康维护：

（一）树立正确的人生观、价值观、世界观

世界观决定方法论。拥有一个正确的人生观、价值观和世界观才能在人生的旅途中作出正确的选择。心理学研究表明，人的价值观念存在着很大的差异。有以认识真理为主的科学价值观；有以"先天下之忧而忧，后天下之乐而乐"为准则的道德价值观；有以权力、地位为核心的政治价值观；有以功利、实惠为目标的经济价值观；有以宗教为中心的信仰价值观，等等。但是，无论信奉哪一种价值观，只有以辩证唯物主义和历史唯物主义的世界观及人生观为统帅，才能有正确的人生方向，才能正确处理个人与社会之间的关系，才能防止主观片面、固执偏激，才能做到豁达大度、处事不惊，才能经得住各种挫折与考验。

（二）正视自我，增强社会适应力

每个人都是一个独立的个体。每个人的个性特征是不同的，从心理学角度来分析，存在着智力水平的高低、能力大小的不同、性格的内向与外向、独立与依赖的差异等。要学会按照自己的本来面目正视自我，并能够坦然地接受现实中的"我"，包括"我"的缺点和不足，能够正确地认识自己，客观地评价自己，自尊、自信、自爱；能够自我监督，自我调节，努力开发身心潜能。能够正确认识和分析社会现象，关心社会发展变化，使自己的思想和行为跟上社会发展的主流和时代发展的步伐，对新环境具有较强的适应能力。

（三）努力加强道德修养

毛泽东同志提出了"德、智、体全面发展"的标准，邓小平同志提出了"有理想、有道德、有文化、有纪律"的标准。做一个高素质的人才，就要加强自己的道德修养，能以社会主义、集体主义道德观为核心，正确处理生活和工作中的各种关系，具有正直诚实、谦虚谨慎、尊老爱幼等良好品质。

（四）确立符合实际的目标

没有奋斗目标，就犹如在大海上漂浮的船只，随波逐流，虚度时光。有一个符合自己实际的远大目标，就能尽快实现自身的价值，更好地为人民和国家服务。大学生在制定目标时，不仅要有科学的世界观和人生观，而且要充分考虑目标价值的大小、目标实现的可能性。如果条件不具备、目标实现的可能性极小，那么，即使是很有意义的目标也不应列入计划。

（五）建立良好的人际关系

良好的人际关系，对于排除心理障碍，促进心理健康有着不可替代的作用。要建立良好的人际关系，大学生必须首先学会以善意的态度与人相处，而不是以敌意的态度待人；尊重别人，而不是强加于人；真正地鼓励与赞美，而不是虚伪地恭维与奉承：友好地劝告与批评，而不是粗暴地讽刺与攻击等。

（六）合理调控自己的情绪

大学生在遇到挫折，产生烦恼、愤懑、沮丧、焦虑、彷徨等不良情绪时，应该学会用适当的方法进行调控，经常保持愉快、开朗、乐观的心境，能合理地宣泄、排解消极情绪，富有幽默感。

（七）积极参加实践活动

健康心理的形成并不是靠苦行僧式的闭门思过就可以办到的，而是应该在实践活动中深化自我，与实践相结合是塑造大学生心理健康的重要途径。

（1）多参加户外活动，走进大自然，融入大自然的美好景色中，能使自己心旷神怡。让大自然的奇山秀水震撼心灵，让柔和又富有活力的色彩引导良好的情绪。

（2）多参加文体活动，分散和转移注意力。激烈的体育活动能激发人的斗志和豪情；欣赏抒情优美的音乐可使人精神振奋，情绪饱满，信心倍增。

（3）多参加社会实践活动。积极参加校园的学生组织、校园活动、科研活动、志愿活动等与人群交流密切的活动，在跟他人交往交流的过程中，锻炼自身能力，积累社会经验，学习他人优点，做一个健康向上、全面发展的优秀大学生。

六、大学生如何自我疏导

人总有失意困惑的时候，学业的挫折、同学间的矛盾、人际关系的冲突等都是大学生活中经常遇到的，如不注意及时缓解和调整，会导致内心的矛盾冲突，使自己陷入郁闷、焦虑、悲痛等不良心理困境中，对身心健康危害极大。此时外界的帮助固然重要，但关键还在于自我疏导、自我宣泄。

（一）回避法

俗话说："惹不起躲得起。""躲"也就是回避，虽然简单但实用、有效。当某些人和事、某些场合使人郁郁不乐或即将火冒三丈、感到忍无可忍时，应及时回避，以免"触景生情"。找一安静处，静默 10 分钟，或听听音乐、散散步，找好友聊聊天，分散注意力，淡忘烦恼，使情绪得以稳定，内心得到平静。

（二）自勉法

自勉就是以积极的信念暗示自己，努力发现自己的优点或长处，而不是无意中把自己的悲观沮丧、挫折感放大，只有在不幸与失败中奋起的人才能成大器。在许多情况下，自勉才能驱散忧郁，克服怯懦，使自己恢复乐观和自信，还自己一片晴朗的天空。

（三）自慰法

自慰法就是所谓"想开点"，为自己找一个"合理"的解释"自圆其说"。虽是一种精神胜利法，但总比懊恼、沮丧要好。更何况凡事总有正反两个方面，许多事换一个角度看，不难发现其中的积极因素，"塞翁失马，安知非福"，"失之东隅，收之桑榆"。但自慰法总有些自欺欺人，只能一时有效，常用也会影响自己对社会的适应。

（四）宣泄法

宣泄有助于调节大脑皮层功能，调整压抑、愤怒等不良心理状态，缓解内心的压力，宣泄内心的郁闷，摆脱恶劣的心境，使自己感到很痛快，但应以不伤害、影响别人为前提。

第二节　珍爱生命，防止自杀

大学生自杀现象，既是家庭的悲剧，也是社会的悲剧。为了有效预防大学生自杀，需要每一位大学生对自杀现象有所了解，懂得在挫折面前从容应对，珍惜宝贵的生命，以积极健康的心态迎接人生的各种挑战，顺利走完人生历程。

【案例导入】

20××年3月29日下午3点半，某大学化学工程系黄某被舍友发现在宿舍内上吊自杀身亡。警方勘察现场时，发现了黄某留在桌上的字条，上面内容为"爸爸妈妈，今后我不能照顾你们了，考研或是就业，压力真的太大了……"。黄某同班的6名男同学得到消息后赶来，其中一个高个男孩几乎哭着说："早晨她还说今天天气好，要去看校园里的樱花呢。"

【案例点评】

学生自杀是一种极端的行为，它给家庭带来毁灭性的打击，给周围的学生、老师留下难以抹去的阴影甚至是心理创伤，给学校带来极大的负面影响，给社会造成一些不稳定的因素。国家培养一个高学历的人才十分不容易，父母含辛茹苦养大一个孩子20多年更不容易。当自杀者准备化蝶远去时，是否应该考虑一下对国家、对家庭的影响？

因此，大学生需要加强自身的心理素质建设，采取合适的途径发泄心中的不满，解除心中疑惑，倾诉心中担忧，做一个懂得表达自我、调解自我、发扬自我的德智体全面发展的大学生。

【知识链接】

一、大学生自杀基本知识

自杀是指个体蓄意或自愿采取各种手段结束自己生命的行为。人类的自杀行为，古今中外都存在，而现代人的自杀率更有上升的趋势。中国青少年研究中心发布的数据表明，我国15~34 岁的人群中，自杀是第一位的死亡原因，占 18.9%。中国青年报社会调查中心通过腾讯网教育频道，对 7 080 名大学生进行的一项调查发现，89.3%的大学生有过极度心理体验，例如，极度失望、极度愤怒、极度孤独等，但仅有 8%的大学生寻求过帮助。同时，55.1%的大学生认为高校应该加强生命教育。

根据自杀行为的特征，可将其分为两类。

（一）情绪型自杀

常常由于爆发性的情绪所引起，即由委屈、悔恨、内疚、羞惭、激愤、烦躁或赌气等情绪状态所引起的自杀。此类自杀进程比较迅速，发展期短，甚至呈现即时的冲动性或突发性。

（二）理智型自杀

理智型自杀不是由于偶然的外界刺激唤起的激情状态导致的，而是由于自身经过长期的评价和体验，进行了充分的判断和推理以后，逐渐地萌发自杀的意向，并且有目的、有计划地选择自杀措施。其自杀的进程比较缓慢，发展期较长，内心斗争激烈，心理矛盾复杂，具有冲突性和隐蔽性。

二、大学生自杀的预防

研究发现，大约 2/3 的自杀者，在走上绝路之前并非毅然决然，只是由于在自杀前期和最后施行阶段没有得到应有的帮助，人们对其没有采取必要的防范措施才导致无法挽回的后果。许多被挽救的自杀者，绝大多数在以后的日子里都能很好地生活下去，同时也对自杀的鲁莽行为追悔不已。另据调查发现，自杀者在自杀前都会有意无意地表现出明显的异常行为，从语言、身体、行为等方面发出求救信号，这就为预防自杀行为提供了可能。

（一）有自杀倾向的初期警号

想自杀的人可能会在自杀前数天、数星期或数月出现以下征兆：

1. 言语上多消极悲观

有自杀意念的人会间接地、委婉地说出来，或者谨慎地暗示周围的人。如"想逃学"、"想出走"、"活着没有意思"、"生活是无意义的"、"我没有希望了"、"如果我不在人世了，情况可能会更好些"、"你会参加我的葬礼吗"、"我想结束我的生命"，等等。

2. 情绪上多反复无常

有自杀意念时，通常会表现出不想和人沟通或希望独处的迹象，喜欢避开朋友或亲人，自己一个人躲在小角落呆呆地思考。情绪反复不定，表现出持续的焦虑与愤怒、过度的罪恶感和羞耻感、痛恨自己、害怕失控、担心伤害自己和别人、极度悲伤等。有少数人在决定结束生命前，会表现得极度欣喜、激动、亢奋，待人异常热情，这往往是因为他们已感到一种解脱。

3. 身体上多软弱无力

有自杀意念的人会有一些身体症状反应，例如容易感到疲劳、体重减轻、食欲不好、失眠、头晕等。这往往是抑郁情绪所致，不能简单地认为是身体有病，应引起注意。

4. 行为上多怪异，令人费解

当自杀意念增强时，在日常生活中会表现出不同于平常的行为，如无故缺课、频繁洗澡、看有关死亡的书籍、异常冷漠、萎靡不振、绝望、逃避社会，或食欲缺乏、无缘无故地与人诀别、将平时珍视的私人物品送人，甚至出走、自残，"无意中"服药过量，等等。

当发觉身边有人有上述语言、身体、行为的某些迹象时，应予以关注，及时地提供必要的帮助，或向老师、有关部门寻求帮助。

（二）自杀的预防

导致大学生自杀的许多因素中，个人的心理素质和对问题的主观态度是最主要的因素，对自杀行为的发生起着关键作用。因此，防止自杀现象发生的最积极办法，就是自觉培养健全的人格和良好的心理素质，增强自身抵抗和化解危机的能力。

1. 积极学习心理健康知识

大学生的综合素质包括了多方面的内容，心理健康是其中重要的内容之一。大学生可以通过请教老师、跟同学探讨、上网搜资料等方式进行心理知识的积累，为成长、成才提供前提和保证。除了学习知识，还要学会将理论和实践相结合，将心理健康知识付诸自己的实际行动中。

2. 磨炼承受挫折的能力和意志

正确应对挫折是预防自杀的一个重要环节。从心理学的角度来看，挫折是指个体行为欲望受阻或受干扰的情景，如生理、心理、物质、精神的需要得不到满足，从而产生失望、愤怒、紧张的情绪，有的人会因此抑郁、厌世，继而采取自杀行为。某些意志比较薄弱的大学生往往缺乏承受挫折的能力，心理耐受力差，情绪具有冲动性、爆发性和极端性等特点，遇到挫折时，容易出现过激行为，作出不应有的傻事。

为了提高自己承受挫折的意志力，需要做到以下几点：

（1）正确认识挫折对人生的影响。俗话说，不如意之事十有八九。挫折人人都会遇到，只不过有大有小，应对方式不同而已。挫折并不是阻碍人们前行的挡路石，如果应对方式正确，反而是人生的宝贵财富，是更上一层楼的阶梯。每个危机后面都隐藏了一个机会，通过挫折苦难，锻炼了心理抗压能力、解决事务能力、协调能力和自控能力等，这些良好的心理素质是踏上成功之道、实现自身梦想和价值必备的心理基础。

（2）勇敢面对挫折。在挫折、压力面前，应采取正确的应对方式，进行自我心理调整，将压力变为动力，丢掉沉重的心理包袱，朝着自己的人生目标轻装前进。

1）倾诉。当我们遇到挫折或精神受到打击时，不妨找亲朋师友一吐为快，以释放沉重的心理负荷。切不可将苦闷埋在心底，自己硬扛，这样不仅负面情绪不易疏导，反而会滋生不良心理。也可以用写日记或书信的方法将自己的苦闷记录下来；还可上网聊天，听听网友们的评论与劝导，设法寻得心理安慰和寄托。

2）升华。它是借用理性来获得解脱，用理性的"我"来提醒、暗示和战胜感情的"我"。如贝多芬、歌德等年轻的时候都受到过失恋的折磨，在受到巨大打击后能将痛苦化为力量，终于分别成为世界上著名的音乐家和诗人。

3）转移。这也是不少大学生在遇到挫折时常用的办法。当遇到不愉快的事情时，可积极参加各种文体活动，如打球、跑步、唱歌、跳舞等以释放苦闷。这样可以使负面情绪得到舒缓，从而度过危机。

积极寻求学校心理辅导老师的帮助。各高校都设有心理咨询中心，在遇到诸如学习、交友、恋爱、疾病或生活中的挫折等引起的心理障碍时，切记不要讳疾忌医、羞于开口，一定要勇敢地找心理辅导老师帮助，使自己恢复正常的心理健康状态。

3．热爱专业知识，积极参加社会实践活动，培养广泛的兴趣爱好

心理学家穆勒指出："适当的焦虑是促进人们趋于健康，趋于完整，趋于最高效率的力量。"良性的学习压力，是克服挫折、忘却烦恼的动力。

大学生理应珍惜大学期间的学习机会，热爱专业知识，可通过广泛阅读各类书籍来找到自己的兴趣爱好所在，并注重培养自己专业的深度和知识的广度。大学里各类学生组织很多，可通过参加各类社会实践活动锻炼自身的处事能力，学会处理人际关系，最重要的是学会做人做事，为以后踏上就业之路提前积累相关的工作经验。具有广泛兴趣和幽默感的学生，能够从多方面感受生活的乐趣，当在某方面的活动遭受挫折时，能够从别的活动中寻找精神寄托，冲淡消极情绪。

附　录

附录一：普通高等学校学生安全教育及管理暂行规定

第一章　总则

第一条　为了加强高等学校管理，维护正常的教学和生活秩序，保障学生人身和财物的安全，促进身心健康发展，特制定本暂行规定。

第二条　高等学校学生安全教育及管理的主要任务是：宣传、贯彻国家有关安全管理工作的方针、政策、法律、法规，对学生实施安全教育及管理，妥善处理各类安全事故，引导学生健康成长。

第三条　高等学校学生安全教育及管理，要以预防为主，本着保护学生、教育先行、明确责任、教管结合、实事求是、妥善处理的原则，做好教育、管理和处理工作。

第四条　本暂行规定所称学生指在普通高等学校学习取得学籍的全日制学生，即按国家任务、用人单位委托培养、自费三种计划形式录取的学生。

第二章　安全教育

第五条　高等学校应将对学生进行安全教育作为一项经常性工作，列入学校工作的重要议事日程，加强领导。学校各部门和有关群众团体或组织要相互配合，积极开展安全教育，普及安全知识，增强学生的安全意识和法制观念，提高防范能力。

第六条　学生安全教育应根据不同专业及青年学生的特点，从学生入学到毕业，在各种教学活动和日常生活中，特别是节假日前适时进行，并善于利用发生的安全事故教育学生，防患于未然。学校应根据环境、季节及有关规律进行防盗、防火、防特、防病、防事故等方面的教育，并使之经常化、制度化。

第七条　高等学校对学生进行安全教育须注重心理疏导，加强思想政治工作，教育学生注意保持健康的心理状态，帮助学生克服因各种原因造成的心理障碍，把事故消除在萌芽状态。

第三章　安全管理

第八条　高等学校要做好学生日常安全管理工作，加强安全防范，建立和健全规章制度，严格管理。学校要把安全教育及管理工作纳入领导任期的责任目标，落实到年级班主任。学校应由一名校领导主要负责。

第九条　高等学校应确定学生安全教育及管理工作的主管部门，明确其职责，具体组织实施安全教育及其管理工作。各有关部门应分工协作，积极配合。

第十条 全体教职工要从关心学生、爱护学生出发，树立安全思想，努力做好本职工作和改善环境与条件，保护学生人身和财产安全。

第十一条 学生发生意外事故以及学生要求保护人身或财物安全等情况时，学校应迅速采取有效措施。

第十二条 学生必须严格遵守国家法律、法规和学校各项规章制度，注意自身的人身和财物安全，防止各种事故的发生。

第十三条 学生在日常教学及各项活动中，应遵守纪律和有关规定，听从指导，服从管理；在公共场所，要遵守社会公德，增强安全防范意识，提高自我保护能力。

第十四条 学生组织集体课外活动，须经学校同意，按学校规定进行。学校须认真进行安全审查，条件不具备时不得批准。

第十五条 学生应严格遵守宿舍管理的规定，自觉维护宿舍的安全与卫生，提高自我管理能力。

第十六条 发现刑事、治安案件或交通、灾害等事故，在场学生应保护现场，及时报告学校或公安部门并协助处理。在学校范围内的，学校应迅速采取措施，控制事态发展，减轻伤害和损失。

第四章 事故处理

第十七条 学生人身和财产发生一般伤害后，学校要及时调查处理，根据当事人或他人的过错，责令其赔偿损失，并给予批评教育或相应的行政、纪律处分。

在校园内，发生学生非正常死亡、重伤或被窃、失火等造成财产重大损失事故后，学校应迅速采取措施进行抢救、保护现场，同时加强思想政治工作，稳定情绪，恢复秩序，并协同地方有关部门妥善处理。

第十八条 学校对事故调查后，涉及追究刑事责任的，要及时与公安部门联系，协助调查处理。重大事故学校有关领导应亲自参与调查工作，并认真研究调查报告，及时处理。

第十九条 在安全管理或事故处理过程中，学校认为有必要需搜查学生住处，须报请公安部门依法进行。调查处理案件中要以事实为依据，不得逼供或诱供。

第二十条 重大事故发生后，学校应在一天内向所在省、直辖市、自治区有关主管部门报告，并及时通知学生家长。事故处理结束后一周内书面报告有关主管部门。

第二十一条 学生在教学、实习过程与日常生活中，因学校或有关单位责任发生死亡、重伤或残疾，由学校或有关单位承担责任，做好处理及善后工作。在教学、实习过程与日常生活中，学生因不遵守纪律或不按要求活动而发生意外事故，学校不承担责任。

第二十二条 因忽视安全生产、管理不善；工作不负责任，违章指挥；玩忽职守，徇私舞弊等对学生造成严重的人身、财物损害的，由其所在单位或上级主管部门，视具体情况对有关责任人员分别给予责令检查、赔偿损失、行政处分，直至依法追究刑事责任。

　　第二十三条　学生未经批准擅自离校不归发生意外事故的，学校不承担责任。对擅自离校不归，学校不知去向的学生，学校应及时寻找并报告当地公安部门，及时通知学生家长。半月不归且未说明原因者，学校可张榜公布，按自动退学除名。

　　第二十四条　学生假期或办理离校手续后发生意外事故的，学校不承担责任。

　　第二十五条　在校内正常生活及由学校在校外组织的活动中，由于不能避免的原因或自然灾害而发生的事故，由学校视具体情况处理。

　　第二十六条　有条件的高等学校可为学生办理人身保险。

　　第二十七条　凡经学校指定的专业医院确诊为精神病、癫痫病患者的学生，应予退学，由其监护人负责领回。学生及其监护人不得无理纠缠，扰乱学校教学、生活秩序。

　　第二十八条　因事故伤残的学生，经治疗后病情稳定，学校认为生活能自理，能坚持在校学习，可留校继续学习；不能坚持在校学习者，应予退学，由学校按其实际学习年限发给肄业证书，并根据事故性质和伤残程度一次性给予适当经济补助。退学学生回其监护人所在地，当地民政等有关部门应协助做好接收、落户等工作，由当地劳动部门按照国家关于残疾人劳动就业有关规定安置。

　　第二十九条　学生因病死亡和责任不由学校承担的意外死亡，学校不承担丧葬费。如家庭确有困难者，学校可酌情予以一次性经济补助。

　　第三十条　因责任不在本人的意外死亡学生，由学校或有关单位参照国家关于事业单位职工死亡丧葬有关规定处理，负担丧葬费的全部，学校可一次性给予适当经济补助。无论何种情况（事故）给予的经济补助，一般不超过国家规定的学生在校期间（以四年计）的平均奖学金数。凡是事故责任由学校以外的其他单位、个人承担的，学校不再给予经济补助。

　　第三十一条　因保护国家财产和他人人身安全，见义勇为而致残或英勇牺牲的学生，学校应报请所在省、自治区、直辖市人民政府授予荣誉称号，并给予相应的待遇。

　　第三十二条　对事故处理不服或持有异议者，可向学校或学校上一级部门申诉，或者依法向人民法院提起民事诉讼。

第五章　附则

　　第三十三条　普通高等学校研究生事故处理，参照本办法执行。

　　第三十四条　本暂行规定结合《普通高等学校学生管理规定》、《高等学校校园秩序管理若干规定》执行。

　　第三十五条　各省、自治区、直辖市教育行政部门和各高等学校可根据本暂行规定制定实施细则。

　　第三十六条　本暂行规定由国家教育部解释。

　　第三十七条　本暂行规定自发布之日起试行。

附录二：高等学校校园秩序管理若干规定

第一条　为了优化育人环境，加强高等学校校园管理，维护教学、科研、生活秩序和安定团结的局面，建立有利于培养社会主义现代化建设专门人才的校园秩序，制定本规定。

第二条　本规定所称的高等学校（以下简称"学校"）是指全日制普通高等学校和成人高等学校。

本规定所称的师生员工是指学校的教师（包括外籍教师）、学生（包括外国在华留学生）、教育教学辅助人员、管理人员和工勤人员。

第三条　学校的师生员工以及其他到学校活动的人员都应当遵守本规定，维护宪法确立的根本制度和国家利益，维护学校的教学、科研秩序和生活秩序。

学校应当加强校园管理，采取措施，及时有效地预防和制止校园内的违反法律、法规、校规的活动。

第四条　学校应当尊重和维护师生员工的人身权利、政治权利、教育和受教育的权利以及法律规定的其他权利，不得限制、剥夺师生员工的权利。

第五条　进入学校的人员，必须持有本校的学生证、工作证、听课证或者学校颁发的其他进入学校的证章、证件。

未持有前款规定的证章、证件的国内人员进入学校，应当向门卫登记后进入学校。

第六条　国内新闻记者进入学校采访，必须持有记者证和采访介绍信，在通知学校有关机构后，方可进入学校采访。

外国新闻记者和港澳台新闻记者进入学校采访，必须持有学校所在省、自治区、直辖市人民政府外事机关或港澳台办的介绍信和记者证，并在进校采访前与学校外事机构联系，经许可后方可进入学校采访。

第七条　外国人、港澳台人员进入学校进行公务、业务活动，应当经过省、自治区、直辖市或者国务院有关部门同意并告知学校后，或按学术交流计划经学校主管领导研究同意后，方可进入学校。自行要求进入学校的外国人、港澳台人员，应当在学校外事机构或港澳台办批准后，方可进入学校。接受师生员工个人邀请进入学校探亲访友的外国人、港澳台人员，应当履行门卫登记手续后进入学校。

第八条　依照本规定第五条、第六条、第七条的规定进入学校的人员，应当遵守法律、法规、规章和学校的制度，不得从事与其身份不符的活动，不得危害校园治安。

对违反本规定第五条、第六条、第七条和本条前款规定的人员，师生员工有权向学校保卫机构报告，学校保卫机构可以要求其说明情况或者责令其离开学校。

第九条　学生一般不得在学生宿舍留宿校外人员，遇有特殊情况留宿校外人员，应当报请学校有关机构许可，并且进行留宿登记，留宿人离校应注销登记。不得在学生宿舍内留宿异性。

违反前款规定的，学校保卫机构可以责令留宿人离开学生宿舍。

第十条　告示、通知、启事、广告等，应当张贴在学校指定或者许可的地点。散发宣传品、印刷品应当经过学校有关机构同意。对于张贴、散发反对我国宪法确立的根本制度、损害由家利益或者侮辱诽谤他人的公开张贴物、宣传品和印刷品的当事者，由司法机关依法追究其法律责任。

第十一条　在校园设置临时或者永久建筑物以及安装音响、广播、电视设施，设置者、安装者应当报请学校有关机构审批，未经批准不得擅自设置、安装。

师生员工或者有关团体、组织使用学校的广播、电视设施，必须报请学校有关机构批准，禁止任何组识或者个人擅自使用学校广播、电视设施。

违反第一款、第二款、第三款规定的，学校有关机构可以劝其停止设置、安装或者停止活动，已经设置、安装的，学校有关机构可以拆除，或者责令设置者、安装者拆除。

第十二条　在校内举行集会、讲演等公共活动，组织者必须在七十二小时前向学校有关机构提出申请，申请中应当说明活动的目的、人数、时间、地点和负责人的姓名。学校有关机构应当最迟在举行时间的四小时前将许可或者不许可的决定通知组织者。逾期未通知的，视为许可。

集会、讲演等应符合我国的教育方针和相应的法规、规章，不得反对我国宪法确立的根本制度，不得干扰学校的教学、科研和生活秩序，不得损害国家财产和其他公民的权利。

第十三条　在校内组织讲座、报告等室内活动，组织者应当在七十二小时前向学校有关机构提出申请，申请中应当说明活动的内容、报告人和负责人的姓名。学校有关机构应当最迟在举行时间的四小时前将许可或者不许可的决定通知组织者。逾期未通知的，视为许可。

讲座、报告等不得反对我国宪法确立的根本制度，不得违反我国的教育方针，不得宣传封建迷信，不得进行宗教活动，不得干扰学校的教学、科研和生活秩序。

第十四条　师生员工应当严格按照学校的安排进行教学、科研、生活和其他活动，任何人都不得破坏学校的教学、科研和生活秩序，不得阻止他人根据学校的安排进行教学、科研、生活和其他活动。

禁止师生员工赌博、酗酒、打架斗殴以及其他干扰学校的教学、科研和生活秩序的行为。

第十五条　师生员工组织社会团体，应当按照《社会团体登记管理条例》的规定办理。成立校内非社会团体的组织，应当在成立前由其组织者报请学校有关机构批准，未经批准不得成立和开展活动。

校内非社会团体的组织和校内报刊必须遵守法律、法规、规章，贯彻我国的教育方针和遵守学校的制度，接受学校的管理，不得进行超出其宗旨的活动。

第十六条　违反本规定第十二条、第十三条、第十四条和第十五条的规定的，学校有关机构可以责令其组织者以及其他当事人立即停止活动。违反本规定第十二条第二款的规定，损害国家财产的，学校有关机构可以责令其赔偿损失。

第十七条　禁止无照人员在校园内经商。设在校园内的商业网点必须在指定地点经营。违反前款规定的，学校有关机构可以责令其停止经商活动或者离开校园。

第十八条　对违反本规定，经过劝告、制止仍不改正的师生员工，学校可视情节给予行政处分或者纪律处分；属于违反治安管理行为的，由公安机关依法处理；情节严重构成犯罪的，由司法机关处理。

师生员工对学校的处分不服的，可以向有关教育行政部门提出申诉，教育行政部门应当在接到申诉的三十日内作出处理决定。

对违反本规定，经劝告、制止仍不改正的校外人员，由公安、司法机关根据情节依法处理。

第十九条　各高等学校可以根据本规定制定具体管理制度。

第二十条　本规定自发布之日起施行。

附录三：学生伤害事故处理办法

第一章 总则

第一条 为积极预防、妥善处理在校学生伤害事故，保护学生、学校的合法权益，根据《中华人民共和国教育法》、《中华人民共和国未成年人保护法》和其他相关法律、行政法规及有关规定，制定本办法。

第二条 在学校实施的教育教学活动或者学校组织的校外活动中，以及在学校负有管理责任的校舍、场地、其他教育教学设施、生活设施内发生的，造成在校学生人身损害后果的事故的处理，适用本办法。

第三条 学生伤害事故应当遵循依法、客观公正、合理适当的原则，及时妥善地处理。

第四条 学校的举办者应当提供符合安全标准的校舍、场地、其他教育教学设施和生活设施。

教育行政部门应当加强学校安全工作，指导学校落实预防学生伤害事故的措施，指导、协助学校妥善处理学生伤害事故，维护学校正常的教育教学秩序。

第五条 学校应当对在校学生进行必要的安全教育和自护自救教育；应当按照规定，建立健全安全制度，采取相应的管理措施，预防和消除教育教学环境中存在的安全隐患；当发生伤害事故时，应当及时采取措施救助受伤害学生。

学校对学生进行安全教育、管理和保护，应当针对学生年龄、认知能力和法律行为能力的不同，采用相应的内容和预防措施。

第六条 学生应当遵守学校的规章制度和纪律；在不同的受教育阶段，应当根据自身的年龄、认知能力和法律行为能力，避免和消除相应的危险。

第七条 未成年学生的父母或者其他监护人（以下称为监护人）应当依法履行监护职责，配合学校对学生进行安全教育、管理和保护工作。

学校对未成年学生不承担监护职责，但法律有规定的或者学校依法接受委托承担相应监护职责的情形除外。

第二章 事故与责任

第八条 学生伤害事故的责任，应当根据相关当事人的行为与损害后果之间的因果关系依法确定。

因学校、学生或者其他相关当事人的过错造成的学生伤害事故，相关当事人应当根据其行为过错程度的比例及其与损害后果之间的因果关系承担相应的责任。当事人的行为是损害后果发生的主要原因，应当承担主要责任；当事人的行为是损害后果发生的非主要原因，承担相应的责任。

第九条　因下列情形之一造成的学生伤害事故，学校应当依法承担相应的责任：

（一）学校的校舍、场地、其他公共设施，以及学校提供给学生使用的学具、教育教学和生活设施、设备不符合国家规定的标准，或者有明显不安全因素的；

（二）学校的安全保卫、消防、设施设备管理等安全管理制度有明显疏漏，或者管理混乱，存在重大安全隐患，而未及时采取措施的；

（三）学校向学生提供的药品、食品、饮用水等不符合国家或者业有关标准、要求的；

（四）学校组织学生参加教育教学活动或者校外活动，未对学生进行相应的安全教育，并未在可预见的范围内采取必要的安全措施的；

（五）学校知道教师或者其他工作人员患有不适宜担任教育教学工作的疾病，但未采取必要措施的；

（六）学校违反有关规定，组织或者安排未成年学生从事不宜未成年人参加的劳动、体育运动或者其他活动的；

（七）学生有特异体质或者特定疾病，不宜参加某种教育教学活动，学校知道或者应当知道，但未予以必要的注意的；

（八）学生在校期间突发疾病或者受到伤害，学校发现，但未根据实际情况及时采取相应措施，导致不良后果加重的；

（九）学校教师或者其他工作人员体罚或者变相体罚学生，或者在履行职责过程中违反工作要求、操作规程、职业道德或者其他有关规定的；

（十）学校教师或者其他工作人员在负有组织、管理未成年学生的职责期间，发现学生行为具有危险性，但未进行必要的管理、告诫或者制止的；

（十一）对未成年学生擅自离校等与学生人身安全直接相关的信息，学校发现或知道，但未及时告知未成年学生的监护人，导致未成年学生因脱离监护人的保护而发生伤害的；

（十二）学校有未依法履行职责的其他情形的。

第十条　学生或者未成年学生监护人由于过错，有下列情形之一，造成学生伤害事故，应当依法承担相应的责任：

（一）学生违反法律法规的规定，违反社会公共行为准则、学校的规章制度或者纪律，实施按其年龄和认知能力应当知道具有危险或者可能危及他人的行为的；

（二）学生行为具有危险性，学校、教师已经告诫、纠正，但学生不听劝阻、拒不改正的；

（三）学生或者其监护人知道学生有特异体质，或者患有特定疾病，但未告知学校的；

（四）未成年学生的身体状况、行为、情绪等有异常情况，监护人知道或者已被学校告知，但未履行相应监护职责的；

（五）学生或者未成年学生监护人有其他过错的。

第十一条　学校安排学生参加活动，因提供场地、设备、交通工具、食品及其他消费与服务的经营者，或者学校以外的活动组织者的过错造成的学生伤害事故，有过错的当事人应当依法承担相应的责任。

第十二条　因下列情形之一造成的学生伤害事故，学校已履行了相应职责，行为并无不当的，无法律责任：

（一）地震、雷击、台风、洪水等不可抗的自然因素造成的；

（二）来自学校外部的突发性、偶发性侵害造成的；

（三）学生有特异体质、特定疾病或者异常心理状态，学校不知道或者难于知道的；

（四）学生自杀、自伤的；

（五）在对抗性或者具有风险性的体育竞赛活动中发生意外伤害的；

（六）其他意外因素造成的。

第十三条　下列情形下发生的造成学生人身损害后果的事故，学校行为并无不当的，不承担事故责任；事故责任应当按有关法律法规或者其他有关规定认定：

（一）在学生自行上学、放学、返校、离校途中发生的；

（二）在学生自行外出或者擅自离校期间发生的；

（三）在放学后、节假日或者假期等学校工作时间以外，学生自行滞留学校或者自行到校发生的；

（四）其他在学校管理职责范围外发生的。

第十四条　因学校教师或者其他工作人员与其职务无关的个人行为，或者因学生、教师及其他个人故意实施的违法犯罪行为，造成学生人身损害的，由致害人依法承担相应的责任。

第三章　事故处理程序

第十五条　发生学生伤害事故，学校应当及时救助受伤害学生，并应当及时告知未成年学生的监护人；有条件的，应当采取紧急救援等方式救助。

第十六条　发生学生伤害事故，情形严重的，学校应当及时向主管教育行政部门及有关部门报告；属于重大伤亡事故的，教育行政部门应当按照有关规定及时向同级人民政府和上一级教育行政部门报告。

第十七条　学校的主管教育行政部门应学校要求或者认为必要，可以指导、协助学校进行事故的处理工作，尽快恢复学校正常的教育教学秩序。

第十八条　发生学生伤害事故，学校与受伤害学生或者学生家长可以通过协商方式解决；双方自愿，可以书面请求主管教育行政部门进行调解。成年学生或者未成年学生的监护人也可以依法直接提起诉讼。

第十九条　教育行政部门收到调解申请，认为必要的，可以指定专门人员进行调解，并应当在受理申请之日起 60 日内完成调解。

第二十条　经教育行政部门调解，双方就事故处理达成一致意见的，应当在调解人员的见证下签订调解协议，结束调解；在调解期限内，双方不能达成一致意见，或者调解过程中一方提起诉讼，人民法院已经受理的，应当终止调解。调解结束或者终止，教育行政部门应当书面通知当事人。

第二十一条　对经调解达成的协议，一方当事人不履行或者反悔的，双方可以依法提起诉讼。

第二十二条　事故处理结束，学校应当将事故处理结果书面报告主管的教育行政部门；重大伤亡事故的处理结果，学校主管的教育行政部门应当向同级人民政府和上一级教育行政部门报告。

第四章　事故损害的赔偿

第二十三条　对发生学生伤害事故负有责任的组织或者个人，应当按照法律法规的有关规定，承担相应的损害赔偿责任。

第二十四条　学生伤害事故赔偿的范围与标准，按照有关行政法规、地方性法规或者最高人民法院司法解释中的有关规定确定。

教育行政部门进行调解时，认为学校有责任的，可以依照有关法律法规及国家有关规定，提出相应的调解方案。

第二十五条　对受伤害学生的伤残程度存在争议的，可以委托当地具有相应鉴定资格的医院或者有关机构，依据国家规定的人体伤残标准进行鉴定。

第二十六条　学校对学生伤害事故负有责任的，根据责任大小，适当予以经济赔偿，但不承担解决户口、住房、就业等与救助受伤害学生、赔偿相应经济损失无直接关系的其他事项。

学校无责任的，如果有条件，可以根据实际情况，本着自愿和可能的原则，对受伤害学生给予适当的帮助。

第二十七条　因学校教师或者其他工作人员在履行职务中的故意或者重大过失造成的学生伤害事故，学校予以赔偿后，可以向有关责任人员追偿。

第二十八条　未成年学生对学生伤害事故负有责任的，由其监护人依法承担相应的赔偿责任。

学生的行为侵害学校教师及其他工作人员以及其他组织、个人的合法权益，造成损失的，成年学生或者未成年学生的监护人应当依法予以赔偿。

第二十九条　根据双方达成的协议、经调解形成的协议或者人民法院的生效判决，应当由学校负担的赔偿金，学校应当负责筹措；学校无力完全筹措的，由学校的主管部门或者举办者协助筹措。

第三十条 县级以上人民政府教育行政部门或者学校举办者有条件的，可以通过设立学生伤害赔偿准备金等多种形式，依法筹措伤害赔偿金。

第三十一条 学校有条件的，应当依据保险法的有关规定，参加学校责任保险。

教育行政部门可以根据实际情况，鼓励中小学参加学校责任保险。

提倡学生自愿参加意外伤害保险。在尊重学生意愿的前提下，学校可以为学生参加意外伤害保险创造便利条件，但不得从中收取任何费用。

第五章 事故责任者的处理

第三十二条 发生学生伤害事故，学校负有责任且情节严重的，教育行政部门应当根据有关规定，对学校的直接负责的主管人员和其他直接责任人员，分别给予相应的行政处分；有关责任人的行为触犯刑律的，应当移送司法机关依法追究刑事责任。

第三十三条 学校管理混乱，存在重大安全隐患的，主管的教育行政部门或者其他有关部门应当责令其限期整顿；对情节严重或者拒不改正的，应当依据法律法规的有关规定，给予相应的行政处罚。

第三十四条 教育行政部门未履行相应职责，对学生伤害事故的发生负有责任的，由有关部门对直接负责的主管人员和其他直接责任人员分别给予相应的行政处分；有关责任人的行为触犯刑律的，应当移送司法机关依法追究刑事责任。

第三十五条 违反学校纪律，对造成学生伤害事故负有责任的学生，学校可以给予相应的处分；触犯刑律的，由司法机关依法追究刑事责任。

第三十六条 受伤害学生的监护人、亲属或者其他有关人员，在事故处理过程中无理取闹，扰乱学校正常教育教学秩序，或者侵犯学校、学校教师或者其他工作人员的合法权益的，学校应当报告公安机关依法处理；造成损失的，可以依法要求赔偿。

第六章 附则

第三十七条 本办法所称学校，是指国家或者社会力量举办的全日制的中小学（含特殊教育学校）、各类中等职业学校、高等学校。本办法所称学生是指在上述学校中全日制就读的受教育者。

第三十八条 幼儿园发生的幼儿伤害事故，应当根据幼儿为完全无行为能力人的特点，参照本办法处理。

第三十九条 其他教育机构发生的学生伤害事故，参照本办法处理。

在学校注册的其他受教育者在学校管理范围内发生的伤害事故，参照本办法处理。

第四十条 本办法自 2002 年 9 月 1 日起实施，原国家教委、教育部颁布的与学生人身安全事故处理有关的规定，与本办法不符的，以本办法为准。

在本办法实施之前已处理完毕的学生伤害事故不再重新处理。

附录四：计算机信息网络国际联网安全保护管理办法

第一章 总则

第一条 为了加强对计算机信息网络国际联网的安全保护，维护公共秩序和社会稳定，根据《中华人民共和国计算机信息系统安全保护条例》、《中华人民共和国计算机信息网络国际联网管理暂行规定》和其他法律、行政法规的规定，制定本办法。

第二条 中华人民共和国境内的计算机信息网络国际联网安全保护管理，适用本办法。

第三条 公安部计算机管理监察机构负责计算机信息网络国际联网的安全保护管理工作。公安机关计算机管理监察机构应当保护计算机信息网络国际联网的公共安全，维护从事国际联网业务的单位和个人的合法权益和公众利益。

第四条 任何单位和个人不得利用国际联网危害国家安全、泄露国家秘密，不得侵犯国家的、社会的、集体的利益和公民的合法权益，不得从事违法犯罪活动。

第五条 任何单位和个人不得利用国际联网制作、复制、查阅和传播下列信息：

（一）煽动抗拒、破坏宪法和法律、行政法规实施的；

（二）煽动颠覆国家政权，推翻社会主义制度的；

（三）煽动分裂国家、破坏国家统一的；

（四）煽动民族仇恨、民族歧视，破坏民族团结的；

（五）捏造或者歪曲事实，散布谣言，扰乱社会秩序的；

（六）宣扬封建迷信、淫秽、色情、赌博、暴力、凶杀、恐怖，教唆犯罪的；

（七）公然侮辱他人或者捏造事实诽谤他人的；

（八）损害国家机关信誉的；

（九）其他违反宪法和法律、行政法规的。

第六条 任何单位和个人不得从事下列危害计算机信息网络安全的活动：

（一）未经允许，进入计算机信息网络或者使用计算机信息网络资源的；

（二）未经允许，对计算机信息网络功能进行删除、修改或者增加的；

（三）未经允许，对计算机信息网络中存储、处理或者传输的数据和应用程序进行删除、修改或者增加的；

（四）故意制作、传播计算机病毒等破坏性程序的；

（五）其他危害计算机信息网络安全的。

第七条 用户的通信自由和通信秘密受法律保护。任何单位和个人不得违反法律规定，利用国际联网侵犯用户的通信自由和通信秘密。

第二章　保护责任

第八条　从事国际联网业务的单位和个人应当接受公安机关的安全监督、检查和指导，如实向公安机关提供有关安全保护的信息、资料及数据文件，协助公安机关查处通过国际联网的计算机信息网络的违法犯罪行为。

第九条　国际出入口信道提供单位、互联单位的主管部门或者主管单位，应当依照法律和国家有关规定负责国际出入口信道、所属互联网络的安全保护管理工作。

第十条　互联单位、接入单位及使用计算机信息网络国际联网的法人和其他组织应当履行下列安全保护职责：

（一）负责本网络的安全保护管理工作，建立健全安全保护管理制度；

（二）落实安全保护技术措施，保障本网络的运行安全和信息安全；

（三）负责对本网络用户的安全教育和培训；

（四）对委托发布信息的单位和个人进行登记，并对所提供的信息内容按照本办法第五条进行审核；

（五）建立计算机信息网络电子公告系统的用户登记和信息管理制度；

（六）发现有本办法第四条、第五条、第六条、第七条所列情形之一的，应当保留有关原始记录，并在二十四小时内向当地公安机关报告；

（七）按照国家有关规定，删除本网络中含有本办法第五条内容的地址、目录或者关闭服务器。

第十一条　用户在接入单位办理入网手续时，应当填写用户备案表。备案表由公安部监制。

第十二条　互联单位、接入单位、使用计算机信息网络国际联网的法人和其他组织（包括跨省、自治区、直辖市联网的单位和所属的分支机构），应当自网络正式联通之日起三十日内，到所在地的省、自治区、直辖市人民政府公安机关指定的受理机关办理备案手续。前款所列单位应当负责将接入本网络的接入单位和用户情况报当地公安机关备案，并及时报告本网络中接入单位和用户的变更情况。

第十三条　使用公用账号的注册者应当加强对公用账号的管理，建立账号使用登记制度。用户账号不得转借、转让。

第十四条　涉及国家事务、经济建设、国防建设、尖端科学技术等重要领域的单位办理备案手续时，应当出具其行政主管部门的审批证明。前款所列单位的计算机信息网络与国际联网，应当采取相应的安全保护措施。

第三章　安全监督

第十五条　省、自治区、直辖市公安厅（局），地（市）、县（市）公安局，应当有相应机构负责国际联网的安全保护管理工作。

第十六条　公安机关计算机管理监察机构应当掌握互联单位、接入单位和用户的备案情况，建立备案档案，进行备案统计，并按照国家有关规定逐级上报。

第十七条　公安机关计算机管理监察机构应当督促互联单位、接入单位及有关用户建立健全安全保护管理制度。监督、检查网络安全保护管理以及技术措施的落实情况。

公安机关计算机管理监察机构在组织安全检查时，有关单位应当派人参加。公安机关计算机管理监察机构对安全检查发现的问题，应当提出改进意见，作出详细记录，存档备查。

第十八条　公安机关计算机管理监察机构发现含有本办法第五条所列内容的地址、目录或者服务器时，应当通知有关单位关闭或者删除。

第十九条　公安机关计算机管理监察机构应当负责追踪和查处通过计算机信息网络的违法行为和针对计算机信息网络的犯罪案件，对违反本办法第四条、第七条规定的违法犯罪行为，应当按照国家有关规定移送有关部门或者司法机关处理。

第四章　法律责任

第二十条　违反法律、行政法规，有本办法第五条、第六条所列行为之一的，由公安机关给予警告，有违法所得的，没收违法所得，对个人可以并处五千元以下的罚款，对单位可以并处一万五千元以下的罚款；情节严重的，并可以给予六个月以内停止联网、停机整顿的处罚，必要时可以建议原发证、审批机构吊销经营许可证或者取消联网资格；构成违反治安管理行为的，依照治安管理处罚法的规定处罚；构成犯罪的，依法追究刑事责任。

第二十一条　有下列行为之一的，由公安机关责令限期改正，给予警告，有违法所得的，没收违法所得；在规定的限期内未改正的，对单位的主管负责人员和其他直接责任人员可以并处五千元以下的罚款。

（一）未建立安全保护管理制度的；

（二）未采取安全技术保护措施的；

（三）未对网络用户进行安全教育和培训的；

（四）未提供安全保护管理所需信息、资料及数据文件，或者所提供内容不真实的；

（五）对委托其发布的信息内容未进行审核或者对委托单位和个人未进行登记的；

（六）未建立电子公告系统的用户登记和信息管理制度的；

（七）未按照国家有关规定，删除网络地址、目录或者关闭服务器的；

（八）未建立公用账号使用登记制度的；

（九）转借、转让用户账号的。

第二十二条　违反本办法第四条、第七条规定的，依照有关法律、法规予以处罚。

第二十三条　违反本办法第十一条、第十二条规定，不履行备案职责的，由公安机关给予警告或者停机整顿不超过六个月的处罚。

第五章 附则

第二十四条 与香港特别行政区和台湾、澳门地区联网的计算机信息网络的安全保护管理，参照本办法执行。

第二十五条 本办法自发布之日起施行。

参考文献

[1]王威，徐军．突发事件应对与安全教育[M]．北京：清华大学出版社，2014．

[2]常彩虹，程延周．网络安全技术[M]．北京：机械工业出版社，2014．

[3]昌永红，王胜，崔景明．安全技术与相关法律法规[M]．武汉：华中科技大学出版社，2014．

[4]邵辉．安全管理学[M]．北京：中国石化出版社，2014．

[5]孔祥维．多媒体信息安全[M]．北京：科学出版社，2014．

[6]李志香．食品营养与安全技能实训教程[M]．北京：中国轻工业出版社，2014．

[7]李杨．食品安全与质量管理[M]．北京：中国轻工业出版社，2014．

[8]张玲，刘蕊．安全防范技术与应用[M]．北京：机械工业出版社，2014．

[9]李新仓．高校突发事件的防范体系及防范机制的实证研究[M]．北京：人民日报出版社，2014．

[10]杨世昌，黄国平．大学生心理健康教育教程[M]．北京：人民卫生出版社，2014．

[11]徐国天．网络安全基础[M]．北京：清华大学出版社，2014．

[12]卢晓丽．计算机网络与安全管理[M]．北京：化学工业出版社，2014．

[13]王誉喜，刘立超．学生安全教育普及读本——学生防诈骗安全知识[M]．长春：东北师范大学出版社，2010．

[14]唐华．网络与信息安全实用教程[M]．北京：电子工业出版社，2014．

[15]郑莉君．健康心理学[M]．北京：中国人民大学出版社，2014．

[16]冯利．心理健康[M]．北京：机械工业出版社，2014．

[17]李红霞．大学生安全与应急教育[M]．北京：中国铁道出版社，2013．

[18]李四军．大学生安全教育[M]．西安：陕西师范大学出版社，2013．

[19]陈武，张卫平．大学生安全教育探新[M]．北京：北京理工大学出版社，2013．

[20]王健卉．大学生安全知识宝典[M]．重庆：重庆大学出版社，2013．

[21]周凤雄．职业生涯规划与就业创业指导[M]．南京：南京大学出版社，2013．

[22]东方文慧，中国安全生产科学研究院．道路交通安全知识宣传教育手册[M]．北京：中国劳动社会保障出版社，2013．

[23]彭新光，王峥．信息安全技术与应用[M]．北京：人民邮电出版社，2013．